D1878865

राजवन्ती मान

राजवन्ती मान का जन्म रोहतक, हरियाणा में हुआ। उन्होंने महर्षि दयानन्द विश्वविद्यालय, रोहतक से इतिहास में एम.ए. व पंजाब विश्वविद्यालय, चंडीगढ़ से उर्दू में एम.ए. और पी-एच.डी. की उपाधि प्राप्त की। अंग्रेज़ी, हिन्दी और उर्दू भाषा में लेखन। भारतीय इतिहास अनुसंधान परिषद की सीनियर अकादमिक फेलो, भारतीय इतिहास अभिलेख समिति की नामित सदस्य। राज्य अभिलेखागार, हरियाणा सरकार, पंचकूला में उपनिदेशक पद पर कार्यरत रहीं।

उनकी प्रमुख पुस्तकें हैं—'हदें टूटना जरूरी है', 'परिन्दे की आरज़ू', 'रात-दिन जगाएँ आकाशगंगाएँ' (कविता-संग्रह); 'चन्द्रशेखर आज़ाद : विवेकशील क्रान्तिकारी', 'भगत सिंह को फाँसी : चुनिन्दा गवाहियाँ' 'हैंगिंग ऑफ़ भगत सिंह : कम्प्लीट ट्रिब्यूनल प्रोसिडिंग्स', 'हैंगिंग ऑफ़ भगत सिंह : सिलेक्ट ट्रिब्यूनल प्रोसिडिंग्स' (सह-लेखक), 'हरफूल जाट जुलाणीवाला : हरियाणा की लोक-संस्कृति समाज-साहित्यके आलोक में' (इतिहास); 'थेम्स तरल इतिहास है!' (यात्रा-वृत्तान्त); 'सरदार भगतसिंह : ए बैन्ड बायोग्राफी', 'सरदार भगतसिंह : प्रतिबन्धित जीवनवृत्त', 'रक्त ध्वज : प्रतिबन्धित नाटक और अन्य साहित्य 1930-32', 'कलम की आँच', 'अमर क्रान्तिकारी : प्रतिबन्धित जीवनवृत्त और अन्य साहित्य 1930-39' (जब्तशुदा क्रान्तिकारी साहित्य)।

उन्हें 'चन्द्रशेखर आज़ाद : विवेकशील क्रान्तिकारी' के लिए हरियाणा साहित्य अकादमी के 'श्रेष्ठ कृति पुरस्कार', हरियाणा उर्दू अकादमी के 'तर्जुमानगार अवार्ड' और 'खिदमते अदब अवार्ड', हिन्दी साहित्य सम्मेलन, प्रयाग के 'सम्मेलन सम्मान' समेत कई सम्मानों से सम्मानित किया गया है।

ई-मेल : dr.rajwantimann@gmail.com

जलियाँवाला बाग़ की कराहें

प्रतिबन्धित हिन्दी साहित्य

राजवन्ती मान

राजकमल पेपरबैक्स

राजकमल पेपरबैक्स में
पहला संस्करण : 2025

राजकमल पेपरबैक्स : उत्कृष्ट साहित्य के जनसुलभ संस्करण

राजकमल प्रकाशन प्रा. लि.
1-बी, नेताजी सुभाष मार्ग, दरियागंज
नई दिल्ली-110 002
द्वारा प्रकाशित

शाखाएँ : अशोक राजपथ, साइंस कॉलेज के सामने, पटना-800 006
पहली मंजिल, दरबारी बिल्डिंग, महात्मा गांधी मार्ग, प्रयागराज-211 001
1, अनमोल सोराबजी सन्तुक लेन, धोबी तलाव, मरीन लाइंस, मुम्बई-400 002

वेबसाइट : www.rajkamalprakashan.com
ई-मेल : info@rajkamalprakashan.com

विकास कंप्यूटर एंड प्रिंटर्स
ट्रॉनिका सिटी-201 102
द्वारा मुद्रित

मूल्य : ₹399

JALLIANWALA BAGH KI KARAAHEIN
Pratibandhit Hindi Sahitya
by Rajwanti Mann

ISBN : 978-93-6086-912-0

मातृभूमि के अनगिनत शहीदों

और

स्वर्गीय माता-पिता को!

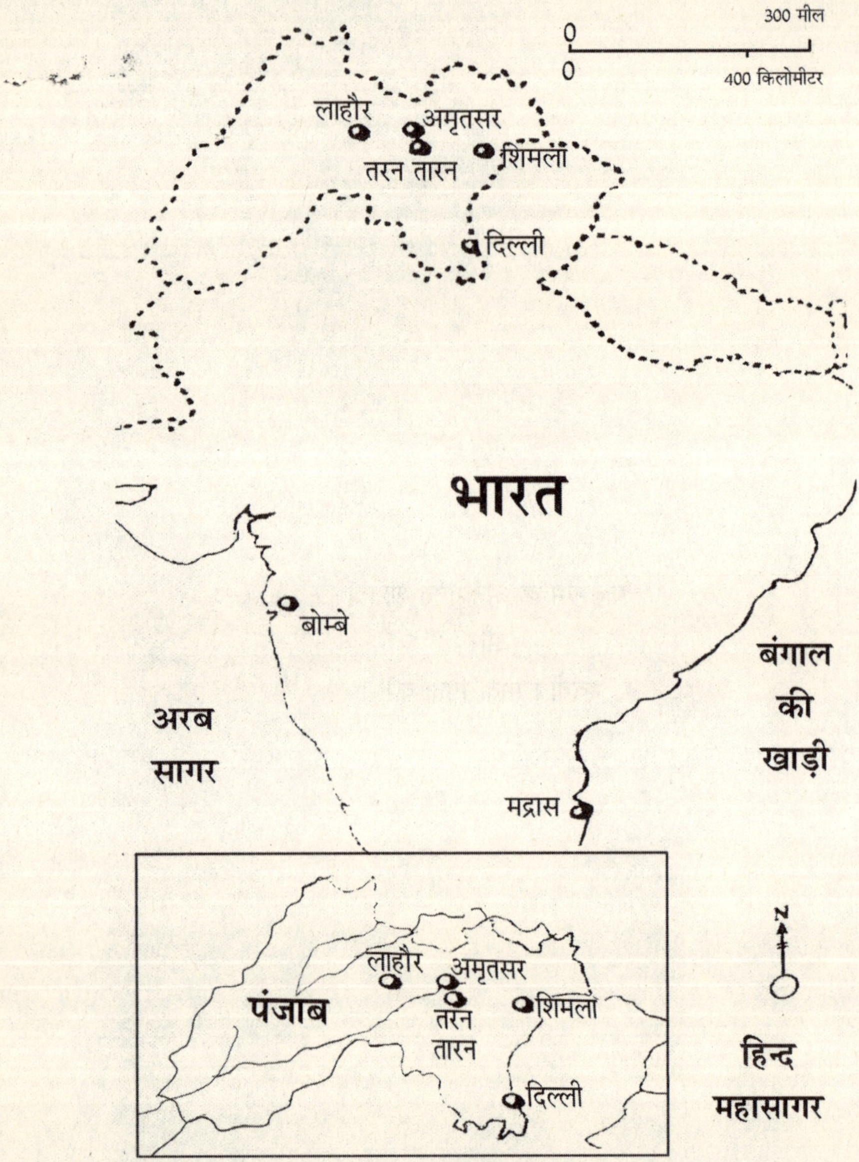

भारत और पंजाब का नक्शा, 1919

मूल स्रोत : द अमृतसर मासेकर, खुला संस्करण, ब्रिटिश लाइब्रेरी, लन्दन

क्रम

अमृतसर, 1919

मूल स्रोत : ब्रिटिश लाइब्रेरी, लन्दन

भूमिका

जलियाँवाला बाग़ की पृष्ठभूमि में

लगभग तीन दशक तक हरियाणा के अभिलेखागार का कार्य करते-सँभालते मन में कई प्रश्न अक्सर अवतरित होते रहते कि इन अभिलेख-भंडारगृहों में उपलब्ध अंग्रेज़ी के आधिकारिक दस्तावेज़ों, अभिलेखों और स्रोत-सामग्री से इतर उनका हिन्दुस्तानी संस्करण (वर्जन) कहाँ है? क्या इन दस्तावेज़ों में अंग्रेज़ों के दमन और अत्याचार की उन घटनाओं के बारे में जो जनमानस को बेशुमार यातनाएँ देती रहीं और झिंझोड़ती-उद्वेलित करती रहीं, शुद्ध, निष्पक्ष या सच्चा विवरण उपलब्ध है? इनसे अलग जन-इतिहास या लोक-साहित्य क्या कहता है? क्या हिन्दुस्तानी और अंग्रेज़ी-विवरणों में कुछ समरूपता या समानता है भी या नहीं? मेरा मानना है कि निस्सन्देह नहीं, अन्यथा इन लगभग अनजाने जन-कवियों की कृतियों को प्रतिबन्धित क्यों कर दिया जाता और उन्हें प्रकाशित होते ही ज़ब्त क्यों कर लिया जाता?

स्पष्ट है कि हिन्दी साहित्य की मुख्यधारा के समानान्तर कुछ हिन्दुस्तानी साहित्यकारों ने जब अंग्रेज़ों के अन्यायकारी कुकृत्यों को कलमबद्ध करने का प्रयास किया तब उनकी पुस्तकों और रचनाओं को तुरन्त प्रतिबन्धित करके ज़ब्त कर लिया गया। आज एक सदी बाद भी हम उन रचनाओं, रचनाकारों और प्रकाशकों के नाम तक से भी वाक़िफ़ नहीं हैं जिन्होंने तमाम पाबन्दियों के बावजूद अंग्रेज़ी हुकूमत के कारनामों को लिपिबद्ध करने की हिम्मत की, जिसके लिए उन्हें हर प्रकार की यातनाएँ दीं गईं, मुद्रणालयों पर छापे मारे गए, जुर्माने और दंड दिये गए। ऐसे अनेक उदाहरणों से बीसवीं सदी का भारतीय इतिहास पटा पड़ा है।

कुछ वर्ष पहले, ग्रेट ब्रिटेन की यात्रा के दौरान इसी प्रतिबन्धित और ज़ब्त किये गए जन-साहित्य की तलाश में मैंने इंडिया ऑफ़िस रिकॉर्ड का रुख किया और विश्व के वृहतर अभिलेख-भंडार को खँगालना शुरू किया जहाँ देसी या प्राच्य भाषाओं का प्रतिबन्धित साहित्य उपलब्ध और संरक्षित है। मेरी खोज जलियाँवाला बाग़ से सम्बन्धित ज़ब्त साहित्य पर केन्द्रित हो गई। यह अलग विषय है कि इस शोध के दौरान कितनी कठिनाइयों से गुज़रना पड़ा परन्तु सन्तोष इस बात का है कि अंग्रेज़ों की नृशंसता का प्रतीक बनी जलियाँवाला बाग़ की घटना (13 अप्रैल, 1919) के

एक सदी बाद ही सही, उस दौर में लिखे गए और ज़ब्त कर लिये गए साहित्य पर आधारित 'जलियाँवाला बाग़ की कराहें' पुस्तक अब पाठकों के सम्मुख है।

'जलियाँवाला बाग़' के नाम से इतिहास में दर्ज यह स्थल उस वक्त अंग्रेज़ों द्वारा चहलक़दमी के लिए विकसित-व्यवस्थित 'कम्पनी बाग़' या उद्यान जैसा कोई स्थल नहीं था, बल्कि असमतल ज़मीन का लगभग साढ़े सात-आठ एकड़ (225×180 मीटर) का रकबा था जो रणजीत सिंह के साम्राज्य के एक वकील, हिम्मत सिंह की निजी सम्पत्ति था। इस पर पेड़-पौधे थे, कुआँ था; पशु चरते थे और लोग कूड़ा वगैरह भी डाल देते थे। हिम्मत सिंह का सम्बन्ध जलियाँ गाँव से था जो अब फतेहगढ़ साहिब ज़िले में पड़ता है इसीलिए इसका नाम जलियाँवाला पड़ गया।

जलियाँवाला बाग़ के हत्याकांड पर बात करने से पहले उपयुक्त होगा कि इसकी पूर्ववर्ती राजनीतिक परिस्थितियों और घटनाओं का संक्षेप में अवलोकन कर लिया जाए। वर्ष 1913 में, सान फ्रांसिस्को में स्थापित 'गदर पार्टी' हिन्दुस्तान की आज़ादी के अपने उद्देश्य को लेकर सक्रिय हो चुकी थी और उसने पंजाब में अपना कार्य शुरू कर दिया था। नवम्बर 1913 में पार्टी ने एक साप्ताहिक पत्र 'गदर' निकाला जिसके सम्पादक और पार्टी के संस्थापक ने यह लिखकर अपने इरादे स्पष्ट कर दिये : 'हमारा नाम क्या है? गदर! हमारा काम क्या है? गदर! गदर कहाँ टूटेगा? भारत में!' पत्र के मुखपृष्ठ पर नीचे की तरफ़ लिखा था—'ब्रिटिश सरकार के दुश्मन' (Enemy of British Government)।

'गदर' ने अंग्रेज़ी हुकूमत की नींद उड़ा दी। अंग्रेज़ी हुकूमत ने गदर पार्टी का कठोरता से दमन करने की कोशिश की। सितम्बर 1914 तक पंजाब के 20 स्वतंत्रता प्रेमियों को फाँसी पर चढ़ा दिया गया और 58 लोगों को कालापानी भेज दिया गया।

प्रथम विश्वयुद्ध शुरू हो चुका था। अंग्रेज़ों को भारत के उत्तरी-पश्चिमी-सीमाप्रान्त की सत्ता छिन जाने का भय सता रहा था। भारत की आज़ादी के लिए राजनीतिक स्तर पर होम रूल आन्दोलन शुरू हो गया था। तिलक जैसे वरिष्ठ नेता भारत-भूमि के गौरव को पुनर्स्थापित करने का प्रयास कर रहे थे। उधर, भारत का नई पीढ़ी राजनीतिक सुस्ती से ऊबने लगी थी और स्वतंत्रता की उत्कट इच्छा लिए राजनीतिक परिदृश्य पर उभर रही थी। वह शब्दों में नहीं, कार्यों में यकीन रखती थी। कांग्रेस की मात्र विमर्शदायिनी की भूमिका से उनका मतैक्य नहीं था।

समाज भयंकर ग़रीबी, भुखमरी और बढ़ती कीमतों से बेहाल हो रहा था। उस समय माइकल ओडायर (1913-19) पंजाब का लेफ़्टिनेंट गवर्नर था। मई 1913 में जब ओडायर ने पंजाब प्रान्त का कार्यभार सँभाला था तभी वायसराय लॉर्ड हार्डिंग ने उसे इस प्रान्त के साथ सरकार की गहरी सम्बद्धता के बारे में आगाह कर दिया था :

> यहाँ बहुत कुछ ऐसा उत्तेजक है जो जरा सी लापरवाही पर भड़क उठेगा। इसलिए इसे सतर्कता से सँभाला जाए। (...the Panjab was the Province

about which the Government were then the most concerned; that there was much inflammable material lying about; which required very careful handling if an explosion was to be avoided.)

पंजाब के लोगों की बहादुरी को देखते हुए ओडायर ने पंजाब को 'शील्ड', 'स्पीयरहेड' और 'भारत की तलवार' कहा और पंजाबियों को फ़ौज में भर्ती होने के लिए प्रेरित किया और इसके लिए तीव्र अभियान चलाया। यह विश्वास दिलाया गया कि भारतीयों का लहू और धन बेकार नहीं जाने दिया जाएगा। भर्ती-अभियान के तहत देश के सभी प्रान्तों से भर्तियाँ की गईं लेकिन ऐतिहासिक दस्तावेज़ों के मुताबिक, सबसे अधिक भर्तियाँ पंजाब से हुईं। माइकल ओडायर ने अपनी पुस्तक 'इंडिया एज आई न्यू इट' में लिखा है कि पंजाब प्रान्त से जुलाई 1917 से मार्च 1918 तक के सात महीनों में एक लाख चार सौ नब्बे भर्तियाँ की गईं। कह सकते हैं कि हर महीने तेरह हज़ार छह सौ दस रंगरूट भर्ती किये गए। भर्ती के लिए दरबार सजते, ज़िलावार भर्तियों के आँकड़े सामने लाए जाते और जिस ज़िले से कम भर्तियाँ होतीं वहाँ लोगों को हरसम्भव तरीक़े से भर्ती होने के लिए उकसाया जाता, उदारता से पेशकश की जाती और युद्ध-भत्ते आदि देने की घोषणाएँ की जातीं। परिणाम यह हुआ कि इन प्रलोभनों ने बहुत से नौजवानों को इस अभियान की ओर मोड़ दिया।[1]

उल्लेखनीय है कि वायसराय की कार्यकारिणी सभा के सदस्य सी. शंकरन नायर ने अपनी पुस्तक 'गांधी एंड अनार्की' (1922 में प्रकाशित) में अंग्रेज़ों के इस भर्ती-अभियान के तरीकों पर कड़ी आपत्ति जताई है और माइकल ओडायर के बलपूर्वक भर्ती किये जाने के तरीक़े को 'आतंक' की संज्ञा दी है। उनके मुताबिक, भर्ती-अभियान के लिए गाँवों से लोगों को पकड़-पकड़कर लाया जाता और झाड़ियों, झड़-बेरियों और काँटों में धकेल दिया जाता। उनके हाथ बाँधकर, जूते सिर पर रखकर, औरतों के सामने नंगा किया जाता। अक्सर ऐसा होता कि तहसीलदार के गाँव में पधारने से पहले ही गाँववाले भाग खड़े होते।

भर्ती ज़िला-स्तर पर होती थी। नम्बरदार, जैलदार, इनामदार जैसे स्थानीय कारिन्दों से शुरू लेकर तहसीलदार, उपायुक्त और आयुक्त तक गाँवों के दौरे करते। रंगरूट भर्ती करने के लिए मनाना, धमकाना, दंड, जुर्माना, प्रलोभन आदि सभी तरह के हथकंडे अपनाए जाते। हालाँकि, ओडायर ने इन आरोपों का खंडन किया है परन्तु इससे उसकी क्रूर प्रवृत्ति का सहज ही अनुमान लगाया जा सकता है। ओडायर के सिपहसालार ओ' बरियन, लीह, गिब्बन और दूसरे कर्मचारियों ने दिल खोलकर मनमानियाँ कीं। जब शिकायतें ओडायर के दरबार में पहुँचीं तो उसने एक कमेटी बैठाई, परन्तु कोई सुधार नहीं किया क्योंकि वह ख़ुद ही इस अभियान का संचालक और संस्थापक था।

प्रथम विश्वयुद्ध (1914-1918) में भारतीय सैनिकों की संख्या 10 लाख से भी

ऊपर थी जिनमें साढ़े तीन लाख से ज़्यादा अकेले पंजाब प्रान्त से थे।[2] इस युद्ध में भारतीय सैनिकों अथवा कहा जाए तो अर्ध-शिक्षित और अशिक्षित कृषक-योद्धाओं ने अंग्रेज़ी साम्राज्य को बचाने के लिए अपनी जान की बाज़ी लगा दी। युद्ध में तन, मन, धन से सम्मिलित होने के पीछे भारतीयों की मंशा अंग्रेज़ों की वफ़ादारी से अधिक राजनीतिक थी। इस युद्ध में लगभग 43,000 हिन्दुस्तानी रंगरूट मारे गए। कोई घर ऐसा नहीं था जहाँ कोई-न-कोई क़ुर्बानी न हुई हो चाहे वह किसी भी जाति या धर्म का हो।

युद्ध की समाप्ति के बाद भारत के नेताओं को उम्मीद थी कि इतनी बड़ी क़ुर्बानी देने के बाद अवश्य ही अंग्रेज़ी-हुकूमत भारत को स्वतंत्रता देने की ओर क़दम बढ़ाएगी। परन्तु 1919 में 'मांटेग्यू चेम्सफोर्ड रिपोर्ट' आई जिसमें युद्ध के चलते क्षीण हुई आर्थिक स्थिति भी राजनीतिक परिस्थितियों का हिस्सा बन गई। युद्ध के कारण हुई आर्थिक बदहाली में ज़रूरी चीज़ों की क़ीमतों में बेतहाशा वृद्धि हो गई। लोगों में गहरा असन्तोष फैल गया और निम्न आय के लोगों के लिए जीना दूभर हो गया। गेहूँ के दाम 47 गुना तक बढ़ गए, कपड़ों की क़ीमतें दोगुनी हो गईं, कपास की कीमतें तीन सौ दस प्रतिशत तक बढ़ गई। हालात बद से बदतर हो गए। रही-सही कसर 1918 के भयंकर अकाल ने पूरी कर दी। देश के अलग-अलग स्थानों यथा कालीकट, मद्रास, मैसूर, लायलपुर, करनाल, पठानकोट आदि में खाद्यान्न के लिए दंगे भड़क उठे। लूट को रोकने के लिए हुकूमत ने खाद्यान्नों को ज़ब्त कर लिया। जनवरी 1919 में प्लेग फैल गया और लोग भूख और बीमारी से मरने लगे। इसी दौरान आयकर का एक नया क़ानून लागू करके लोगों पर कर का बोझ भी लाद दिया गया।

राजनीतिक-सामाजिक सुधारों के मक़सद से लाई गई मांटेग्यू चेम्सफोर्ड योजना भारतीयों के लिए केवल नाउम्मीदी नहीं बल्कि घोर निराशा लेकर आई। उधर, महान इस्लामिक शक्ति तुर्की के प्रति अपमानजनक व्यवहार ने भारतीय मुसलमानों में भी अंग्रेज़ों के प्रति कटुता भर दी। कुल मिलाकर कहा जा सकता है कि जलियाँवाला बाग़ की पृष्ठभूमि में अनेक कारण थे जिनकी वजह से भारतीय समाज में घोर बेचैनी, भारी निराशा और भयंकर असन्तोष व्याप्त था।

इसी समय गांधी का सत्याग्रह आन्दोलन भी जोर पकड़ रहा था जिसके अन्तर्गत लोगों को हर प्रकार की यातनाएँ सहते हुए अहिंसक रहकर ब्रिटिश हुकूमत के साथ असहयोग करना था, क़ानूनों की अवहेलना करनी थी। लन्दन के 'द टाइम्स' अख़बार ने लिखा :

"निष्क्रिय विद्रोह के चलते विद्रोही, प्रतिबन्धित साहित्य, क़ानून और समाचार पत्रों के पंजीकरण क़ानूनों का उल्लंघन कर रहे हैं। विद्रोह के केन्द्रों पर प्रतिबन्धित साहित्य की हस्तलिखित प्रतियाँ तैयार की जा रही हैं और अनेक हस्तलिखित

समाचार-पत्र प्रकाशित कर उनकी प्रतियाँ पूरे भारतवर्ष में वितरित की जा रही हैं।"[3]

लोगों में बढ़ती हुई राजनीतिक चेतना को कुचलने के लिए ब्रिटिश सरकार ने रौलेट बिल पास किया। इस क़ानून के जरिए ब्रिटिश सरकार को यह अधिकार प्राप्त हो गया था कि वह किसी भी भारतीय को बिना मुक़दमा चलाए जेल में बन्द कर सकती थी, यहाँ तक कि मुक़दमा दर्ज करवाने वाले व्यक्ति का नाम जानने का अधिकार भी ख़त्म कर दिया गया था। इस क़ानून के विरोध में देशव्यापी हड़ताल, जुलूस, प्रदर्शन होने लगे। गांधी के छह अप्रैल को व्यापक हड़ताल करने के आह्वान पर मार्च के आख़िरी दिनों से ही सारे देश में शान्तिपूर्ण सभाएँ और हड़तालें शुरू हो गईं।

पंजाब में स्थिति और भी अधिक उत्तेजक और चिन्ताजनक थी। एक तो पंजाब का क्षेत्र 19,994 वर्ग मील में फैला हुआ था जिसमें 29 जिले और 34 देशी रियासतें थीं और लाहौर केन्द्र में पड़ता था। दूसरे, पंजाब के लोगों के लिए विचार और कार्य के बीच फ़ासला बहुत कम था और उनकी मज़बूत प्रकृति बहादुरी के कार्यों के लिए अधिक उपयुक्त थी। इसलिए वे सत्याग्रह आन्दोलन से स्वभावतः कम जुड़ रहे थे। 8 मार्च, 1919 के 'द ट्रिब्यून' समाचार-पत्र ने सत्याग्रह के प्रति लोगों के रुख के सम्बन्ध में लिखा कि अन्य प्रान्तों में निष्क्रिय विद्रोह आसान हो सकता है लेकिन पंजाब के लिए यह मुश्किल है।

16 जनवरी, 1919 को दो आपत्तिजनक बिल 'क्रिमिनल लॉ (अमेंडमेंट) बिल' और 'इमरजेंसी पावर्स बिल' भारत के गजट में प्रकाशित किये गए थे।[4] 21 मार्च, 1919 के 'द ट्रिब्यून' में इन क़ानूनों को 'ब्लंडर ऑफ़ कोलोसल मैग्नीट्यूड' यानी भारी भूल कहा गया।[5] अन्य समाचार-पत्रों में भी हुकूमत की कटु आलोचना होने लगी। 'न्यू हेराल्ड' अख़बार ने 30 मार्च को लिखा—हम पंजाबी गुरु तेगबहादुर को मानते हैं और वह निष्क्रिय विद्रोह के राजकुमार कहे जाते हैं। जनवरी से मार्च 1919 तक प्रकाशित 'वक्त', 'न्यू हेराल्ड', 'सियासत', 'इंक़लाब' और 'विजय' जैसे समाचार-पत्रों ने सरकार को ख़ूब लताड़ा और वे इसके विरुद्ध हो गए।

माइकल ओडायर 1913 से 1919 तक डंडे के बल पर राज करता रहा, अगरचे वह कृषक-वर्ग के प्रति थोड़ा नर्म रवैया रखता था और युद्ध में की गई क़ुर्बानी और बहादुरी का प्रशंसक भी था। परन्तु राजनीतिक तौर पर वह अति महत्त्वाकांक्षी था। उसके विचार में कृषक-वर्ग अच्छा था परन्तु पढ़ा-लिखा तबका आन्दोलनकारी था। अतः प्रेस क़ानून का सहारा लेकर उसने कलकत्ता के 'सदाकत', 'जम्हूर' और 'नक्श', मद्रास के 'न्यू इंडिया' जैसे अख़बारों का पंजाब में प्रवेश प्रतिबन्धित कर दिया। वर्ष 1919 में उसने ऐसे ही आदेश एक दर्जन अन्य अख़बारों के लिए भी पारित कर दिया और दिल्ली के 'कांग्रेस', 'विजय', 'इंक़लाब' और 'कौम';

मुरादाबाद के 'मदीना'; बिजनौर के 'अल-खलील' और 'यातरिब'; इलाहाबाद के 'इंडिपेंडेंट'; गोरखपुर के 'स्वदेशी'; कोलकाता के 'अमृत बाजार पत्रिका'; लखनऊ के 'हमदम' और 'अख्वाब' को पंजाब में आने से रोक दिया। 'ज़मींदार' की सुरक्षा-राशि ज़ब्त कर ली।[6]

रौलेट बिल से पूर्व लोगों को जो थोड़ी-बहुत आज़ादी मिल रही थी उसे इस बिल ने पूरी तरह ध्वस्त कर दिया। मार्शल लॉ ने तो आज़ादी के सपने को ही चकनाचूर कर दिया। इन दमघोंटू क़ानूनों के विरुद्ध मार्च 1919 के आख़िरी दिनों से ही देश के अलग-अलग भागों में सभाएँ और हड़तालें शुरू हो गईं। पंजाब में डॉ. सैफुद्दीन किचलू और सत्यपाल जैसे लोग राजनीतिक चेतना का बिगुल फूँक रहे थे। उन्हें जलियाँवाला बाग़ की घटना के कुछ दिन पहले (10 अप्रैल को) उनके घरों से गिरफ़्तार कर अज्ञात जगह पर भेज दिया गया था। आक्रोशित जनता ने इन दिनों कुछ तोड़-फोड़ भी कर दी। अमृतसर में पाँच अंग्रेज़ और बीस के करीब भारतीय मारे गए। गांधीजी लोगों को सम्बोधित करने पंजाब आ रहे थे कि उन्हें पंजाब में प्रवेश करते ही हरियाणा के पलवल में (10 अप्रैल, 1919) को रोक दिया गया और गिरफ़्तार कर लिया गया।

एक ओर, पंजाब में पाँच से अधिक लोगों को इकट्ठा होने से रोकने के लिए जनरल ओडायर ने डिप्टी कमिश्नर के माध्यम से शहर में घोषणा कर दी थी। अमृतसर के निवासियों को चेतावनी दी गई थी कि अगर वे किसी सरकारी सम्पत्ति को नुकसान पहुँचाते हैं या शहर में कोई दंगा-फसाद या हत्या करते हैं या कोई सभा करते हैं तो उन्हें तुरन्त *मिलिट्री लॉ* के अन्तर्गत दंडित किया जाएगा। शहर का कोई निवासी निजी वाहन या किराये के वाहन से शहर छोड़कर बाहर नहीं जा सकता था, न ही रात आठ बजे के बाद घर से बाहर निकल सकता था। इन दमनकारी आदेशों, कार्रवाइयों और इनके प्रभाव का वर्णन उस काल में रचे गए साहित्य में विस्तार से मिलता है जिसे पाठक अगले अध्यायों में पढ़ेंगे।

दूसरी ओर, राजनेताओं द्वारा जलियाँवाला बाग़ में 13 अप्रैल को शाम चार बजे एक शान्ति सभा के आयोजन का ढिंढोरा पिटवा दिया गया था। अत: लोग बैसाखी का मेला देखकर इस सभा में आ बैठे। सभा के लिए हज़ारों लोगों की भीड़ जुट गई जिसमें औरतें, बच्चे और बूढ़े सभी शामिल थे।

लेफ़्टिनेंट गवर्नर माइकल ओडायर द्वारा पंजाब में अघोषित मार्शल लॉ लागू किये जाने की वजह से लोगों के एकत्र होने को अपराध और गैर-क़ानूनी कृत्य घोषित कर दिया। जनरल रेगीनाल्ड डायर कुछ दिन पहले ही पंजाब की स्थिति को नियंत्रित करने अमृतसर पहुँच चुका था। उसने जलियाँवाला बाग़ में हो रही शान्ति-सभा में एकत्रित 15-20 हज़ार लोगों की भीड़ पर गोलियाँ बरसाने का आदेश दिया और उसके सिपाही मुख्य द्वार को बन्द करके तब तक गोलियाँ बरसाते रहे

जब तक कि साथ लाया असलहा ख़त्म नहीं हो गया। निर्दोष जनता पर 1,650 राउंड गोलियाँ दागी गईं। हज़ारों लोग मारे गए जिनमें औरतें, बच्चे और बूढ़े सभी शामिल थे। आधिकारिक आँकड़ों के अनुसार 379 लोग मारे गए। परन्तु इसमें हज़ार से ज़्यादा लोग मारे गए और 3,400 घायल हुए। इस निर्दयतापूर्ण कृत्य के पीछे जनरल डायर का उद्देश्य लोगों में इतनी दहशत और भय पैदा करना था कि वे अंग्रेज़ों के ख़िलाफ़ ज़ुबान खोलने की भी हिम्मत न कर सकें।

रेगीनाल्ड एडवर्ड डायर की बर्बरता यहीं ख़त्म नहीं हुई। वह जलियाँवाला बाग़ में गोलियों से मारे गए लोगों और घायलों को वहीं कराहता-तड़पता छोड़कर निकल गया और बाग़ की तरफ़ आवाजाही बन्द करवा दी। कोई घायल कहीं इलाज न करा सके इसलिए उसने डॉक्टरों को अस्पताल में घायलों का इलाज न करने के आदेश दे दिये। इस पुस्तक में शामिल ज़ब्त साहित्य में उस समय के रचनाकारों ने ऐसे ही प्रसंगों का ज़िक्र किया है। स्वयं डायर ने सेक्रेटरी वार ऑफ़िस, लन्दन को दिये गए अपने स्टेटमेंट में भी स्वीकार किया है कि उसके पास यूरोपीय डॉक्टरों की सुरक्षा के लिए पर्याप्त असलहा नहीं था इसलिए वे वहाँ नहीं रुक सके, परन्तु भारतीय डॉक्टर इलाज कर रहे थे।[7]

डायर के ज़ुल्म और अमानवीय कृत्यों के एक और उदाहरण का उल्लेख करना यहाँ उचित होगा जिसका ज़िक्र तत्कालीन रचनाकारों की कृतियों तथा आँखों देखे विवरणों में किया गया है। वह उल्लेख है—बाग़ में गोलीबारी की नृशंस कार्रवाई के बाद लोगों द्वारा रेंग-रेंगकर उस गली से गुज़रना। इन प्रसंगों की प्रामाणिकता पर कोई संशय नहीं किया जा सकता क्योंकि ऐसे सन्दर्भों/आदेशों का ज़िक्र अंग्रेज़ी दस्तावेज़ों में भी मिलता है और लेखिका ने अंग्रेज़ी और भारतीय दोनों सन्दर्भों का अनुशीलन किया है। दरअसल, जलियाँवाला बाग़ हत्याकांड के बाद डायर ने एक आदेश पारित किया था कि कोई भारतीय उस गली में न जाए और अगर जाए तो रेंगता हुआ जाए।

पराधीनता क्या होती है इसका कटु अहसास इस आदेश से सहज ही हो जाता है। डायर के आदेश के बाद लोगों को अपने घायल या मृतक परिजन के पास रेंगकर जाना पड़ा और रेंगकर जाते हुए किसी ने अगर थोड़ा-सा भी ऊपर उठने की कोशिश की तो उस पर बन्दूक़ के बट से पुलिसिया मार पड़ी। इस 'रेंगने के आदेश' (Crowling order) पर डायर की सफ़ाई तो और भी चकित करने वाली थी। उसने कहा :

> यह कोई स्थायी आदेश नहीं था और न ही भारतीय लोगों को बेइज्जत करने के लिए था बल्कि यह तो उस स्थान की पवित्रता बनाए रखने के लिए था। भारतीय अपने धार्मिक स्थलों में ऐसे ही लेटते हुए जाकर अपनी आस्था प्रकट करते हैं...
> That the order was not of course meant to be in any sense a permanent order....It is a complete misunderstanding to suppose

> that I meant this order to be an insulting mark of race inferiority. This order meant that the street should be regarded as holy ground... in fact 'crowling order' is a misnomer...[8]

अंग्रेज़ी अख़बारों का दृष्टिकोण

13 अप्रैल, 1919 को अमृतसर के जलियाँवाला बाग़ में निहत्थों पर गोलियाँ दागी गईं और सैकड़ों लोग मारे गए पर इसकी कोई ख़ास रिपोर्ट अंग्रेज़ी अख़बारों तक नहीं पहुच पाई। इंग्लैंड के प्रमुख अख़बारों में भारत में हो रही गड़बड़ियों और दंगों की वही ख़बरें छपीं जो आधिकारिक तौर पर वहाँ भेजी गईं। इंडिया ऑफ़िस लाइब्रेरी में शोध के दौरान ब्रिटेन के मुख्य अख़बारों—'द टेलीग्राफ', 'द टाइम्स', 'द मैनचेस्टर गार्डियन' आदि की माइक्रोफ़िल्मों से गुज़रते हुए भारत के अलग-अलग शहरों में हो रहे दंगों, अमृतसर और लाहौर के बीच टेलीफ़ोन लाइन काटने की आधिकारिक सूचनाओं, पंजाब में पाँच अंग्रेज़ों के मारे जाने की ख़बर पर भारत में रह रहे अंग्रेज़ों की सुरक्षा सम्बन्धी चिन्ता व्यक्त करने आदि की ख़बरें पढ़ने को मिलीं, पर अमृतसर में हुए भयंकर नरसंहार की ख़बर ब्रिटेन नहीं पहुँच पाई। यहाँ तक कि हुकूमत ने रौलेट बिलों को इस असन्तोष की वजह मानने से भी इनकार कर दिया।

मगर 17 अप्रैल, 1919 को 'द मैनचेस्टर गार्डियन' में एच.ई.ए. कॉटन की एक रिपोर्ट प्रकाशित हुई जिसे (लेखिका द्वारा अनुवादित) संक्षेप में प्रस्तुत किया जा रहा है पाठक उसे पढ़कर प्रेस की भूमिका का आकलन सहज ही कर सकते हैं :

> भारत की गम्भीर अव्यवस्था को कम करके नहीं आँका जाना चाहिए। इसमें सन्देह नहीं कि जनमानस की व्याकुलता और बेचैनी का कारण खाद्यान्न की कमी और ऊँची कीमतें हैं...लेकिन इसका तात्कालिक कारण वे दो बिल हैं जो इम्पीरियल कौंसिल के पास विमर्श के लिए लाए गए हैं। उन्होंने कटुता की भावना को और बढ़ा दिया है...जनवरी 1918 में जस्टिस रौलेट की अध्यक्षता में जो कमेटी बनी, उसका उद्देश्य ऐसे क़ानून से है जिससे भारत में क्रान्तिकारी आन्दोलन को आपराधिक षड्यंत्र मानकर कठोर कार्रवाई को प्रभावी बनाया जा सके...इस समिति ने अपनी रिपोर्ट 1918 में ही दे दी थी...जिसके सुझावों को सही मानते हुए सरकार ने 16 जनवरी, 1919 को दोनों बिल 'गजट ऑफ़ इंडिया' में प्रकाशित कर दिये...इनमें पहला क्रिमिनल लॉ (अमेंडमेंट) बिल और दूसरा इमरजेंसी पावर्स बिल है...।
> भारतीयों द्वारा इसके विरोध में सत्याग्रह सभा (पैसिव रेसिस्टेंस लीग) की स्थापना मुम्बई में गांधी जी की अध्यक्षता में की गई...उनका सत्याग्रह से अर्थ उसी आन्दोलन से था जो वह दक्षिण अफ्रीका में कार्यान्वित कर चुके थे। इसमें 'कसम' ली जाती कि क़ानूनों की अवमानना करते हुए किसी भी तरह की हिंसा से दूर रहना आदि...

हैरानी की बात है कि हुकूमत द्वारा उचित और आवश्यक तैयारियाँ ही नहीं की गईं...। भारतीय नेताओं में उदारवादी पार्टी का दूसरा ही पक्ष है...उन्होंने अपने घोषणा-पत्र में अपने को सत्याग्रह से अलग कर लिया। उनका विचार था कि 'क्रॉउन' से याचना की जाए कि वह इन अप्रीतिकर बिलों को ख़त्म कर दें। इस सम्बन्ध में मांटेग्यू को एक तार भी भेजा गया कि अभी कोई देर नहीं हुई कि सेक्रेटरी ऑफ़ स्टेट इस पर कार्यवाही करें...अगर यह उपाय करने ज़रूरी हैं तो लेजिस्लेटिव काउंसिल में इन पर पुनर्विचार किया जाए। तब तक कार्यकारिणी के पास जो शक्तियाँ हैं वह किसी भी तरह की...किसी आशातीत आपातस्थिति से निपटने के लिए काफ़ी हैं... संक्षेप में यह कि इससे अपराध और दंड के बल पर निबटने का प्रयास नहीं होना चाहिए...और सत्याग्रह को बुरा-भला कहकर, गांधी के माथे पर इस कुकृत्य का ठीकरा नहीं फोड़ा जाना चाहिए।[9]

17 अप्रैल, 1919 को डी.एन. बैनर्जी का ब्रिटेन के 'द मैनचेस्टर गार्डियन' समाचार-पत्र में सम्पादक को लिखा एक पत्र भी प्रकाशित हुआ। उसमें भी जलियाँवाला बाग़ की घटना का ज़िक्र तक नहीं है अपितु उससे पूर्व की असन्तोषजनक परिस्थितियों पर विचार किया गया है। इससे स्पष्ट है कि अंग्रेज़ी प्रेस तक तत्काल यह ख़बर नहीं पहुँची थी। यहाँ इस पत्र का सारांश सम्मिलित करने का आशय यही है कि इतनी बड़ी घटना को माइकल ओडायर और जनरल डायर ने पूरी तरह दबा दिया था। विश्वव्यापी निन्दा, भारतीयों के सत्याग्रह-आन्दोलन और प्रथम नोबेल पुरस्कार विजेता भारतीय रवीन्द्रनाथ टैगोर ने 'नाइटहुड' की उपाधि लौटाते हुए यह कहा कि इतना बड़ा नरसंहार करने वाले किसी को कोई सम्मान नहीं दे सकते इसलिए वे उनके सम्मान को वापस लौटाते हैं। तब जाकर इस मामले की जाँच के लिए 'हंटर कमेटी' बनाई गई। डायर सारी ख़बर ब्रिटिश मीडिया से छुपाता रहा जब तक उसे कमेटी के सामने अपने गुनाहों से बचने के लिए प्रमाण न देने पड़े। ब्रिटेन में जलियाँवाला बाग़ के हत्याकांड की ख़बरें नवम्बर 1919 अर्थात सात महीने बाद ही पहुँच सकीं।

'द मैनचेस्टर गार्डियन' के सम्पादक को **डी.एन. बैनर्जी** का पत्र :
'भारत में आज की परिस्थिति' (लेखिका द्वारा अनुवादित)

श्रीमान, यह कहने में कोई अतिशयोक्ति नहीं कि पिछले चार या अधिक सालों में जब युद्धरत यूरोपियनों में आपस में द्वेष भाव लगातार बढ़ रहा है तब ब्रिटिश और भारत के बीच सौहार्द और मैत्री भाव लगातार बना रहा...जलता हुआ साम्राज्यवादी इंग्लैंड और आश्वस्त होमरूल एक ही अखंड शपथ को लेकर साथ-साथ चलते रहे कि मिलकर इस विपत्ति (युद्ध) को झेलेंगे और हर कुर्बानी देकर आपसी सामंजस्य से उस वायदे की ओर बढ़ेंगे जो युद्धोपरान्त सम्भव होगा...लेखक सैनिकों, बैंक मैनेजरों, रेलवे कम्पनी के निदेशकों, मिशनरियों और अन्य भारतीयों से मिला है और बात

की है; सबने माना है कि भारत की राजनीतिक परिस्थितियों को युद्ध के पश्चात पूर्ण रूप से पुनर्स्थापित करना आवश्यक है। युद्ध से पूर्व की परिस्थितियाँ नहीं रहेंगी...।

गृह सरकार का 20 अगस्त, 1917 का प्रस्ताव उनके लिए तसल्लीदेह था जिसमें उन्हें विश्वास दिलाया गया कि भारतीयों का लहू और धन व्यर्थ नहीं जाएगा... हम सबने ईमानदारी से उस पर विश्वास किया और अब भी कर रहे हैं कि युद्धोपरान्त सरकारी तंत्र के स्थान पर स्वशासित संस्थाओं की स्थापना होगी। मांटेग्यू चेम्सफोर्ड की राजनीतिक सुधार योजना शायद इस पर विचार कर रही है या गृह सरकार ने जो वायदा किया था मांटेग्यू योजना की सैद्धान्तिक मुद्दों से हटने पर कोई टीका-टिप्पणी की है; प्रतिक्रियावादी संस्थाएँ इससे सन्तुष्ट नहीं हैं...आशावादी भारत बड़ी उम्मीद से देख रहा है कि उनकी कुर्बानियों का क्या इनाम मिलने वाला है? परन्तु उनकी स्वनिर्णय और मुक्ति की तरफ़ इस सुधार योजना की नई प्रवृत्ति बहुत भ्रामक है...। भारत ने रोटी के लिए कहा और आंग्ल-भारतीय सरकारी तंत्र ने पत्थर दिये...।

हमें याद रखना चाहिए कि रौलेट बिल भारतीय सदस्यों के विरोध और उदारवादियों की सत्याग्रह की चेतावनी के बाद भी वायसराय की लेजिस्लेटिव सभा ने पारित कर दिये...भारत में आतंक की ख़बरों पर यह कहना अति आवश्यक है...क्या सरकार का काम चुने हुए प्रतिनिधियों की इच्छाओं के विपरीत 'इमरजेंसी मेजर्स' द्वारा लोगों में असन्तोष बढ़ाना है और फिर उसे अपनी शक्ति का प्रदर्शन करते हुए दबा देना है? ...मैं कहता हूँ कि इन दमनकारी क़ानूनों को वापिस नहीं लिया जाता तो दोनों कौमों के बीच सद्भावना और समन्वय ध्वस्त हो जाएगा और पश्चात्ताप एवं कड़वाहट की विरासत बची रहेगी...भारतीय गांधी पर लगाए गए प्रतिबन्धों से आहत हैं...उनके भाषण हमेशा ही जनमानस को तसल्ली देते हैं...

मैं धरना-प्रदर्शन और सभाओं पर विश्वास नहीं करता परन्तु सभी सभ्य समुदायों में अपने कष्ट निवारण और अपनी बात रखने का यह जाना-पहचाना तरीका है...मुझे अफसोस है कि जहाँ यह दमनकारी क़ानून लागू नहीं हैं, वहाँ भी प्रशासन स्वैच्छिक शक्तियों का प्रयोग करके सभाएँ, जुलूस आदि भंग किये जा रहे हैं...मैं विश्वास करता हूँ कि जैसे भोर होने से पहले गहरा अँधेरा होता है उसी तरह सरकारी जोश का उफान उस दिन का अग्रदूत बनेगा जब सारे प्रशासन का स्वर बदल जाएगा और भारत की प्रजातांत्रिक उम्मीदों के अनुकूल आमूलचूल परिवर्तन होगा।[10]

डायर ने इस सारे मामले को मामूली जातीय दंगे बताकर दबाने की भरपूर कोशिश की। 21 अप्रैल, 1919 को 'मैनचेस्टर गार्डियन' में पंजाब और अहमदाबाद में 250 लोगों के दंगों में मारे जाने का समाचार प्रकाशित हुआ परन्तु कहीं भी जलियाँवाला बाग़ की घटना का नाम तक नहीं था। पंजाब सरकार ने सभी भारतीय समाचार-पत्रों

पर रौलेट बिल के बाद हुए दंगों का उल्लेख करने पर प्रतिबन्ध लगा दिया था जिसका प्रेस में विरोध हो रहा था। इस जुर्म में 'द ट्रिब्यून' के सम्पादक कालीनाथ राय को जलियाँवाला बाग़ के हत्याकांड से पूर्व ही 17 अप्रैल को शाम 7.45 बजे गिरफ़्तार कर लिया गया और 27 अगस्त को छोड़ा गया।

दबाने-छिपाने की लाख कोशिशों के बावजूद इस निर्दयतापूर्ण घटना की ख़बर ब्रिटेन की सरकार तक पहुँच ही गई। न जनरल डायर और न ही ओडायर इस हत्याकांड की जिम्मेदारी से बच सके। इन दंगों की जाँच के लिए 'हंटर कमेटी' गठित हुई जिसने जनरल डायर के अमानवीय कृत्य की भर्त्सना की और उसे भोली-भाली जनता की हत्या का दोषी माना—

> Indiscriminate killing of innocent people not engaged in committing any act of violence.[11]

मगर यह उसकी हठधर्मिता और बेशर्मी ही थी कि हंटर कमेटी के फ़ैसले के विरुद्ध 20 जुलाई, 1920 को उसने सेक्रेटरी वार ऑफ़िस, लन्दन को पुन: अपना बयान दिया और उस बयान में जलियाँवाला बाग़ में औरतों और बच्चों की मौजूदगी को ही नकार दिया। उसने लिखा—

> I took the small force...consisting of 25 rifles,1/9th Gurkhas, 25 rifles 54th sikhs and 59th sikhs and 40 gurkhas... arrived about 5 pm in Jallianwala bagh.... I found a large gathering afterwords ascertained to be from 15000 to 20,000...There were no women and childern in the meeting....[12]

यद्यपि अंग्रेज़ी राज के ऊपरी सदन 'हाउस ऑफ़ लॉर्ड्स' के कुछ लोग उसके कृत्य को उचित ठहराते रहे। लेकिन 'हाउस ऑफ़ कॉमंस' ने उसकी व्यापक निन्दा की, और कहा—अप्रैल 1919 में माइकल ओडायर और जनरल रेगीनाल्ड डायर की करतूतें इतनी अमानवीय, आक्रामक और नृशंस थीं कि आख़िरकार ब्रिटेन की अंग्रेज़ी हुकूमत द्वारा भी इस निर्दयतापूर्ण करतूत को पूरे ब्रिटिश साम्राज्य के लिए शर्मनाक कहा गया—

> We feel that General Dyer, by adopting an inhuman and un-British method of dealing with subjects of His Majesty the King–Emperor, has done great disservice to the interest of British rule in India. This aspect it was not possible for the people of the mentality of Genral Dyer to realize.[13]

अन्ततः घमंडी और निर्दयी जनरल डायर कई तरह की बीमारियों से ग्रस्त हो गया। लकवे से उसकी ज़बान और शरीर बेकार हो गया और आख़िरकार 1927 में उसने आख़िरी साँस ली।

जलियाँवाला बाग़ हत्याकांड के इक्कीस साल बाद 13 मार्च, 1940 को सरदार उधमसिंह ने पंजाब के लेफ़्टिनेंट गवर्नर माइकल ओडायर को लन्दन के कैक्स्टन हॉल में गोली मारकर हत्या कर दी। गोली मारने के बाद उधमसिंह ने बचने की कोशिश नहीं की, उन्हें तुरन्त पकड़ लिया गया और चार महीने के ट्रायल के बाद वहीं फाँसी दे दी गई। इतिहासकार मानते हैं कि जलियाँवाला बाग़ के नरसंहार ने भारतीय स्वतंत्रता आन्दोलन की दिशा ही मोड़ दी। इस घटना ने गांधी को 'महात्मा गांधी' बना दिया। इस बाग़ में हुई निर्दोष हत्याओं के ख़ून से सनी मिट्टी ने बालक भगत सिंह को 'अमर बलिदानी भगत सिंह' बना दिया।

'जलियाँवाला बाग़ की कराहें' पुस्तक जलियाँवाला बाग़ के नरसंहार की अतिशय वेदना और अंग्रेज़ी ज़ुल्मों की व्यथा-कथा है जिन्हें हिन्दुस्तानियों ने अपनी आँखों से देखा, अपनी आत्माओं पर झेला और साहित्यकारों ने उसे अपनी कलम से उकेरा। यह जनता का, जनता के द्वारा और जनता के लिए लिखा गया साहित्य है जो एक सदी तक अन्वेषकों की नज़रों से लगभग छिपा रहा। वही साहित्य इस पुस्तक का मूलाधार है। साहित्यकार वही रचता है जो वह देखता है और जैसा वह अनुभव करता है। वह समाज से प्रगाढ़ता से सम्बद्ध होता है, गहराई से जुड़ा होता है। अतः कहा जा सकता है कि साहित्यकार के रचनाकर्म के लिए जनजीवन ही मूल स्रोत सामग्री होती है। मानवीय आकांक्षाएँ और उम्मीदें, ख़ुशियाँ और गम, उन्नति और अवनति, महानता और नीचता, गुण और दोष सभी साहित्य में परिलक्षित होते हैं। साहित्य केवल व्यक्ति के मनोभावों, अनुभूतियों, बोध-चेतना ही को नहीं अपितु उसके आक्रोश, नाराज़गी, घृणा और अपमान को भी प्रतिबिम्बित करता है।

पुस्तक में वर्णित पराधीन भारत के इन रचनाकारों का हिन्दी साहित्य के इतिहास में क्या स्थान है? इनका कोई स्थान है भी या नहीं, यह अलग शोध का विषय हो सकता है। मगर इन रचनाओं में जनपक्षीय सरोकार, लोक-विमर्श, अर्पण-तर्पण, समाज-संस्कृति का बोध और गहरा यथार्थवाद आदि बहुत ऊँचा स्थान रखते हैं। इन रचनाकारों ने अनेक तरह की यातनाओं, प्रताड़नाओं, ज़बरदस्ती और ज़ुल्म को सहते हुए औपनिवेशिक काल की त्रासद परेशानियों और असह्य संत्रास को कलमबद्ध किया जिसका जोखिम बड़े-बड़े साहित्यकार नहीं उठा पाए। इन रचनाओं की भाषा में आंचलिकता, मौलिकता, सहजता और गेयता है। जिन्होंने एक जन से दूसरे जन

तक की यात्रा करते हुए जनचेतना के अपने विशेष उद्‌देश्य को हासिल किया।

पुस्तक के पहले अध्याय में एक नाटक दिया गया है जो वर्ष 1922 में लिखा गया था और ज़ब्त कर लिया गया था। इसमें सौ साल पहले के समाज, संस्कृति और राजनीतिक ग़ुलामी का चित्रण तो है ही, मानवीय सरोकारों, परम्पराओं, मर्यादाओं, नैतिकताओं की निशानदेही करता हुआ यह नाटक जलियाँवाला बाग़ हत्याकांड का मार्मिक और यथार्थ चित्र भी प्रस्तुत करता है। उस समय के राजनीतिक नेताओं का चारित्रिक आकलन, सत्याग्रह आन्दोलन की प्रकृति, आवश्यकता और नेताओं के राजनीतिक-सामाजिक योगदान की पड़ताल भी यह नाटक बखूबी करता है।

पुस्तक में कुल नौ अध्याय हैं जिनमें जलियाँवाला बाग़ के हत्याकांड के बाद रचित नाटक, कविताएँ, दोहे, ठुमरी, लावणी, क़व्वाली, ग़ज़ल आदि सम्मिलित हैं। ये रचनाएँ उस समय अलग-अलग पुस्तिकाओं में प्रकाशित हुई थीं। विभिन्न विधाओं में रचित यह साहित्य एक तरफ़ जलियाँवाला बाग़ की पृष्ठभूमि से लेकर हर छोटी-बड़ी घटना, अंग्रेज़ों की क्रूरता, लोगों की बेबसी, सामाजिक दशा-दुर्दशा आदि का निर्भीक और वास्तविक विवरण प्रस्तुत करता है तो दूसरी तरफ़ साहस से उठ खड़े होने का आह्वान भी करता है। इनमें जलियाँवाला बाग़ में अंग्रेजीराज द्वारा की गई नृशंस हत्याओं के साथ-साथ हरे-भरे पेड़-पौधों की उघड़ी-जली छालों, घास चरती हुई गाय-भैंसों का चरते-चरते मारे जाना एवं तोते, कोयल, मैना आदि पक्षियों का भी गोलियों से भयभीत होकर मरने का मार्मिक ज़िक्र है। इन बातों की सत्यता और यथार्थता पर कोई सन्देह इसलिए नहीं किया जा सकता क्योंकि आधिकारिक ऐतिहासिक दस्तावेज़ों में भी किसी-न-किसी रूप में इनका ज़िक्र है और इतिहासकारों की पुस्तकों में भी इन्हें प्राय: उसी रूप में अभिव्यक्त किया गया है।

जलियाँवाला बाग़ से सम्बन्धित साहित्य में वर्णित पात्र काल्पनिक होते हुए भी इस ऐतिहासिक घटना के उसी जन-समूह से लिये गए हैं जो गोलियों का शिकार हुआ था। पुस्तक में शामिल कई रचनाओं का मुख्य पात्र बारह-तेरह साल का एक किशोर 'मदन' है जिसे गहरी संवेदना और औदार्य के साथ प्रस्तुत किया गया है। वह एक स्थानीय व्यवसायी मनीराम का इकलौता किशोर पुत्र है जो ज़िद करके बाग़ में हो रही सभा में पहुँचता है और वहाँ गोलियों का निशाना बन जाता है। सभा में जाने की ज़िद; माता की ना-नुकुर, चिन्ता, आशंका और मोह-ममता; बेटे की मौत और उस पर माता-पिता के विलाप का प्रसंग जिस तरह से वर्णित किया गया है उससे पूरा का पूरा सामाजिक परिवेश दृश्यमान हो उठता है। 'मदन' इस नरसंहार के विरोध का प्रतीक बन जाता है। मदन दशकों तक लेखकों की कृतियों में एकाधिक रूप में मुखरित होता रहा है। अज्ञेय की पुस्तक 'शेखर : एक जीवनी' के पात्र मदन में भी कहीं-न-कहीं इसका ही प्रतिबिम्ब दिखाई देता है।

एक अन्य पात्र जो इन व्यथा-कथाओं में भिन्न-भिन्न रूप में उद्धृत हुआ है वह

एक विधवा हुई स्त्री श्रीमती रतन देवी का है। रतन देवी के पति लाला पदम थे, वे अमृतसर के ही रहने वाले थे जिनकी मौत जलियाँवाला बाग़ के इसी हत्याकांड में हो जाती है। रतन देवी रात के अँधेरे में पेट के बल रेंगती हुई बाग़ में पहुँचती है और लाशों के बीच अपने पति की तलाश करती है और उसे पानी के लिए सिसकता हुआ पाती है। वह कहीं से अपनी ओढ़नी को पानी में भिगोकर लाती है और कुछ बूँदें अपने पति के मुँह में टपकाती है जो पहले ही प्राण त्याग चुका है। रतन देवी बाग़ की उस त्रासद रात का आँखों देखा विवरण, जलियाँवाला कांड की जाँच के लिए अखिल भारतीय कांग्रेस कमेटी द्वारा निर्मित उप-समिति के समक्ष प्रस्तुत करती है। पंडित मोतीलाल नेहरू की अध्यक्षता वाली इस कमेटी में मोहनदास करमचंद गांधी व चित्तरंजन दास के अलावा कई अन्य जनप्रतिनिधि भी थे। 1920 में मोतीलाल नेहरू ने दो खंडों में रिपोर्ट प्रस्तुत की। दूसरे खंड में लगभग 650 उन लोगों के बयान थे जो जालियाँवाला बाग़ हत्याकांड के या तो प्रत्यक्षदर्शी थे या फिर पंजाब में ब्रिटिश शासन की तत्कालीन ज़्यादतियों के भुक्तभोगी। रतन देवी ने अपने बयान में कहा था, "मैं वह दृश्य कभी नहीं भूल सकती। जब मैं उस सुनसान, वीरान, ख़ून से लथपथ सैकड़ों लाशों के बीच अकेली थी। लाशों के जंगल में मैं एक ज़िन्दा हस्ती थी। कभी-कभी दूर या नज़दीक कुत्तों का भौंकना, गधों का रेंकना या घायलों के सिसकने की आवाज़ें सुनाई देती थीं।"[14] वस्तुतः इस नृशंस घटना का बेहद भावपूर्ण, तथ्यात्मक और प्रामाणिक वर्णन इस पुस्तक में उपलब्ध है।

हालाँकि रिपोर्ट में रतन देवी का बयान बहुत बाद में पढ़ने को मिला। उससे पूर्व कानपुर से प्रकाशित मासिक पत्रिका 'प्रभा' के दिसम्बर 1920 के अंक में (गणेश शंकर विद्यार्थी द्वारा सम्पादित) में श्रीयुत 'परन्तप' द्वारा रचित एक लम्बी कविता प्रकाशित हुई थी। जिसके साथ रतन देवी का छायाचित्र 'वीरांगना रतन देवी' शीर्षक के साथ प्रकाशित किया गया था।[15]

रतन देवी का बयान विस्तार से इस पुस्तक के आठवें अध्याय में प्रस्तुत किया गया है। जलियाँवाला बाग़ के इतिहास में एक और स्त्री, अत्तर कौर का ज़िक्र भी आता है जो जलियाँवाला बाग़ कांड में मारे गए अपने पति भगतमल भाटिया की लाश उठाकर घर ले गई थी। ब्रिटिश हुकूमत ने बाद में उसके लिए 25 हज़ार रुपये का हर्जाना स्वीकृत किया जिसे उसने अस्वीकार कर दिया। अत्तर देवी की मृत्यु 31 जनवरी, 1964 को हुई थी।[16]

प्रथम विश्वयुद्ध में हुई भारतीयों की जन-धन की क़ुर्बानी तथा रौलेट एक्ट के बाद देशव्यापी हड़तालों, राजनीतिक गतिविधियों, लोगों की प्रतिक्रियाओं और घटनाओं का जितना वास्तविक और व्यापक विवरण इन रचनाओं में मिलता है वैसा यथार्थ विवरण किसी आधिकारिक स्रोत में नहीं मिलता। इनमें जलियाँवाला बाग़ से उठी बेक़सूरों की आर्त पुकारें हैं और ज़ुल्म करने वालों के बेपर्दा चेहरे

भी। भला ऐसे साहित्य को ब्रितानी हुकूमत कैसे बर्दाश्त कर सकती थी? इसलिए इनके रचनाकारों, प्रकाशकों, छापेखानों को क़ानून की विभिन्न धाराओं के अन्तर्गत दंडित किया गया और इस साहित्य को प्रतिबन्धित कर, प्रकाशित होते ही ज़ब्त करके देश की सीमाओं से बाहर पहुँचा दिया गया। हालाँकि कुछ पुस्तिकाएँ भारत के विभिन्न अभिलेखागारों में मौजूद हैं लेकिन वे इस प्रत्यक्षदर्शी साहित्य का बहुत थोड़ा हिस्सा हैं; अधिकांश प्रतिबन्धित साहित्य यहाँ उपलब्ध नहीं है।

जलियाँवाला बाग़ पर केन्द्रित इन दुर्लभ साहित्यिक रचना-संग्रहों को भारत से लेकर इंडिया ऑफ़िस लाइब्रेरी, लन्दन रिकॉर्ड से खोजना और प्राप्त करना बेशक सरल न रहा हो, परन्तु यह कार्य करना मेरे लिए सन्तोषजनक अवश्य रहा। यहाँ प्रस्तुत रचनाओं में थोड़े-बहुत भाषायी संवर्धन या सम्पादन को छोड़ दिया जाए तो अधिकांशत: इनकी मौलिकता व प्रामाणिकता को बनाए रखने की कोशिश की गई है। इस तरह यह अछूता, ओझल साहित्य पाठकों के सम्मुख प्रस्तुत है जिससे आमजन राजनीतिक, सामाजिक, सांस्कृतिक परिस्थितियों के सन्दर्भ में इसके अवदान और उपादेयता का मूल्यांकन और विश्लेषण कर सकता है। इतिहास-लेखन के लिए प्रयुक्त अंग्रेज़ी स्त्रोतों के अनवरत-अविराम क्रम के बीच इन मौलिक तथ्यों की खोजबीन भी की जा सकती है। मैं समझती हूँ कि इस पुस्तक की विशेषता यह है कि इसमें इतिहास, साहित्य, अंग्रेज़ी अख़बारों और दस्तावेज़ों के विवरणों को एक साथ लाकर जलियाँवाला बाग़ की घटना की सत्यता और यथार्थता को प्रस्तुत किया गया है। मैंने ऐतिहासिक अभिलेखों/पुस्तकों के तथ्यों और साहित्यिक कृतियों के अन्तर्भाव में गहरी समरूपता पाई। परन्तु यह साहित्य अपनी यथार्थता, आंचलिकता, संवेदना, विशिष्ट भाषा-शैली, गेयता और लयात्मकता की वजह से इस व्यथा-कथा को अधिक प्रभावी ढंग से व्यक्त करता है जो आमजन की वास्तविक पीड़ा का आभास कराता है।

'जलियाँवाला बाग़ की कराहें' पुस्तक का प्रकाश में आना सम्भव न होता अगर मेरे महीनों तक लन्दन में ठहरने का प्रबन्ध न होता! इसका श्रेय मैं अपनी बेटी शिक्षा को देती हूँ जो वहाँ कार्यरत है। मैं उन रचनाकारों, प्रकाशकों और मुद्रणालयों के प्रति भी कृतज्ञता ज्ञापित करती हूँ जिन्होंने अनेक कष्ट सहकर पराधीनता के उस दौर में जन वेदनाओं तथा लोकपक्षीय रचनाओं को लिपिबद्ध करने और प्रकाशित करने का जोखिम उठाया। निस्सन्देह, यह इतिहास लिखने वालों को नया दृष्टिकोण प्रदान करेगा। मैं ब्रिटिश लाइब्रेरी के एशियाई और अफ्रीका प्रभाग के कार्यालय सदस्यों—जोंस, डोरियन, हक़ और सुश्री अलिका की आभारी हूँ जिन्होंने सहर्ष रोज़ दर्जनों पुस्तकें, आर्काइवल रिकॉर्ड व फ़ोटो मुहैया कराए। इसी तरह न्यूज़ मीडिया प्रभाग ने एक सदी पहले के मुख्य अंग्रेज़ी अख़बार उपलब्ध कराए। पाकिस्तानी मूल की लेखिका मित्र रईसा तूर ब्रिटिश लाइब्रेरी में मेरी सह-अध्येता

होने के साथ-साथ मददगार भी बनी रहीं। श्री राजमणि श्रीवास्तव, पूर्व सहायक निदेशक, भारत के राष्ट्रीय अभिलेखागार ने अपने यहाँ इस विषय से सम्बन्धित कृतियों/रचनाओं से परिचित कराया।

मेरी कुछ पुस्तकों के प्रकाशक श्री अशोक महेश्वरी जी से जब इस पुस्तक के सम्बन्ध में चर्चा हुई तो उन्होंने शीघ्र तैयार करके देने को कहा। मैं अशोक महेश्वरी जी और राजकमल प्रकाशन की हृदय से आभारी हूँ।

'जलियाँवाला बाग़ की कराहें' के सम्बन्ध में यह स्वीकार करते हुए मुझे कोई हिचक नहीं है कि इस पावन कर्तव्य को सम्पन्न करके गहरी आत्मिक सन्तुष्टि प्राप्त हुई है। यह पुस्तक पाठकों को कितना प्रभावित करती है तथा इसकी प्रासंगिकता, अवदान और उपादेयता का आकलन तो सुधी पाठक ही कर पाएँगे। उनसे प्रतिक्रियाओं की निरन्तर अपेक्षा बनी रहेगी।

सन्दर्भ

1. V. N. Dutta; Jaliyaanwala Bagh, Ludhiana, 1969, p. 11
2. ibid, p. 10
3. The Times (Newspaper), London, 21 April, 1919
4. H.E.A. Cotton, The Manchester Guardian (Newspaper), London, 17 April,1919
5. Rajesh Ramchandran (edi.) Martyrdom to Freedom : 100 Years of Jallianwala Bagh, New Delhi, 2019
6. V. N. Dutta; p. 50-53
7. Reginald Dyer (Statement) The Amritsar Massacre; Open Edition, India Office library, London, 1920, p. 141
8. ibid, p. 137
9. H.E.A. Cotton, The Manchester Guardian (Newspaper), London; 17 April,1919
10. D. N. Banerjee, The Manchester Guardian (Newspaper), London; 17 April,1919
11. Reginald Dyer (Statement) The Amritsar Massacre; Open Edition, India Office Library, London, 1920, p. 133
12. वही, पृ. 109
13. वही, पृ. 156
14. वी.एन. दत्ता; जलियाँवाला बाग़, लुधियाना, 1969, पृ. 102
15. राजमणि, जलियाँवाला बाग़ त्रासदी की शताब्दी स्मृति के अवसर पर विशेष (आलेख), 2019
16. वही, पृ. 101

* ओ३म् *

—पूरा ड्रामा—

ज़ख्मी पंजाब

लेखक—

लाला किशनचन्द ज़ेबा.

प्रकाशक—

ओंप्रकाश साहनी एण्ड ब्रादर्स,

लोहारी दरवाजा (लाहौर)

प्रथम बार २०००] सन् १९२२ ई० [मूल्य १)

जलियाँवाला बाग़ में जाने का सँकरा रास्ता, 1919

ज़ख्मी पंजाब

जलियाँवाला बाग़ की त्रासदी का सच्चा चित्र

जलियाँवाला बाग़ में 13 अप्रैल, 1919 को हुए जनसंहार के प्रतिवाद में हिन्दी में काफ़ी कुछ लिखा गया लेकिन लाला किशनचन्द ज़ेबा (लाला कृष्णचन्द्र 'ज़ेबा') का 'ज़ख्मी पंजाब' सम्भवतः एकमात्र हिन्दी ड्रामा है जिसमें औपनिवेशिक ब्रिटिश-शासन की इस करतूत को विषय बनाया गया। ज़ेबा ने यह ड्रामा 1922 में लिखा जो उसी वर्ष ओमप्रकाश साहनी एंड ब्रदर्स, लोहारी दरवाज़ा, लाहौर द्वारा प्रकाशित किया गया। जाहिर है, यह ड्रामा उस दौर में लिखा गया जब भारत में ब्रिटिश-दासता के खिलाफ़ आक्रोश नये सिरे से संघनित हो रहा था; भारतीय स्वतंत्रता आन्दोलन असहयोग और सत्याग्रह की राह पर अग्रसर हो रहा था और भारतवासी स्वतंत्रता को 'अस्तित्व के स्वाभाविक गुण' की तरह पाने के लिए औपनिवेशिक ब्रिटिश-शासन पर दबाव बना रहे थे। दूसरी तरफ़, औपनिवेशिक ब्रिटिश-शासन भारत में अपना साम्राज्य बचाए रखने के लिए किसी भी हद तक जाकर ज़ोर-ज़बरदस्ती और ज़ुल्म के ज़रिये भारत में तेज़ी से उभर रही राष्ट्रवाद की भावना को कुचलने का प्रयास कर रहा था।

जलियाँवाला बाग़ हत्याकांड ने पूरे भारत को झकझोरकर रख दिया था। पंजाब की स्थिति तो और भी बुरी थी, जहाँ 13 अप्रैल, 1919 के जनसंहार के बाद सरकारी दमन, प्रताड़ना और पाबन्दियों का सिलसिला और तेज़ हो गया था। सरकार सच पर पर्दा डालने और भारतीयों का मनोबल ध्वस्त करने में लगी थी। इस अत्यन्त विषम परिस्थिति में भी अनेक लेखकों ने अपनी रचनाओं के माध्यम से सचाई को सामने लाने का जोखिम उठाया। ऐसे लेखकों ने एक तरफ़ ब्रिटिश-शासन की नृशंसता को बेपर्दा किया तो दूसरी तरफ लहूलुहान भारतीय जन-मन की पीड़ा और प्रतिरोध को स्वर दिया। ब्रिटिश-शासन ने इन रचनाओं को प्रतिबन्धित करने में पल-भर की देर नहीं की, ऐसी तमाम रचनाओं को तत्काल ज़ब्त कर इंगलिस्तान पहुँचा दिया गया। 'ज़ख्मी पंजाब' भी ऐसी एक रचना है।

ऐसे विषयों पर औपनिवेशिक भारत में कुछ भी लिखना आसान नहीं था। अत: स्वाभाविक ही तब जलियाँवाला बाग़ हत्याकांड विषयक नाटक बहुत कम लिखे गए होंगे। इस सम्बन्ध में 'ज़ख्मी पंजाब' के लेखक ने स्वयं जो बताया है वह ग़ौरतलब है :

"ड्रामा लिखना कोई साधारण काम नहीं। बड़े-बड़े योग्य और विद्वान लेखकों ने इस कला में अपनी लेखनी का कौशल और चातुर्य दिखाया है, किन्तु दुर्भाग्यवश सफलता नहीं पा सके। तुकबन्दी कर देना अथवा इधर-उधर से कुछ पंक्तियों को खींचतान करके पद्य (नज़्म) और गद्य का एक संग्रह पाठकों के सामने रख देना नाटक रचना नहीं कहलाता। इस अथाह सागर में तैरने वाले कवि को पल-पल गोते लगाने पड़ते हैं। वह नाट्य-लेखन के विशेष नियमों के अनुसार नया रंग, नई चाल, नया चित्र और नये विचार ढूँढ़ निकालने का प्रयास करता है। 'थोड़ा और मीठा' यह नियम प्रतिक्षण उसके हृदय-नेत्र के सम्मुख रहता है।

"नाट्य-लेखक का इस बात पर विशेष ध्यान रहता है कि कैरेक्टर (पात्र) की कोई बात उसकी पहुँच से बाहर न रहे और प्रत्येक बात ऐसी विशेषता से दर्शाई जाए कि उसमें कल्पित होते हुए भी वास्तविकता का रंग दिखाई दे। भावनाओं की सच्चाई अपनी झलक दिखा जाए। यह काम कोई अनायास अथवा मध्य मन से नहीं करता, इसके रस को वही चखता है जिसको परमात्मा ने नाटक लिखने की विशेष योग्यता जन्म से ही दी है, जिसकी कुशाग्र बुद्धि सुविचारपूर्ण है, और जो सृष्टि और उसकी सुन्दरता हृदय की सूक्ष्म दृष्टि से देखने की विशेष प्रतिभा रखता है।

"नाट्य-कला कहाँ से आई, भारत की पुण्यवाटिका में यह मनोहर क्यारी किस माली ने लगाई, पहले-पहल नाटक किसने बनाया, स्टेज पर खेलने का विचार प्रथम किसको आया, हमारे पाठकों के मन में यह प्रश्न अवश्य उठते होंगे। जिनका उत्तर विस्तार से देने की हम यहाँ आवश्यकता नहीं समझते क्योंकि इस विषय पर पहले बहुत कुछ कहा जा चुका है। हाँ, किसी नई बात का वर्णन कर देना हम कर्तव्य समझते हैं।

"भारतवर्ष में सबसे पहले (जबकि इस आर्यसेवित भूमि पर तो क्या, संसार में कहीं नाटक का नाम भी न था) मर्यादा पुरुषोत्तम श्री रामचन्द्र के वीर पुत्रों लव और कुश ने 'राम नाटक' संस्कृत भाषा में लिखवाकर मंच पर प्रस्तुत किया। उसके बाद समय बदला, संसार-चक्र ने कई चक्कर खाए और कालिदास के अद्वितीय नाटक स्टेज पर आए। तत्पश्चात हिन्दी नाटकों का रिवाज हुआ, फिर नये युग में शेक्सपियर के अंग्रेज़ी ड्रामों ने उर्दू की पोशाक पहनकर स्टेज को नई रोशनी के साँचे में ढाल दिया।"

ज़ेबा ने लिखा है :

"मुझे नाटक लिखने की कला का अभ्यास करते बारह वर्ष के लगभग हो चुके हैं। नौकरी और विद्याध्ययन की राख में दबी हुई शौक़ की चिनगारी पहले से विद्यमान थी, केवल समय की हवा लगने की आवश्यकता थी, स्वाभाविक लगन ने अपना रंग दिखाया और पूरे शौक़ और विश्वास के साथ मैदान में आया। सूरदास, नरसी भगत, जगत सिंह, बालकृष्ण, भीष्म पितामह, प्रह्लाद, गंगावतरण, सीता बनवास, दानवीर कर्ण इत्यादि नाटक लिखे। स्टेज पर उर्दू के स्थान पर हिन्दी का रिवाज दिया। यहाँ तक कि इन नाटकों के आधार पर देश में कई एक खालिस हिन्दू धार्मिक कम्पनियाँ पैदा हो गईं। धार्मिक नाटक देखने के लिए पब्लिक ने भी जोश और चाव प्रकट किया। परन्तु आज समय का प्रवाह किसी और तरफ़ है। रसिक और प्रेममय नाटकों का ध्यान धार्मिक नाटकों ने ले लिया था। अब धार्मिक नाटकों को पीछे छोड़कर राजनीतिक ड्रामे अपना पाँव स्टेज पर आगे बढ़ाना चाहते हैं क्योंकि महात्मा गांधी ने पॉलिटिक्स को धर्म के अधीन कर दिया है। नहीं-नहीं, इससे प्रथम शास्त्रकार भी इस विषय पर उचित प्रकाश डाल चुके हैं, जैसा जलवायु है स्वभाव भी वैसा ही हो जाएगा। आज वह समय है कि जिस लेक्चर में पॉलिटिक्स की झलक नहीं कोई उसकी आवाज़ नहीं सुनता। जिन पुस्तकों में पॉलिटिक्स की रंगत नहीं वह रद्दी के हवाले हैं भला कौन पढ़ता है। यही अवस्था नाटकों की है अब लचर और रसिक विषय, भद्दे सदाचार से गिरे हुए कॉमिक को कोई पसन्द नहीं करता।

"लेखक को भी समय-प्रवाह जिस तरफ़ हो उसी ओर चलना पड़ेगा, समय उसको ज़बरदस्ती चलाएगा या तो वह पब्लिक को उसकी चेटक के अनुसार वर्तमान काल का सच्चा चित्र खींचकर दिखाएगा अथवा लेखनी छोड़कर इस मैदान से भाग जाएगा। दिनों की बात है कि मित्र लोग तुच्छ से लेखक की प्रशंसा के पुल बाँधने लगे। उनका कहना है कि एक दिन बातचीत में नाटक लिखने का विषय छिड़ गया। एक सज्जन ने सलाह दी कि पंजाब ट्रेजडी का ड्रामा लिखो, अत्यावश्यक है, क़द्र होगी, पब्लिक पसन्द करेगी। पंजाब ट्रेजडी से बढ़कर और कौन सा विषय करुणामय और रोचक होगा। इसी सम्मति ने मेरे अन्दर यह संकल्प पैदा किया और उसी दिन से इस विषय पर विचार करना आरम्भ कर दिया। आज परमात्मा की कृपा से वह विचार और वह शुद्ध संकल्प परिपक्व होकर पाठकों के सम्मुख है।

"इस नाटक में केवल ट्रेजडी को लिखा है किसी प्रकार की कोई कल्पना सम्मिलित नहीं की। बहुत से पात्र कल्पित लेने पड़े। इसके बिना किसी नाटक में भी वह रंगत नहीं आ सकती जो केवल नाटक का ही अंश है यद्यपि उद्देश्य वही है, परन्तु नाट्य-कला के नियमानुसार शब्दों के बन्धन से मुक्त होकर घटनाओं को शब्दों में लेखबद्ध किया है। जो कुछ बर्तन में होता है वही टपकता है। अपनी योग्यता के अनुसार जहाँ तक पहुँच थी पहुँच गया अब क़द्र करना न करना आपके हाथ में है।"

भूमिका के अन्त में ज़ेबा लिखते हैं :

"यदि कोई महाशय इस नाटक को स्टेज पर खेलने का विचार करें क्योंकि पहले तो हमने यह नाटक केवल प्रेमीजनों और देश प्रिय सज्जनों के पढ़ने के वास्ते ही तैयार किया है, और दूसरी बात यह है कि महात्मा गांधी, तिलक और शौकत अली आदि जैसी महान आत्माओं की स्टेज पर नक़ल उतारना एक ऐसा पाप है जिसका प्रायश्चित्त होना ही असम्भव है। इस आवश्यक निवेदन को सम्पूर्ण नाटक-मंडलियाँ नोट कर लें।"

लाला किशनचन्द ज़ेबा अपने समय के जाने-माने नाटककार थे। स्वतंत्रता आन्दोलन की राष्ट्रीय भावना ने निश्चय ही उन्हें प्रभावित और प्रेरित किया था। अन्यथा पौराणिक-धार्मिक प्रसंगों और पात्रों पर आधारित नाटकों के साथ-साथ वे 'भारत दर्पण या क़ौमी तलवार' और 'नवीन भारत' जैसे नाटक वे क्यों लिखते? इन दोनों नाटकों को राष्ट्रीय नाट्य माला के क्रमशः तृतीय और पंचम पुष्प के रूप में लाजपतराय पृथ्वीराज साहनी पुस्तक विक्रेता, लोहारी दरवाज़ा, लाहौर ने 1922 में प्रकाशित किया था। 'नवीन भारत' पर मुद्रक के रूप में पं. बद्रीप्रसाद शुक्ल 'देशबन्धु प्रेस', बाराबंकी का नाम प्रकाशित मिलता है। राष्ट्रीय भावना से ओत-प्रोत उनके अन्य नाटकों में 'गरीब हिन्दुस्तान', 'शहीद संन्यासी', 'देश दीपक' भी उल्लेखनीय हैं। 'शकुन्तला', 'पद्मिनी', 'धर्म-अधर्म युद्ध', 'ज़ख्मी हिन्दू', 'पतिव्रत' और 'पत्नि भक्ति' भी उन्हीं के लिखे नाटक हैं। वास्तव में उनके नाटक तत्कालीन युग के रचनात्मक दस्तावेज़ हैं, जिनसे उस युग के सम्पूर्ण सामाजिक-राजनीतिक और सांस्कृतिक परिवेश और परिवर्तनों को समझा जा सकता है।

'ज़ख्मी पंजाब' में उन्होंने जलियाँवाला बाग़ की सम्पूर्ण ट्रेजडी बयान की है।

ज़ख्मी पंजाब

लाला किशनचन्द ज़ेबा

नट (सूत्रधार) व नटी का परमात्मा की स्तुति करते हुए दिखाई देना।

गाना

चरण शरण तुमरी सुखदाई।
सकल जगत के आप सहाई॥
दुख संकट के हरणहार—सबके दाता हो उदार
कुदरत नुदरत पर निसार॥
सत विश्वासी असत विनाशी—हो सुख राशी।
सृष्टि सुन्दर सरस रचाई॥

नटी—प्राणनाथ! आज इस रंगभूमि पर कौन सा नाटक दिखलाओगे?
नट—प्रिये! उस नाटक का नाम लेते मेरी जबान थर्राती है।
क्या पूछती हो, दुख की शिला से आत्मा पिसी जाती है॥
ख़ुशी का यह नहीं प्रयोग गम का यह फसाना है।
हमें नाटक यह करुणामय सभासद को दिखाना है॥
कि जिससे बे तरस को रहम की आदत सिखाना है।
जो संगदिल है उन्हें भी ख़ून के आँसू रुलाना है॥

नटी—मन की आज़ादी को गम की बेड़ियों से जकड़ने वाला, दुख के फौलादी पंजे से अंतरात्मा को पकड़ने वाला यह कौन सा इतिहास है, जिसका नाम लेने से पहले ही आपकी सूरत उदास है।

नट—वह इतिहास जिसने भारतवर्ष में दया-दृष्टि के बदले ख़ून के छींटे उड़ाए हैं, जिसने योग्य पुरस्कार के बदले आकाश से आग के गोले बरसाये हैं।

जिसका है हर एक फिकरा ख़ून से सींचा हुआ।
जिसका फ़ोटो बेगुनाह ने मरके खींचा हुआ॥
जिसके मजमून से लहू की आ रही सौ बास है।
ख़ूनी नाहक से जो एक गूँथा हुआ इतिहास है॥

नटी—तो मतलब की तरफ़ आइये, उसका नाम तो बतलाइये, पुराना है या ताजा यह तो फरमाइये?

नट—पुराना नहीं बल्कि ताजा, बाग़ में खिले हुए ख़ूबसूरत फूल की मानिंद बिल्कुल ताजा।

अभी तक जहर है बाकी जो उगला साँप ने फन से।
निशान मिलता है बरबादी का इस उजड़े नशेमन से॥
अभी तक ज़ख़्म ताजा है जिगर पे जो लगे गन से।
लहू का रंग अभी उतरा नहीं कातिल के दामन से॥

नटी—क्या इसी बीसवीं सदी का वृत्तान्त है?

नट—हाँ और कोई दो-एक वर्ष का वृत्तान्त है।

अब तक हैं उस अग्नि से पड़े सीने पर छाले।
सुनने में अभी आते हैं विधवाओं के नाले॥
अब तक भी अनाथों की वही आहो बका है।
भारत का जिगर जुल्म के खंजर से छिदा है॥

नटी—तो क्या यह कोई भारतवासियों की विपदा है, भारतवर्ष की कथा है?

नट—हाँ उस आर्य सेवित भारतवर्ष की जो आज कई सदियों से अन्य जातियों के पैरों में कुचला जा रहा है, जो गुलामी की ज़ंजीरों में जकड़ा हुआ अन्दर ही अन्दर गम से घुला जा रहा है, वह भारत जिसके हाथ-पाव सुनहरी ज़ंजीरों में जकड़े हैं, जिसके मन में बुद्धि और आत्मा विदेशी विचार के रंग में रंगे हैं, जिसके सिर पर अनर्थ के भाले हैं और जुबान पर ताले हैं।

बन्द पिंजरे में है पर आज्ञा यां नहीं फरियाद की।
घुट के मर जाए यही मर्जी है बस सैयाद की॥

नटी—भारतवर्ष में ऐसा कौन सा अनर्थ हुआ, निर्दोष ऋषि सन्तान पर अनर्थ करने का कौन समर्थ हुआ?

दोहा—भारत की गुणवान है जो भावी सन्तान।
किया ऋषि सन्तान का है किसने अपमान॥

नट—उस राक्षस रूपी मार्शल लॉ ने।

नटी—मार्शल लॉ ने क्या अनर्थ किया?

नट—वह अनर्थ जो आज तक किसी न्यायशाली हाकिम ने अपनी निर्दोष प्रजा पर नहीं किया। चीन, जापान, रूस, ईरान, तुर्की, अरबिस्तान, फ्रांस, इंग्लिस्तान का इतिहास खोल कर देखो, मगर ऐसी करुणा-जनक घटना कहीं न पाओगे। कहने को मार्शल लॉ दो शब्द हैं जरा सी जबान हिलाने का नाम ,है परन्तु भारत में आज इस मार्शल लॉ की बदौलत कितनी आत्माओं का जीना हराम है, घर घर में कोहराम है।

अच्छा बुरा न देखा, सबको लिताड़ डाला।
मुद्दत से जो बसा था, उसको उजाड़ डाला॥
रौलेट ने भी निकाला, यह चोंचला जफा का।
भारत को यह मिला है, अच्छा सिला वफा का॥

नटी—लेकिन मार्शल लॉ तो बाग़ी प्रजा के वास्ते है, उस प्रजा के लिए नहीं, जो राजा की खातिर अपनी जान तक लड़ा दे, राजा के हित को रणभूमि में अपना पवित्र ख़ून बहा दे, जो राजा के गौरव रूप देवता पर अपने प्यारे बच्चों की भेंट चढ़ा दे।

दिया इंग्लैंड ने भारत को, जो समरा वफाओं का?
सिलह था यह नेकी का, यह बदला था वफाओं का?

नट—प्रिये! आज इस घटना से इंग्लैंड के नाम पर कलंक का टीका लग रहा है। एक मछली सारे जल को गंदा कर देती है,एक की मूर्खता तमाम जाति को पूरा गंदा कर देती है।

ओडायर गर न होता, न होता यह अनर्थ।
ख़ूनरेजी को न होता, इस तरह डायर समर्थ॥
ओडायर शह अगर देता न जल्लाद को।
हौसला पड़ता न फिर डायर सितम ईजाद को॥

नटी—डायर और ओडायर कौन?

नट—पंजाब का संगदिल लॉर्ड ओडायर और जलियाँ वाले का जल्लाद जनरल डायर।

नटी—प्रजा का रक्षक और प्रजा का ख़ून करने वाला, जिस बर्तन खाया में खाया उसी को छेद कर डाला, जिसके साये में विश्राम किया उसी दरख़्त को जड़ से उखाड़ दिया, जिस खिरमन से सारा संसार रोजी पाता है, उसी को उखाड़ दिया?

संतरी ही चोर हो, तो कौन रखवाली करें।
चमन का क्या हाल जब, माली ही पामाली करें॥

नट—निस्सन्देह इन हाकिमों ने बादशाह की दी हुई ताक़त और तलवार का बेजा इस्तेमाल किया है। भारत के कुल्हाड़े से भारत को ही हलाल किया है।

अगर चलती रही गोली, यूँ ही निर्दोष जानों पर।
तो कोए और कबूतर ही, रहेंगे इन मकानों पर॥
मिटा डालेंगे गर इस तरह, हाकिम अपनी प्रजा को।
हुकूमत क्या करेंगे फिर वह, मरघट और मसानों पर॥

नटी—अनर्थ है, इन हकीमों ने भारत का बड़ा अपमान किया।

नट—बल्कि यों कहो कि बड़ा ऐहसान किया।

पकड़ कर कान से, इस ओडायर ने उठाया है।
पड़े सोते थे तोपों से, यह डायर ने जगाया है॥
अगर गोली न चलती, ख़ून के नाले गर न बहते।
न जाने कब तलक हम ख्वाब गफलत में पड़े रहते॥

नटी—तो क्या आज इस घटना का नाटक दिखलाओगे?

नट—हाँ आज इस घटना के रोचक दृश्य दिखलाएँगे, न्याय और अन्याय का चित्र खींचकर बतलाएँगे जिसकी भारतवासी अपने अधिकार को जानकर संसार को अपनी बीती सुनाएँगे, अपना दुखड़ा राजा के कानों तक पहुँचाएँगे।

गाना

रोना है आप ख़ुद भी औरों को आज रुलाना है।
भारत के दुखिया पुत्रों का रो-रो कर हाल सुनाना है॥
निरापराधी जो क़त्ल हुए डायर के अग्नि शस्त्र से।
उनके जो दुखिया बन्धु हैं उनका दुख दर्द बँटाना है॥
किस तरह आजकल दुनिया में नेकी का बदला मिलता।
जो साथ हमारे बीती है वह विपदा हमें बताना है॥
किस तरह पशुवत होता है बर्ताव भारत पुत्रों से।
भारत के जो हितकारी हैं उनको यह चित्र दिखाना है॥
अपराध नहीं है गैरों का है दोष हमारी किस्मत का।
यह भारत एक अकेला है और बैरी एक जमाना है॥

पहला अंक

दृश्य पहला

स्थान—गांधी आश्रम

[महात्मा गांधी का भारत माता की उपासना करते हुए दिखाई देना]

गाना

जय जय बन्धु सकल सुखकारी।
जननी जन्मभूमि महतारी॥
जय जय श्री कृष्ण की माता, जय रघुवर की जन्म प्रदाता।
तोरी रज मस्तक पर धारूँ, तो पै तन मन धन बलिहारूँ॥
तू पदार्थ सब उत्पन्न करती, गंगा जमुना हिरदे धरती।
जय जय।

गांधी—(जबानी)

आज प्रसन्न हो कि माता दर्दो गम जाने को है।
अब तो पश्चिम से कोई अच्छी ख़बर आने को है॥
तेरे बच्चों ने वफाएँ की हैं इंग्लिश राज से।
राज कर देगा तसल्ली अब तेरी खिराज से॥

[आवाज़ भारत चित्र से भारत का प्रत्यक्ष देवी स्वरूप में प्रकट होना]

भारत—

दोहा—तुझ को जन्म देकर मैं धन्य हुई हूँ लाल।
एक तेरे पुरुषार्थ से जाति हुई निहाल॥

गांधी—हे माता, हे जननी, हे सर्व सुखदाता, तेरी सेवा करना तो प्राणी मात्र का धर्म है, जिसने तेरे उदर से जन्म लेकर तेरी कुछ सेवा नहीं की, वह पहले दर्जे का बेशर्म है।

तूने जन्म दिया है हमको तूने दूध पिलाया।
तूने पाला पोसा हमको तूने लाड़ लड़ाया॥
लाखों दिये पदार्थ हमको तूने मनुष्य बनाया।
गंगा जमुना और हिमालय सब तेरी है माया॥
तेरी रज के बदले लूँ मैं राज न यह पृथ्वी का।
मैं अभिलाषी हूँ अय माता शरणागत पदवी का॥

भारत—तेरे जैसे जिस देश में सपूत हों उसका अवश्य उद्धार होगा, जिस नाव के खेवट तुम हो वह बेड़ा ज़रूर पार होगा।

यूँ तो लेते हैं जन्म खा पीके मर जाते हैं सब।
और मुसाफिर की तरह से कूच कर जाते हैं सब॥
यूँ तो सब चलते हैं साधारण धर्म उपदेश पर।
जन्म है पर धन्य उसका मर मिटे जो देश पर॥

गांधी—हे जननी! मैं कुछ भी नहीं तेरी पावन रज का एक जर्रा मुझसे अधिकतर है। तेरी ख़ाक पर रेंगने वाला एक तुच्छ जीव धारी प्राण और रुतबे में मुझसे बेहतर है। मेरी शान मेरा सम्मान इसी में है कि मैं भारत सन्तान हूँ , तेरी भक्ति के अग्नि कुंड का एक नाचीज बलिदान हूँ।

जब तक मैं जीऊँगा तेरी सेवा ही करूँगा।
और मौत जो आई इसी आशा मैं मरूँगा॥
जब जब हो मेरा जन्म इसी देश में जन्मूँ।
हर बार इसी देश के हित प्राण त्यागूँ॥

भारत—तो हे आर्यपुत्र! क्या अब भी कुछ विलम्ब है, स्वाधीनता जो मेरा जन्म अधिकार है अब भी मिलनी दुश्वार है, क्या किसी की सेवा और मेहनत भी वृथा जा सकती है आम की शाखा धतूरे का फल ला सकती है?

जो कुछ थी मेरे पास मेरी पूंजी इंग्लैंड पे उसको वारा है।
अन्न के भंडार किये ख़ाली बच्चों को भूखा मारा है॥
गिन-गिन कर भेंट चढ़ाए हैं बच्चों से क्या कुछ प्यारा है।
एक-एक जिगर का टुकड़ा भी दे देना किसे गवारा है॥

गांधी—माता! नेकी कभी जाया नहीं जाती, अंग्रेज़ कौम ऐसी एहसान फरामोश नहीं, हमें अभी तक उसकी तरफ़ से असन्तोष नहीं, शान्ति करो वह देखो आज़ादी की देवी समुद्र की विकट लहरों पर सवार होकर पश्चिम से इधर को आ रही है।

वेद में व्याख्याता, शास्त्र की ज्ञाता, सर्व सुख की दाता, शुद्धाचरण की माता आ रही है।

नाज की लहरों पर वह देखो तो इठलाती हुई।
आ रही आनन्द की वर्षा है बरसाती हुई॥
आज सदियों की यह आशा कौम की पूरन हुई।
क्या ना निकलेगी गुलामी अब भी घबराती हुई॥

[देवी रूप से आज़ादी का दाखिल होना]

आज़ादी—तोड़ दो, गुलामी की ज़ंजीरों को आत्मिक शक्ति के झटके से तोड़ दो, स्वतंत्र विचारों की ठोकर से पराधीनता के सुनहरे खिलौने तोड़ दो।

छोड़ दो बस आज से परतंत्रता के मशगले।
आओ भारत के बेटो मेरे झंडे के तले॥
आज से आकाश और पृथ्वी सब आज़ाद है।
मरना और जीना तुम्हारा सब कुछ आज़ाद है॥

[भयानक राक्षस रूप में रौलेट बिल का दाखिल होना और आज़ादी का दामन पकड़ लेना और भारत माता से भेंट करने से आज़ादी को रोक देना]

रौलेट बिल—ठहरो-ठहरो, अपने पवित्र आत्मा को कलुषित मत करो, इस गुलामी की धरती पर पैर मत धरो।

न अपना आप खो बैठे तबीयत की रवानी से।
कहीं अपमान हो जावे न यहाँ नाकद्रदानी से॥
अभी कुछ और सदियों तक समुद्र की हवा खाओ।
कहीं इन बागियों से मिलकर तुम बाग़ी न हो जाओ॥

गांधी—*(रौलेट बिल से)* कौन हो, भारत के पवित्र अधिकार वफादारी के अनमोल पुरस्कार, प्राचीन भारत के शृंगार अर्थात आज़ादी को अपनी जन्मभूमि में आने से, अपनी माता की गोदी की तरफ़ हाथ फैलाने से रोकने वाले, तुम कौन हो?

मसल कर हमको पैरों से हमारा नाश करते हो।
हमें क्यों अपने अधिकारों से तुम निराश करते हो॥
यह आज़ादी हमारे बाप दादा की विरासत है।
किसी का हक़ दबा लेना कहाँ की सियासत है॥

रौलेट बिल—तुम सियासत की बातों को क्या जान सकते हो, तुम महात्मा हो पॉलिटिक्स के गूढ़ तत्व को क्या पहचान सकते हो?

करो तुम धर्म का धंधा घरों का काम करो।
पकड़ कर हाथ में माला को राम-राम करो॥

गांधी—लेकिन वह कौन सी नई वस्तु है जो तुम्हें हम से अधिक आज़ादी का अधिकारी बनाती है, किस बात में तुम्हारे अन्दर हमसे अधिकता पाई जाती है, तुम सम्पूर्ण रंग नहीं, कर्म या ज्ञान इंद्रियों से हीन है, हमारे दिल में दिमाग नहीं या किसी और मानवी वस्तु से कुदरती तौर पर हीन है।

क्या हो तुम कुछ देवता हम दुर्बुद्धि हैवान हैं।
हम भी तो भगवान के हैं पुत्र और इनसान हैं॥

रौलेट बिल—लेकिन तुम्हारे हाथ में यह अधिकार देना हमारे लिए इखलाकी खुदकुशी से बेहतर है।

गांधी—किस तरह?

रौलेट बिल—अगर किसी दीवान, सिड़ी, सौदाई के हाथ में तलवार पकड़ा दी जाए तो वह ज़रूर उस तलवार से अपना और दूसरों का गला काट देगा।

जो अय्याशी में डूबे हैं, जो गहरी निद्रा में सोये हैं।
जो कमजोरी के तागे हैं, अविद्या से पिरोये हैं॥
अविद्या कायरी सुस्ती ही, जिन लोगों का हिस्सा है।
वह आज़ादी को क्या समझें, यह हम लोगों का विरसा है॥

गांधी—हम कायर हैं लेकिन हमें कायर किसने बनाया? तुम लोगों के स्वार्थ ने। हम गुलाम हैं मगर हमें मिथ्याचार की शिक्षा देकर गुलामी का हार किसने पहनाया? तुम लोगों के स्वार्थ ने।

वरना हम तो वीर थे, वीरों की हम सन्तान थे।
तुमको भी विद्या सिखाई, हम तो वह विद्वान थे॥
आज लेकिन गर्दिशे अय्याम से नाकाम हैं।
आपकी कृपा से पर-आधीन हैं बदनाम हैं॥

रौलेट बिल—वह किस्सा अब पुराना हो गया तुम्हारी गुरुता को एक जमाना हो गया। जब तक तुम्हें नये सिरे से आज़ादी की शिक्षा न दी जाएगी, यह आज़ादी तुम्हारे हिस्से में नहीं आएगी।

वह कर सके तमीज न दिन और रात में।
दे दो अगर चिराग भी अन्धे के हाथ में॥

गांधी—लेकिन जब तक किसी आदमी को पानी में बेसहारा न छोड़ दिया जाएगा उसको हरगिज तैरना नहीं आएगा, जब तक भारतवासियों को आज़ादी की आबो हवा में न छोड़ा जाएगा, तुम्हें उनकी योग्यता का जन्म भर तक विश्वास न आएगा।

रौलेट बिल—मगर तुम लोग बाग़ी हो, बग़ावत से आज़ादी का क्या सरोकार है?

गांधी—मिथ्या विचार है क्या बादशाहे वक्त का संकट में हाथ बँटाना बग़ावत है क्या लड़ाइयों में बादशाह की खातिर ज़र लुटाना बग़ावत है, क्या ग़रीब बच्चों को रणदेवी की भेंट चढ़ाना बग़ावत?

सर कटा देने से जिनको जरा इंकार नहीं।
हम हैं वह जो कि बग़ावत के रवादार नहीं॥
यह हमारे तो धर्म के भी अनुसार नहीं।
हम हैं बाग़ी तो यहाँ कोई वफादार नहीं॥

रौलेट बिल—कुछ भी हो तुम्हारी आशाओं को अब अच्छी तरह से कुचल दिया जाएगा, तुम्हारी गुलामी की ज़ंजीरों को आज से और भी ज़्यादा कठिन किया जाएगा।

गांधी—इसका कारण?

रौलेट बिल—आने वाले संकट का निवारण, हमने तुम्हें उन अपराधों से बाज़ रखने की ठानी है जिनसे हमारे देश और जाति की हानी है।

गांधी—तो क्या देश-भक्ति जुर्म है?

रौलेट बिल—हमारे लिए नहीं तुम्हारे लिए जुर्म है, और अब इस जुर्म का मुजरिम न्याय प्राप्त नहीं कर सकेगा, यही जुर्म रोकने की सबील है अब मेरे राज में न दलील है न वकील है और न अपील है।

नाला नहीं जारी नहीं फरियाद नहीं है।
आगे की तरह हिन्द अब आज़ाद नहीं है॥

गांधी—अगर तुम्हारी हस्ती हमारी शहरी आज़ादी के प्रवाह को रोकेगी, आज़ादी के अमृत सरोवर तक पहुँचने के लिए हमारी राह को रोकेगी तो हम तुम्हारी हस्ती से ही इंकार कर देंगे, अपनी धर्म भूमि पर पाँवों फैलाना तुम्हारे लिए दुश्वार कर देंगे।

हम भी हैं मनुष्य हम कोई हैवान नहीं हैं।
पत्थर नहीं तिनका नहीं बेजान नहीं हैं॥
माना कि हैं पंजे में हम इस वक्त तुम्हारे।
सीने में है दिल, दिल में है एक दर्द हमारे॥

रौलेट बिल—अगर तुम मेरी हस्ती से इनकार करोगे तो मैं बल कौशल से मनाऊँगा।

गांधी—तुम्हारा बल कौशल मेरे शरीर से मनवा सकता है, लेकिन आत्मा को कदाचित नहीं हिला सकता है।

भट्टी में चाहे झोंक दो, पानी में बहा दो।
शस्त्र से काट दो, कि फाँसी पर चढ़ा दो॥
एक वार से तलवार से, गर्दन को उड़ा दो।
नस-नस को मेरी काट दो, रग-रग को मिटा दो॥
सब सख़्तियाँ सह लूँगा मैं प्रहलाद की न्याईं।
दुनिया में जीऊँगा मगर आज़ाद की न्याईं॥

रौलेट बिल—जानते हो कि मेरा हुकुम न मानने से क्या होगा?

गर तुम्हारे क्रोध से, सीना स्याह हो जाएगा।
जान तो ले ली है अब लाशा तबाह हो जाएगा।

गांधी—और क्या होगा?

रौलेट बिल—देखो अभी मैं प्यार से समझा रहा हूँ मान जाओ।

[चमत्कार लिबास में रिफॉर्म का आना]

रिफॉर्म—*(रौलेट बिल की हाँ में हाँ मिलाकर)* हाँ मान जाओ तुम तो बड़े भोले भाले धर्मात्मा हो मान जाओ, वृथा दुख न उठाओ, आराम से ज़िन्दगी के चार दिन बिताओ (रिफॉर्म का खिलौना देकर) लो इस रिफॉर्म स्कीम का आनन्द उठाओ, इसको ग्रहण करो, इससे आज़ादी का खारदार रास्ता साफ़ हो जाएगा, और शीघ्र ही तुम्हें मंजिलें मकसूद तक पहुँचाएगा।

गांधी—इससे क्या होगा?

रिफॉर्म—धारा सभाओं में तुम्हारे अधिकार बढ़ जाएँगे, भारतीय सरकार के आला ओहदों पर तुम्हारे भाई शोभा पाएँगे, जो आसानी के साथ राजा-प्रजा की आवाज़ पहुँचाएँगे।

आज़ादी—हे आर्यपुत्र! स्वीकार करने से पहले बुद्धि को सावधान कर लेना, अमृत और विष की पहचान कर लेना।

नहीं दम इसमें कुछ भी यह सियासत का सराफा है।
खिलौना है यह चमकीला यह एक ख़ाली लिफाफा है॥

रौलेट बिल—महात्मा स्वीकार कर लो।

गांधी—यह खिलौना देकर क्या बच्चों को बहलाते हो, मुँह में मिठाई देकर गुलामी की सख़्त ज़ंजीरों से जकड़ना चाहते हो।

काम करना चाहिए, अपना बेगाना देख कर।
पाँव धरना चाहिए रुख और जमाना देख कर॥
हिस्से और लालच में जो मूर्ख है वह फँस जाएगा।
मुर्ग दाना पर नहीं फँसता यह दाना देख कर॥

[टीला और पर्दा]

दृश्य दूसरा

स्थान—तिलक आश्रम

[महात्मा तिलक का गीता का पाठ करते हुए दिखाई देना। आकाशवाणी द्वारा देव बालकों के गाने की आवाज़]

गाना

तेरी सृष्टि का अय भारत बड़ा सुन्दर नजारा है।
कहीं कैलाश पर्वत है, कहीं गंगा की धारा है॥
फलों से लदी शाखें, शजर फूले हैं फूलों से।
कहीं बेला कहीं चम्पा, कहीं गुल हज़ारा है॥

तेरी पूजा के लायक, शुद्ध वस्तु पर नहीं मिलती।
नगर में खोज कर ली है, वनों को ढूँढ़ मारा है॥
है अमृत दूध गायों का, करूँ क्या दूध से पूजा।
मगर वह भी नहीं शुद्ध है, कि बछड़े ने झाड़ा है॥

बड़े सुन्दर खिले हैं फूल, पर चूमे हैं भँवरों ने।
तुझे यह भोग दूँ झूठा, मुझे यह कब गवारा॥
तो फिर यह मेरा मन, शुद्ध है बड़ी अनमोल पूँजी है।
अगर स्वीकार हो माता, तो लो यह तुम पर वारा है॥

तिलक—हे परम दयालु! भगवान शक्तिमान!! देख देख, मेरी जननी भारत भूमि कितनी दुखी है। आज मेरे भारतवासी भाई दीन दशा को प्राप्त हो रहे हैं।

हिन्दियों के वास्ते कोई ठिकाना भी न था।
गैर मुल्कों में तो पहले आबोदाना भी न था॥
अब तो अपने देश का भी वास मुश्किल हो गया।
पीसने के वास्ते आकाश भी सिल हो गया॥

बचाओ भगवान, चारों दिशाओं से संकट के ओले बरस रहे हैं, जननी के बच्चे भूखे हैं टुकड़े टुकड़े को तरस रहे हैं, प्रतिदिन सवा मन स्वर्ण दान करने वाले दानवीर कर्ण की सन्तान आज कोड़ी कोड़ी को लाचार है, एक भारत है और लाखों मुसीबतों की भरमार है, भगवान! इस बूढ़े शरीर को बल प्रदान करो, कि जननी की सेवा कर सकूँ, मेरे भारतवासी भाइयों का कल्याण करो।

शीघ्र दो शक्ति मुझे, जननी का मैं सेवन करूँ।
हो ज़रूरत तो मैं तन मन और धन अर्पण करूँ॥
सोते उठते बैठते स्वदेश का ही ध्यान हो।
शुद्ध बुद्धि दो कि जिससे देश का कल्याण हो॥

[मिस्टर पटेल का प्रवेश होना]

मिस्टर पटेल—भगवान तिलक की जय, बाल गंगाधर तिलक की जय।

तू ही सरस्वती का सुहावन तिलक है।
तू भारत के मस्तक का पावन तिलक है॥
वतन के दुलारे सदा तेरी जय हो।
हे भारत के प्यारे सदा तेरी जय हो॥

तिलक—आओ प्यारे पटेल, आप जैसे सपूतों को पाकर भारत क्यों न प्रफुल्लित होगा, देश में स्वदेश भक्ति का दीपक क्यों नहीं प्रज्वलित होगा।

जिनकी यह आन शान है औरों के वास्ते।
सन्तान और ज्ञान है ओरों के वास्ते॥
जिनको है अपने देश के संकट से बेकली।
उनसे ज़्यादा कौन नसीबे का है बली॥

पटेल—भगवान यह सब आप जैसे शुद्ध आत्माओं का प्रताप है कि हमारी रचना को सदा जननी का जाप है।

कोई भी आफत चाहे आ जाए मेरी जान पर।
दुख करें शासन सदा इस आत्मिक स्थान पर॥
तो भी मैं तत्पर रहूँ गा देश सेवा के लिए।
है मेरा सर्वस्व हाजिर इसकी पूजा के लिए॥

तिलक—कहो प्रियवर, देश का क्या समाचार है?

पटेल—जिधर देखो रौलेट बिल की पुकार है, आज हर एक भारतीय इसी के चिन्ता रूपी बन्धन में गिरफ़्तार है। नेताओं (लीडरों) के सुविचार की गर्दन पर यही भूत सवार है। युद्ध समाप्त होने पर आशा लगाई थी कि महँगाई दूर हो जाएगी, प्रजा आज़ादी की हवा खाएगी, परन्तु अब प्रतीत हुआ कि भारत के भाग्य में ख्वारी है, कहीं भूख, कहीं भुखमरी, कहीं लाचारी है और इन तमाम मुसीबतों पर अभी एक और आफत की इन्तज़ारी है।

हो रही है अब नई तसवीर भारत के लिए।
बन गई पराधीनता तकदीर भारत के लिए॥
थी प्रथम सोने की कड़ियाँ जिनमें था जकड़ा हुआ।
बन गई अब आहनी ज़ंजीर भारत के लिए॥

तिलक—अब एलानिया नौकरशाही ने बतला दिया कि तुम्हारी कुर्बानियों की कीमत गुलामी है, तुम्हारी किस्मत में हमेशा जिल्लत और बदनामी है, सर्वस्व बलिदान करने पर भी अपनी अभिलाषाओं में नाकामी है।

धक्के मिले हैं योग्य पुरस्कार के बदले।
ओले पड़े हैं मेह की बौछार के बदले॥

पटेल—तात्पर्य यह कि दफ्तरी हुकूमत का मंशा पवित्र नहीं है।

तिलक—बल्कि उसका मंशा है कि रौलेट बिल से भारत वासियों की क़लम और जबान छीन ली जाए, ताज़ी कुर्बानियों के सिले में स्वराज के लिए जो प्रार्थना की जाने वाली है, उसको अभी से दबा दिया जाए, परन्तु स्वतंत्र विचार दबाए नहीं दबते।

ओस के कतरों से शोला आग का बुझता नहीं।
मोम के हथियार से लोहा कभी दबता नहीं॥

पटेल—तो भगवन जब नौकरशाही ने निराशा की ज्वाला पर रौलेट बिल का तेल छिड़क दिया, भारत के हित का जरा विचार न किया, तो फिर आपकी क्या सम्मति है।

हैं वृथा नाले हमारे आह बेतासीर है।
हर तरह गर्दिश में अब तो देश की तकदीर है॥
है निशाना जुल्म का और जोर का संचीर है।
क्या कोई भारत के बच जाने की भी तदबीर है॥

तिलक—हाँ दफ्तरी हुकूमत की मनमानी कार्रवाइयों का मुकाबला करने के लिए एक हथियार बड़ा उपयोगी है।

वार जा सकता नहीं ख़ाली यह वह तलवार है।
कुन्द होता ही नहीं हरगिज यह वह अधिकार है॥
जिसका हो प्रयोग तो सारा जगत भयभीत हो।
हार नौकरशाही की और हिन्दियों की जीत हो॥

पटेल—क्या याचनिया सवाल?

तिलक—नहीं

पटेल—सत्याग्रह की ढाल?

तिलक—नहीं

पटेल—आलमगीर हड़ताल?

तिलक—नहीं, बल्कि अब हमें दफ्तरी हुकूमत के वार को रोकने लिए वह हथियार हाथ में लेना पड़ेगा, जैसे हथियार ध्रुव भक्त ने इस्तेमाल किया, जैसे हथियार से प्रह्लाद ने असत्य को पामाल किया, जिस हथियार से मीरा ने विजय पाई, जिस हथियार के धारण करने वालों ने कभी शिकस्त नहीं खाई।

दोहा—साँप मरे लाठी बचे और मतलब बर आए।
हींग लगे नहीं फिटकरी रंग भी चोखा आए॥

पटेल—अर्थात।

तिलक—अर्थात, असहयोग, ना मिल बर्तन, अदम तआवन, नॉन कोऑपरेशन। अन्याय और असत्य से असहयोग करना शास्त्र का भी प्रमाण है, अनिष्ठाचार से मुकाबला करना, असत्य से युद्ध करने के लिए हमारे पास यही अन्तिम सामान है।

सेवक तजो कनिष्ट स्वामी अन्याई।
तजो अधर्मी मित्र तजो निर्लज्ज लुगाई॥
तजो मुकद्दमा बाज और झगड़ालू भाई।
तजो पुत्र बदकार तजो खुदगर्ज सहाई॥

तजो राजसम्बन्ध न हो जिसमें कुछ न्याय।
सुख चाहो गर मित्र यही है एक उपाय॥

पटेल—तो हे लोकमान्य भगवान, भारतवासियों को असहयोग का उपदेश दीजिए, और संसार में देशोद्धार के यश को और भी निर्मल कर लीजिए।

वतन को तुम पर ही पर भरोसा बड़ा है।
तुम्हारे ही साहस पै भारत खड़ा है॥

अगर आपकी जन परस्ती न होती।
हो दुनिया में भारत की हस्ती ना होती॥

तिलक—प्यारे पटेल, मैं तो भाइयों का सेवक, जननी का दास और स्वदेश का पुजारी हूँ, भारत के गौरवार्थ ही बन्धन में जन्म बिताकर यह बाल सफ़ेद हुए हैं, और अन्तिम भेंट में भारत भक्ति की वेदी पर प्राण न्योछावर कर दिये हैं।

भारत के दर की ख़ाक हूँ अदना फ़क़ीर हूँ।
मिट्टी भी मुझसे बढ़ कर है इतना हकीर हूँ॥
सेवा के वास्ते मेरा जीवन तैयार है।
एक-एक रोम मेरा वतन पर निसार है॥

पटेल—महाराज! हीरा कभी अपने मुँह से नहीं कहता कि मेरा इतना मोल है, आपका जीवन तो जननी के लिए अनमोल है, आपके जीवन की एक साधारण घटना देश भक्ति का पूर्ण इतिहास है, आप जननी के सच्चे सेवक हैं, इसलिए हर एक भारत पुत्र आपका दास है।

जननी दशा सुधार के आधार आप हैं।
भारत के मित्र भारती सालार आप हैं॥
औरों के हित के वास्ते तैयार आप हैं।
सच्चाई और धर्म के अवतार आप हैं॥

तिलक—लेकिन इस समय महात्मा गांधी की तपस्या का सूरज कीर्ति के आकाश मंडल में जगमगा रहा है, उनके सुधम का तेज़ भारतवासियों को सत्मार्ग पर चला रहा है, मुझे किसी प्रकार से इनकार नहीं, परन्तु वह अभी असहयोग के लिए तैयार नहीं।

वह एक अवतार दया के हैं और दया धर्म के हामी हैं।
वह भोलेपन पर भूले हैं अपनी मर्जी के स्वामी हैं॥
नौकरशाही के तैशे ने हमको हर तरह तराशा है।
लेकिन इस नौकरशाही से उनको अबतक भी आशा है॥

पटेल—तो पत्थर से नमी की आशा व्यर्थ है।

नाग से करते हैं आशा प्रीति की।
आग से आशा है उनको शीत की॥
क्या बगुला जल कभी बरसाएगा।
मोम पत्थर किस तरह हो जाएगा॥

तिलक—मुझे कुछ आशा नहीं, अब आशा का पात्र भरपूर हो गया, उम्मीद बर आने का विचार दिल से दूर हो गया, अब पूरा विश्वास हो गया कि हमारे

प्रार्थना पत्र रद्दी की टोकरीमें पहुँचाए जाते हैं, हमारे डेपुटेशन ख़ाली तसल्ली से भुलाए जाते हैं, रोने धोने का कुछ भी असर नहीं, दफ्तरी हुकूमत को हमारी आहों का मतलक खतर नहीं। परन्तु सच है—

बलवान दौड़ करता है मैदान की तरफ़।
निर्बल धकेला जाता है ढलवान की तरफ़॥
बातों के सब्जबाग़ दिखाते हैं वह हमें।
दबते हैं हम तो और दबाते हैं वह हमें॥

पटेल—महात्मा गांधी तो अज्ञान नहीं फिर उनके हथकंडे से क्यों सावधान नहीं।

तिलक—वह अभी धर्म की नाजुक ख़यालियों को राजनीति के गूढ तत्व से अधिकतर समझते हैं, वह दुश्मन के भी दोस्त हैं इसलिए प्राणघाती को अपना मित्र समझते हैं, लेकिन वह दिन जल्दी आने वाला है जब वह अपनी आख़िरी शुभकामना से परास्त होकर हर तरह से निराश हो जाएँगे, उस समय असहयोग के बिना कोई उपयोगी हथियार वह अपने पल्ले में नहीं पाएँगे।

दोहा—होगा नौकर शाही से भारत में संग्राम।
आएगा असहयोग ही आख़िर उनके काम॥

पटेल—और आपकी कृपा से अंत में असहयोग की जय होगी।

तिलक—हाँ परमात्मा की इच्छा होगी तो अवश्य ही विजय होगी।

दोहा—जाको राखें साइयाँ मार सके नहीं कोए।
बाल न बाँका करि सके जो जग बैरी होय॥

गाना

सारे जहाँ में बस हो ईश्वर अगर हमारा।
बाँका न बाल हो गर बैरी जहाँ हो सारा॥
गर मित्र ईश्वर है क्या कर सकेंगे दुश्मन।
तदबीर दुश्मनों की हो जाए पारा पारा॥
प्रह्लाद को मिटाने में क्या कसर रही थी।
उसको बचा रहा था भगवान का सहारा॥
झोंका था राक्षस ने भट्टी में इस कुँवर को।
पर आग बन गई थी तत्काल जल की धारा॥

सुग्रीव के सहाई जब राम बन गए तो।
कुछ कर सका न बाली परलोक को सिधारा॥
तुम भी रखो अब मित्रों भगवान का सहारा।
कोई ना कर सकेगा फिर कुछ बुरा तुम्हारा॥

दृश्य तीसरा

स्थान—मन्दिर

[सत्याग्रही भारतीयों का आरती करते हुए दिखाई देना]

आरती—ओम जय जय महादेव।
प्रेमी जन को तारें कष्ट निवारें॥
भक्त जनन के संकट छिन में दूर करें, जय जय जय महादेव।
सबके हो दाता, तुम पितु देव प्रिय माता, दीन दुखी तारे॥
दुष्टन पाप हरे, जय जय।
तुम पर हों बलिहारे, हम प्यारे सारे, तुमरी जो श्रद्धा धारे,
वैतरणी को तरे, जय जय।

पहला सत्याग्रही—हे दीनदयाल! तुम ही संकट के हरणहार हो, तुम ही हमारी आशाओं के आधार हो, इस समय हम भारतवासियों के गौरव की नाव अन्याय के मंझधार में डगमगा रही है, हे प्रभु! इसे किनारे पर लगाओ, यह देखो सामने रौलेट बिल रूपी महा तूफान इधर को आ रहा है।

नजर आना ही नामुमकिन कहीं साहल न हो जाए।
प्रभु यह हमसे मजहब का कहीं सायिल न हो जाए॥
हमारे उन्नति मार्ग में कहीं एक सिल न हो जाए।
तुम्हारा नाम लेना भी कहीं मुश्किल न हो जाए॥

दूसरा सत्याग्रही—हे कृपा सिन्धु, आज हम सत्य धारण करके, सत्य मार्ग का प्रण करके, तमाम संकट अपने सिर पर सहन करके तेरे द्वार पर एकत्र हुए हैं, हे प्रभु! हम दीन दुखियों की पुकार, रौलेट बिल राक्षसी मायामय अन्धकार है, अति भयानक अत्याचार है, कहीं इससे हमारी रही सही आज़ादी न छिन जाए, कहीं यह भारत की गौरव युक्त सन्तान को अन्य देशों की दृष्टि में और भी जलील न कर दिखाए।

हे राजों के महाराजा! ऐसी आज्ञा करो कि जिससे यह अन्यायी क़ानून रूपी राक्षस पवित्र भारत भूमि पर पैर ना धरने पाए। इस दुखी देश पर अपना सिक्का न बैठाए।

रावण को तुम मारा है बाली का शीश उतारा है।
पापी राजाओं का वध कर दुर्योधन को संहारा है॥
तुम सृष्टि पल में नाश करो इतनी ताक़त और शक्ति है।
भगवान तुम्हारे आगे फिर रौलेट बिल की क्या हस्ती है॥

तीसरा सत्याग्रही—हे करुणा सिन्धु! हम संसारी राजाओं से निराश होकर तुम्हारी शरण आए हैं।

जगत के कुचले हुए दुनिया के ठुकराए हुए।
आए हैं द्वारे पै तेरे हाथ फैलाए हुए॥
तुम हो राजों के महाराजा सुनो फरियाद को।
कुछ करो चारा कि दुखिया चोट हैं खाए हुए॥

चौथा सत्याग्रही—हे प्रभु! हम तेरे धर्मपुत्र पुत्र धर्म के आज्ञाकारी हैं, तुम्हारी कृपा के सच्चे अधिकारी हैं, हमारे पास धन नहीं, शक्ति नहीं, सामर्थ्य नहीं, केवल सत्य का हथियार 'अहिंसा परमो धर्मः' से ही सरोकार है। भगवान! हमारे सत्य में बल दो कि शुभ काम कर सकें, झूठ और मिथ्याचार से संग्राम कर सकें। हम जो ब्रह्म विद्या में प्रवीण हैं वही इस तरह पराधीन हैं। चोर नहीं, डाकू नहीं, किसी के धन पर अन्याय से अधिकार नहीं करना चाहते!

अपनी मेहनत से खाते हैं कोई अपराध नहीं करते।
बेशक आज़ादी चाहते हैं कोई अपराध नहीं करते॥
हम सारी दुनिया को रोटी होकर निस्वार्थ खिलाते हैं।
उसके बदले में हम स्वयं दुनिया में धक्के खाते हैं॥

[दो मिथ्याग्रहियों का प्रवेश]

मिथ्याग्रही—*(सत्याग्रही से)* क्यों लाला जी आज दुकान बन्द है? तुमको तो रात दिन पूजा ही पसन्द है।

सत्याग्रही—आज महात्मा गांधी के सत्याग्रह का अवतार हुआ है, आज भारत सदियों की गहरी निद्रा से बेदार हुआ है, आज पहले पहल हिन्दू मुसलमान अपने भेदभाव को भूल कर शुद्ध हृदय से ईश्वर के झंडे के तले आए हैं, आज स्वाधीनता के अरुणोदय से स्वराज्य नीति के सात्विक मार्ग ने अपने दर्शन दिखलाए हैं।

मिथ्याग्रही—हड़ताल की तह में कोई नाराज़गी ज़रूर होगी।

सत्याग्रही—हाँ विलायत की रौलेट कमेटी ने हमारे लिए क़ानून नया बनाया है, मरे हुए भारत को मारने का बीड़ा उठाया है।

मिथ्याग्रही—क्या है वह क़ानून?

सत्याग्रही—आरजूओं का ख़ून।

जो है वतन परस्त वह इतना जलील हो।
उसकी दलील हो न वकील और अपील हो॥

मिथ्याग्रही—मगर हड़ताल किस बात की?

सत्याग्रही—परमात्मा से प्रार्थना के लिए, व्रत रखकर मन्दिर में उपासना के लिए।

भगवान से न्याय यह माँगने को आए।
हाकिम जो हैं हमारे उनको दया सिखाए॥

मिथ्याग्रही—मगर माँगने से क्या कुछ सरकार देने वाली है, सवाली की जगत में सदा पामाली है।

बात हमारी मानिये है पत्थर की लीक।
बिन माँगे मोती मिले माँगे मिले ना भीख॥

सत्याग्रही—लेकिन परमात्मा से माँगने में हर्ज नहीं।

मिथ्याग्रही—कितने की आश्चर्य की बात है, तीस करोड़ हिन्दुस्तानियों की यह औकात है, अपने मानवी सत्य साहस से क्यों नहीं लेते?

सत्याग्रही—पराधीन हैं।

मिथ्याग्रही—शक्ति से क्यों नहीं लेते?

सत्याग्रही—बल नहीं है।

मिथ्याग्रही—ख़ून खराबे से क्यों नहीं लेते?

सत्याग्रही—हिंसा अधर्म है।

मिथ्याग्रही—बग़ावत से क्यों नहीं लेते?

सत्याग्रही—वफादारी की शर्म है।

मिथ्याग्रही—क्या अत्याचार अपने ऊपर सहे जाओगे?

सत्याग्रही—हाँ सत्याग्रही बनेंगे आप दुख उठाएँगे और मन, वचन या कर्म से किसी सताएँगे।

गाना

सत्याग्रही है नर वही न ये भय राखे कभी मन में।
न सत छोड़े न प्राण तोड़े जब तक जान इस तन में॥
सितम चाहे कोई ढाए या नस नस छेद कर डाले।
सती यह चोट भी खा ले हो बस्ती में कि हो वन में॥

खड्ग गर शीश पर होवे न उससे भी खतर होए।
है क्या चिन्ता बसर होए अगर यह उम्र बन्धन में॥
हमेशा जोकि निर्भय हों यह निश्चल जिसका निश्चय हो।
जगत में उसकी जय जय हो यही शक्ति है सतपन में॥

मिथ्याग्रही—*(अपने आपको)* अरे ऐसे सत्याग्रह की ऐसी तैसी *(दूसरे मिथ्याग्रही से)* क्यों भैया?

दूसरा मिथ्याग्रही—हाँ भैया!

पहला मिथ्याग्रही—रौलेट बिल जाए जहन्नुम में, और यह सब पड़ें खाई में, यारों को अपने हलवे मांडे का ख़याल है, छज्जू, कच्चू, रज्जू को लेकर किसी मकान को आग लगाएँ और शोर शराबे में माल चट कर जाएँ।

दूसरा मिथ्याग्रही—इन मूर्खों यह हाल है तो फिर इनकी दौलत हमारा माल है, हमारा तो यह हाल है कि न सरकार की परवाह है न भाइयों का ख़याल है माल उड़ाएँगे हम।

पहला मिथ्याग्रही—और पकड़े जाएँगे लीडर, बन्दर की बला तबेले के सिर पर पड़ेगी।

जो कुछ मजा है झूठ में सच में कहाँ वह रंग है।
बस है बड़ा पाजी नहीं जिसको ख़याले नंग है॥

दृश्य चौथा

स्थान—बँगला

[ओडायर का भयानक ख्वाब की दुनिया से ख़ौफ़जदा होकर घबराए हुए प्रवेश होना]

ओडायर—कैसा भयानक ख्वाब है ख़ून की धारा में हज़ारों शीश बहे जाते हैं, आत्माओं के भयंकर स्वरूप लहू से भीगी हुई लाल झंडियाँ लिए डराते हैं, बच्चों और औरतों की पुकार से कान बहरे हुए जाते हैं, बिना सिर, बिना धड़,बिना टांग, बेशुमार इनसान मेरी तरफ़ दौड़े आ रहे हैं।

यह अजब करुणामयी इस ख्वाब की तासीर है।
चाहिए अब देखना क्या खाब की ताबीर है॥
एक मैं और कितने दावेदार हैं चिमटे हुए।
कोई दामनगीर है कोई गरेबाँ गीर है॥

लेकिन अभी तक मेरे अहदे हुकूमत में कोई ऐसी दुर्घटना नहीं हुई, क्या ऐसा समय भी आने वाला है, नहीं कुछ भी नहीं। सियासत की पेचिदिगियों में घिरा हुआ एक मुदब्बर का दिमाग थकावट के प्रभाव से अक्सर ऐसे ख्वाब देखता है, अगर इन बातों पर ध्यान दिया जाए तो हुकूमत करना कठिन हो जाए, कुछ भी हो पंजाब का शाह व सफ़ेद मेरे हाथ है, डायर जैसा दिलावर जर्नल मेरे साथ है, पंजाब देखेगा और मैं दिखाऊँगा।

वह नमूना सख़्तगिरि का दिखाऊँगा इसे।
अपनी मंशा अपनी मर्जी पर चलाऊँगा इसे॥

[इंसाफ का देवता रूप में प्रवेश होना]

इंसाफ—चाहिए कुछ राजनीति में दखल अल्ताफ का।
ख़ून कर डालो न इस अभिमान में इंसाफ का॥
शुद्ध बुद्धि गर न हो इनसान तो हैवान है।
राजनीति गर न हो तो राज भी शमशान है॥

ओडायर—लेकिन सच्ची राजनीति का आदर्श वहीं दिखलाया जा सकता है, जहाँ उसकी खालिस आवश्यकता है।

राजनीति वह चलाऊँगा मैं अब पंजाब में।
लोग देखेंगे न आज़ादी की सूरत ख्वाब में॥

इंसाफ—परन्तु पंजाब के लोग तो वफादार हैं हदार नहीं, बहादुर हैं शेखी के रवादार नहीं।

ओडायर—कुछ भी हो, जो लोग बजाय बुद्धि के मूर्खता से अपील करते हैं, जो दान में सरकार की तरफ़ से मिली हुई शहरी आज़ादी को अशान्ति से जलील करते हैं, अब उनको मिटाने का वक्त आ गया है। बल और छल दिखाने का वक्त आ गया है।

इंसाफ—बल और हुकूमत को इस्तेमाल करने का क्या यह तरीका है?

ईश्वर ने राज दिया है तो कर्तव्य करो राजाओं का।
उद्धार करो अपने बल से कौमी स्वदेश सभाओं का॥
बल ही दिखलाना है तुमको बुद्धि का और भुजाओं का।
तो बल कौशल से यत्न करो भारत की शुद्ध आशाओं का॥
उद्धार हो राजा प्रजा का ऐसा भारत में काम करो।
यश लो न्याय और रीति से और ब्रिटिशराज का नाम करो॥

ओडायर—लेकिन जिन लोगों के दिमाग जल गए हैं जो पॉलीटिकल रियायतें पाकर कपड़ों से बाहर निकल गए हैं क्या उनकी तरफ़ से आँख बन्द कर लें?

जिस शक्ति से हमने छोटी कौमों का मान बचाया है।
जिस शक्ति से जर्मन शक्ति को भी नीचा दिखलाया है॥
भारत के सियासी झगड़ों को अब उस शक्ति से जोड़ेंगे।
बन्धन में सबको डालेंगे अब एक नये बाग़ी छोड़ेंगे॥

इंसाफ—क्या आप पवित्र विचारों के स्वामी नेताओं को बाग़ी और राज विद्रोही समझते हैं? लेकिन स्मरण रखिए राजनीति को कुछ वही समझते हैं।

ओडायर—वह तमाम आदमियों को कुछ समय के लिए धोखा दे सकते हैं और कुछ आदमियों को हमेशा के लिए बहका सकते हैं लेकिन तमाम को हमेशा के लिए अपने मार्ग पर नहीं चला सकते हैं।

अगर यह सर उठाएँगे तो मैं फोरन दबा दूँगा।
हो इब्रत जिससे औरों को उन्हें ऐसी सज़ा दूँगा॥

इंसाफ—सज़ा में आपने क्या कुछ कसर छोड़ी है, आपने पाल और तिलक का पंजाब में दाखिला बन्द कर दिया, अपने अख्तियार की ज़ंजीरों को वसीय और मनमानी हुकूमत के झंडे को बुलन्द कर दिया, सैकड़ों को बिला वजह सज़ा दी, देसी अख़बारों की जबान बन्दी की, स्वदेशी अख़बारों को उठाने के बजाए और दबा दिया, जबान और क़लम की बन्दिश से कौमी गुरुता को मिटा दिया।

भारत की शुद्ध उमंगों का तुमने ही गला दबाया है।
भारत के कई शरीफ़ों को बुलवाया और धमकाया है॥
इस पर भाइयों को कहते हो भारत सुख और अमन में है।
प्रत्यक्ष जुबान पर तो कुछ है, कुछ और तुम्हारे मन में है॥

ओडायर—अभी मेरा काम तमाम नहीं हुआ। अगर 6 अप्रैल के मानिंद पंजाब में कभी फिर ऐसा दिन आएगा तो मेरे अख्तियार का खड़ग वह रवानी दिखलाएगा कि सियासी उमंगों का गुबार हमेशा के लिए दब जाएगा।

इंसाफ—लेकिन आप का यश धूल में मिल जाएगा।

ओडायर—और सबसे पहले तुम्हारा गला घोंट दिया जाएगा।

अदावत न होगी बग़ावत न होगी।
न होगे अगर तुम अदावत न होगी॥

(ओडायर का इंसाफ का गला घोंट देना)

[टीले पर परदे का गिराया जाना]

दृश्य पाचवाँ

दिखाओ जलियाँवाला बाग़।

[बच्चे बूढ़े यात्री और शहरी लोगों का मजमा दिखाई देना]

एक—क्यों भैया घर से निकलना मना है।

दूसरा—घर से न निकलें तो दुनिया के कारोबार कैसे चलें?

एक—सुना है कि अब सिविल क़ानून ही नहीं बल्कि फ़ौजी क़ानून की अमलदारी है, और फ़ौजी डायरशाही की तरफ़ से ऐलान जारी है।

दूसरा—क्या है वह ऐलान?

एक—एक पुलिस वाला कह रहा था कि शहर में रहने वाले किसी आदमी को शहर छोड़ने की आज्ञा नहीं, आठ बजे के बाद जो गली में या बाजार में मिलेगा वह गोली से मार दिया जाएगा।

दूसरा—यार ऐसा सख़्त ऐलान हो और कोई भी सावधान न हो?

एक—यही तो मैं कहता हूँ कि ऐसा ऐलान तो घर में, बार में, गली में। बाजार में हर एक जगह लगाना ज़रूरी था।

दूसरा—बिल्कुल ज़रूरी था।

एक—यही तो मैं भी कहता हूँ कि यह सब लोग ऐलान से बाख़बर होते तो इनका सिरफिरा था कि यहाँ भागकर एकत्र होते।

दूसरा—जब घर से बाहर निकलना भी सरकार को नापसन्द होगा तो किसी प्रकार की सभा करना भी बन्द होगा।

एक—हरे हरे।

अब तो अपने घर में ही ऐसा अनादर हो गया।
रहना सहना था कठिन जीना भी दूभर हो गया॥

[डायर का मंच अपने सिपाहियों के आना]

डायर—*(क्रोध में मजमा को देखकर)* उफ! इन पाजियों ने मेरी आज्ञा को मुतलक अंगीकार नहीं किया, मेरे ऐलान का जरा विचार नहीं किया, शायद इन्हें यह ख़बर नहीं कि डायर कितना संगदिल है, उसके क्रोध से बचना कितना मुश्किल है। मौत के मुँह से साफ़ बच जाना आसान है, लेकिन मेरे गुस्से की आग से जान बचाने का विचार अज्ञान है।

आह भी करने न पाए बेजुबानों की तरह।
भून डालूँगा इन्हें भट्टी में दानों की तरह॥

खुशकोतर कोई नहीं बचने का मेरे कोप से।
दाह होगा हिन्दियों का आज इंग्लिश तोप से॥

राजनीति—*(देवी रूप से प्रकट होकर)* ठहरो, मन के उमड़े हुए विचारों को क्रोध अग्नि के हवाले मत करो, जिन निर्दोषों को तुम गोलियों का निशाना बनाना चाहते हो, जिनको मिटाकर अपनी नेकनामी और शोहरत का कल्पित किला बनाना चाहते हो, जानते हो वह कौन हैं?

डायर—कौन हैं?

राजनीति—यह वह है जिनसे कि जर्मन की हुई रुसवाई है।
जंग यूरोप में जिन्होंने वीरता दिखलाई है॥
तुम समझते हो जिन्हें बाग़ी हैं गद्दारों से हैं।
वह तुम्हारे जॉर्ज पंचम के वफादारों में हैं॥

डायर—मेरा फैसला आख़िरी है।

राजनीति—नहीं, क्रोध में मनुष्य अन्धा हो जाता है, बुरा कुछ नजर नहीं आता है। किसी राज अधिकारी से फैसला अच्छा कराओ, मेरी नहीं तो किसी और मित्र की सलाह मानो।

तुम्हें शक्ति मिली है तो न इस शक्ति पर इतराओ।
अभी गर्मी उतरने दो जरा ठंडा हवा खाओ॥
हुकूमत की खुमारी में कहीं धोखा न खा जाओ।
सँभलकर पैर धरना फिर कहीं पीछे न पछताओ॥

डायर—अगर इन्हें सज़ा न दूँगा, तो बग़ावत का धुआँ जोश खाकर खतरनाक आग का शोला हो जाएगा, अभी फुंसी है नश्तर से न चीरूँगा तो फोड़ा ला दवा हो जाएगा।

अभी अच्छा है यह गंदा मादा दूर हो जाए।
न रिसते रिसते आख़िर को कहीं नासूर हो जाए॥
अभी से नाकाबन्दी हो अभी छोटा सा चश्मा है।
अगर बढ़कर हुआ दरिया तो फिर मुश्किल से रुकना है॥

राजनीति—लेकिन जिस तर्ज पर तुम हुकूमत को लाते हो, जिस नीति से तुम प्रजा पर रौब का सिक्का बैठाना चाहते हो, वह तमाम मुहज़्ज़ब देश ना पसन्द करेंगे, भारतवासी शिकायत में वह आवाज़ बुलन्द करेंगे जो आकाश तक जाएगी और विश्वपति के सिंहासन को हिलाएगी।

तोप से यह तेज़ होगा और शोला आग का।
क्रोध बढ़ता है दबा देने से काले नाग का॥

डायर—यह कायर बुजदिल शक्तिहीन क्या कर सकते हैं?

राजनीति—कर सकते हैं, शारीरिक बल से नहीं बल्कि आत्मिक शक्ति से इसका इन्तकाम लेकर छोड़ेंगे।

पुत्र योद्धाओं के हैं ऋषियों की यह सन्तान हैं।
क्या हुआ गर आज ऐसे बेसरो सामान हैं॥
जिस्म की ताक़त में माना हीन हैं मजबूर हैं।
आत्मिक बल से मगर संसार में मशहूर हैं॥

गाना

यह प्रजा राज की जड़ है इस पर सब बोझ पड़ा है।
मत काटो जड़ को भाई इस पर ही राज खड़ा है॥
यह महल थिएटर खाने, उनके भंडार खजाने।
हैं दिये सभी प्रजा ने इसका उपकार बड़ा है॥
कायम यह नहीं जमाना, है कठिन समय भी आना।
प्रजा को नहीं दुखाना, आगे भी काम पड़ा है॥
युक्ति से क़दम उठाना आगे नहीं पैर बढ़ाना।
कहीं बीच नहीं गिर जाना देखो इस तरफ़ गड्ढा है॥

डायर—यह कुछ भी हैं तो हम भी हुकूमत हैं, उन्होंने एक मेरे जैसे हाकिम के हुकुम की अदूली की, ठोकर से ठुकरा दिया है, गुस्ताखी और बेअदबी से मेरे सोये हुए क्रोध को जगा दिया है।

तौहीन की उन्होंने डायर दिलेर की।
गोया हँसी उड़ाई है गीदड़ ने शेर की॥

राजनीति—परन्तु बे हथियार पर वार किसी भी धर्म के अनुसार नहीं। तहजीब ऐसे वहशियाना बर्ताव की रवादार नहीं।

कहाँ की दिलेरी जो किसी को बे खता मारा।
यह ख़ुद ही मर रहे हैं इनको गर मारा तो क्या मारा॥

डायर—यह बे खता नहीं कसूरवार हैं।

राजनीति—तो पहले इन्हें मुंतशिर करने का यत्न करो। कारण कि वह बे हथियार हैं।

डायर—अब इनको कोई मौक़ा नहीं दिया जाएगा, जो भी यहाँ मौजूद हैं वह ज़रूर किये की सज़ा पाएगा।

सूरज अगर इधर का उधर से निकल आए।
तो भी न इरादा मेरा यह टूटने पाए॥

राजनीति—तो याद रखो आइंदा जब दुनिया की तारीख लिखी जाएगी तो जहाँ जंग यूरोप की खूँरेजी का जिक्रे आएगा वहाँ पंजाब की यह करुणा जनक घटना भी अनीति की सुर्खी के नीचे ख़ूनी क़लम से लिखी जाएगी।

चलो मत तुम इस राह में सर उठा कर।
दुखी होगे तुम भी दुखी को सता कर॥
उड़ेंगे बड़ी दूर तक उसके छींटे।
नया रंग लाओ न तुम खूँ बहा कर॥

डायर—कुछ भी हो मैं अपनी ताक़त का ज़रूर इस्तेमाल करूँगा, अपनी बन्दूक़ और तलवार से इन सबको पामाल करूँगा।

राजनीति—जानते हो बादशाह ने तुम्हें बन्दूक़ और तलवार किसलिए दी है?

डायर—किसलिए दी है?

राजनीति—कि इन शस्त्रों से दुखिया और दीन पर अत्याचार न होने दो, धर्मात्माओं पर पापियों का वार न होने दो, प्रजा को दुश्मन के हमलों का शिकार न होने दो।

जानता है यह तेरी तलवार क्या करने को है।
दुष्ट लोगों के बदन से सर जुदा करने को है॥
बेकसों और रोगियों की यह दवा करने को है।
यह प्रजा के दुश्मनों का सामना करने को है॥
गर उठाया उसको प्रजा पर चलाने के लिए।
काल की तलवार है तुझ पर भी आने के लिए॥

डायर—लेकिन जो प्रजा बग़ावत करें?

राजनीति—क्या यह लोग बग़ावत कर रहे हैं भाइयों का मिल बैठना एक दूसरे को अपना दुखड़ा सुनाना क्या बग़ावत है, जिनको सरकार से दोस्ती की उम्मीद है तुम्हें उनसे बग़ावत है।

यह शस्त्र नहीं हैं इनसे यह आशा सब ख़याली है।
बग़ावत क्या करेगा वह कि जिसका पेट ख़ाली है॥

डायर—तुमको इसकी क्या ख़बर है फ़ौजी क़ानून राजनीति से जुदा है।

राजनीति—तो परमात्मा के लिए दया करो!

डायर—एक फ़ौजी आदमी से दया की उम्मीद?

क्या रहम की उम्मीद है मेरी जबान से।
ठंडक की है उम्मीद तुम्हें आफताब से॥

राजनीति—परमात्मा का ख़ौफ़ करो!

डायर—परमात्मा का ख़ौफ़ गिरजे की कहानी है, यह मैदाने जंग है यहाँ सिर्फ़ हमको अपनी शुजाअत दिखानी है।

राजनीति—किसी का भय नहीं?

डायर—भय कुछ शय नहीं।

राजनीति—क्या तुम्हें परमेश्वर का भी डर नहीं?

डायर—यह सोचने का अवसर नहीं।

नहीं फर्ज है यह मुदब्बर का कि वह अच्छा बुरा सोचे।
बस इतना काम फ़ौजी का कि वह दुश्मन के पर नोचे॥
अभी इसमें मैं अपना फैसला तुमको सुनाता हूँ।
नजारा कुश्ती ए खूँ का देखना हो तो दिखाता हूँ॥

(फायर फायर की आवाज़ पर फ़ौजी सिपाहियों का निहत्थे शहरियों पर गोलियों की बौछार बाँधना, भागते हुए लोगों का गोलियाँ खाकर गिरना, सैकड़ों आदमियों का ज़ख़्मी होना और मरना।)

[ड्राप]

दूसरा अंक

दृश्य पहला

जलियाँवाला बाग़

[अँधेरी रात में बेशुमार ज़ख़्मी और मुर्दा बच्चे, जवान और बूढ़ों का धरती पर पड़े हुए दिखाई देना, भगवान कौर का इस इस भयानक दृश्य के बीच में घायल पति का सर जानू पर रखकर विलाप करते हुए नजर आना]

गाना

दुखी रो रही है वह अबला बेचारी।
ख़बर ली न कुछ नाथ तुमने हमारी॥
कहाँ छोड़कर मुझको जाते हो प्यारे।
छुरी से कठिन है जुदाई तुम्हारी॥
न बेरहम कातिल को कुछ रहम आया।
कमाई जन्म भर की लूटी है सारी॥
न जल्लाद को मौत थी याद अपनी।
है किसका हमेशा रहा हुक्म जारी॥
उजाड़ा मुरादों का यह बाग़ मेरा।
न कातिल बर आई मुरादें तुम्हारी॥
अय कातिल हमेशा हो नाशाद तू भी।
मैं यह शाप देती हूँ विधवा दुखारी॥

रत्न देवी—(जबानी) लुट गई, उड़ गई, बर्बाद हो गई।
बाग़ आशाओं का है बर्बाद मेरा हो गया।
आज दुनिया में मेरी हाय अँधेरा हो गया॥

मार डाला मुझको जालिम मौत की बेदाद ने।
लूट ली अनमोल यह पूँजी मेरी जल्लाद ने॥

प्राणनाथ! मैं यह जानती कि मेरा फूला फला हुआ ख़ुशियों का बाग़ एकाएक अत्याचार की गर्म लू से उजड़ जाएगा, तो तुमको कभी आज घर से बाहर न आने देती।

जानती थी मैं तो इतना न्यायशाली राज है।
क्या ख़बर थी ओडायर बादशाही आज है॥
मैं समझती थी जमाना है अमन आराम का।
क्या ख़बर थी हुक्म होगा आज क़त्लेआम का॥

परन्तु मैं तुम्हारी वीरोचित मृत्यु पर शोक नहीं करूँगी, तुम्हें जन्म देकर जननी आज धन्य हुई। वीर पति तुम्हारी पत्नी आज धन्य हुई। तुम भाग्यशाली हो कि कर्तव्य कुंड में अपने प्राणों की आहुति देकर भवसिन्धु से पार हो गए, देश भक्ति पर मर मिटने वाले भाइयों का साथ दे कर हर्ष सहित हमेशा की नींद में सो गए।

फलेगा ऐसी बलि से बाग़ उम्मीदों का।
यह रंग लाएगा एक दिन ख़ून शहीदों का॥

अय मेरे प्राणपति का साथ देने वाले मेरे स्वदेशी भाइयों, डायर ने तो अति नीच काम करके स्वाधीनता की मूर्ति का खंडन किया है, परन्तु तुमने आज स्वाधीनता की ज्योति को और भी प्रज्वलित कर दिया है। आज तुमने अपना पवित्र ख़ून बहाकर हिन्दू मुसलमानों की एकता को अखंड का यश प्राप्त किया है। इस जलियाँवाले उजाड़ बाग़ को अपने प्राण छोड़कर कौमी जगन्नाथ पुरी बना दिया है। आज तुमने आज़ादी के उद्योग का एक नया प्रकरण आरम्भ करके दिखा दिया है।

गाना

भाइयों नहीं है लाशा यह बे कफ़न तुम्हारा।
है पूजने के लायक है पावन बदन तुम्हारा॥
दिन आज का यह होगा त्यौहार एक कौमी।
बैकुंठ को हुआ है इस दिन गमन तुम्हारा॥
जाया लहू तुम्हारा जाने का यह नहीं है।
फूले फलेगा इससे देसी चमन तुम्हारा॥
ख़ुद मर के जिस्म कौमी में तुमने जान डाली।

जाति का है यह जीवन गोया मरण तुम्हारा॥
सब भक्तियों से बढ़कर उत्तम है देश भक्ति।
छूटा है बाद मुद्दत आवागमन तुम्हारा॥
इतिहास में रहेंगी कुर्बानियाँ तुम्हारी।
तुम पर फख्र करेगा प्यारा वतन तुम्हारा॥

[चंद एक ख़ाकी वर्दी वालों का आना और लाशों के कीमती जेवर उतारना]

आवाज़—*(हर तरफ़ से)* हाय, हाय, पानी, पानी, त्राह, त्राह!

रत्न देवी—*(ख़ाकी वर्दी वालों को देखकर)* हाय यह कौन! क्या यम के दूत इन देशभक्तों के प्राण लेने आए हैं, नहीं यह तो किसी और ही माल पर ललचाए हैं। यह तो मरे हुए बेबस बेकस घायल बदन और न कफ़न लाशों के जेवर और नकदी निकाल रहे हैं। पाप के अँधेरे में अन्धे हुए धर्म की आँखों में धूल डाल रहे हैं, क्या मनुष्य इतना भी निर्दयी हो सकता है? क्या इस तरह जानबूझकर कोई अपनी राह में कांटे बो सकता है। अरे नीच मनुष्यो!

भाई तो मरते हैं और तुम को पड़ी है माल की।
याद क्या आती नहीं है तुमको अपने काल की॥
पाप की दौलत को लेकर अंत को पछताओगे।
ले गए जब यह इसको तुम कहाँ ले जाओगे॥

आवाज़—*(ज़ख़्मी आदमियों की)* आह! पानी, पानी!

रत्न देवी—मूर्खों मनुष्यत्व का सम्मान करो, दुखिया काल की विकराल भुजाओं में जकड़े हुए अपने इन भाइयों पर एहसान करो। लोक और परलोक को सुधारना है, तो कुछ उपकार कर जाओ। प्यासे मर रहे हैं इनको पानी पिलाओ।

वरना यह पैसा खा लोगे फिर किसको खाने जाओगे।
तुम टुकड़ा-टुकड़ा माँगोगे दर-दर के धक्के खाओगे॥
पापी यह होंठ तुम्हारे भी एक दिन पानी को तरसेंगे।
तुम मर कर पानी माँगोगे ऊपर से पत्थर बरसेंगे॥

बिस्मिल—*(एक करीबउल मर्ग का ख़ाकी वर्दी से)* अरे भाई तुम कौन हो? जाओ, मेरा एक सन्देशा ले जाओ मेरी माता को पहुँचाओ और कहो—

अय माता आज कितना यह नसीबा ख़ुश तुम्हारा है।
कि अपने प्यारे बेटे को वतन पर तुमने वारा है॥
यह कुर्बानी कसौटी है वतन घिस कर खरा होगा।
हमारे ख़ून से स्वराज का बूटा हरा होगा॥

ख़ाकी—छित चुप रहो, जबान बन्द करो।

बिस्मिल—अरे भाई! क्या तुम्हारा कोई धर्म ईमान नहीं? तुम्हारा कोई खुदा नहीं, भगवान नहीं, तुमको रहम का सबक किसी ने नहीं पढ़ाया? क्या किसी दर्दमंद दुखिया पर तुमको कभी तरस नहीं आया, जाओ मेरे भाइयों तक यह पैगाम ले जाओ, मेरे भाइयों को कह देना—

मैं तब समझूँगा तुम मेरी भुजा और सहाई हो।
मैं तब समझूँगा तुम जननी के जाए मेरे भाई हो॥
ज़रूरत प्यारे भारत को पड़े जब नौजवानों की।
तो देना देश सेवा में आहुति अपने प्राणों की॥

ख़ाकी वर्दी—अरे सिड़ी सौदाई अभी तक तेरी मौत नहीं आई।

बिस्मिल—अरे भाई देखो, मेरे शरीर पर जेवर हैं, जेब में नकदी है, तुम अपनी जेब भर लो परन्तु इस सुखे हुए बिस्मिल लबों को दो बूँद पानी टपका कर तर कर दो।

याद है कुछ एक दिन भगवान के घर जाओगे।
क्या हुआ गर एक नेकी भी यहाँ कर जाओगे॥

ख़ाकी वर्दी—छित, फिर बोलेगा तो जबान काट ली जाएगी।

[जाना ख़ाकी वर्दी वालों का जेवर उतार कर]

बिस्मिल—आह जालिम ने पानी न दिया।

निर्दयी इनसान को क्या जाने यह क्या हो गया।
हम नस्ल इनसान उसको एक भुंगा हो गया॥
नाम पहले ही न था अब रहम का यह हाल है।
एक कतरा जल का भी अफसोस महँगा हो गया॥

[प्राण छोड़ देना]

रत्न देवी—प्यासा मर गया, क्या यह सब एक बूँद पानी को तरस-तरस कर प्राण छोड़ देंगे। अब मेरा कर्तव्य क्या है, अब पावन धरती को प्राणनाथ की तकिया बनाऊँ; कुएँ से साड़ी भिगो कर ले आऊँ और इन प्यासे भाइयों को पानी पिलाऊँ।

[कुएँ में लटका कर और साड़ी तर करके ज़ख्मी और बिस्मिल भाइयों की हलक में पानी टपकाना]

कब मैं तुमको देख सकती हूँ अब भाइयों क्लेश में।
जान देकर जान डाली तुमने अपने देश में॥

[आवाज़ पर स्वदेशी के रूह का नमूदार होना]

रूह—धन्य हो, धन्य हो, हे देवी जन्मभूमि भोर तेरे जैसी वीरबाला को जन्म देकर आज धन्य हुई।

किया है नाम ज़िन्दा तूने मेरा सतवती होकर।
मिला है स्वर्ग मुझको भी सती तेरा पति होकर॥
सती तेरे ही सतपन का जो है प्रताप सारा है।
कि मैंने आज अपने देश का कर्जा उतारा है॥

रत्न देवी—जाओ, प्राणनाथ आनन्द सहित स्वर्ग में बास करो, परमानन्द रूपी क्रीड़ा भवन में रस रास करो, मैं तुम्हारी हूँ तो शीघ्र ही तुम्हारी शरण में आऊँगी। हृदय की अग्नि को तृप्ति करने वाला सुखदाई दर्शन पाऊँगी।

वहाँ तुम ईश्वर को सब मेरा दुखड़ा सुना देना।
यह अत्याचार डायर ओडायर का बता देना॥
कहीं आनन्द में फँसकर वतन की भूल मत जाना।
सिफारिश करके मज़लूमों की तुम इंसाफ करवाना॥

रूह—हे देवी, भारत निवास के सम्मुख स्वर्ग का वास भी नाचीज है, स्वर्ग की हर एक ख़ुशी भारत के हर एक दुख की भी कनीज है, जब तक जन्म भूमि का उद्धार न होगा, भारत से न्याय का इकरार न होगा, तब तक हमारी आत्माओं को करार न होगा।

भारत में फिर जन्म लें बस यही कामना है।
भारत में जन्म लेना वैकुंठ से सच्चा है॥

रत्न देवी—हे स्वामी, मुझे क्षमा करना कि मैं इस संसार में अकेली रह गई, मैं अभी ज़िन्दा रहूँ गी अभी दुनिया को अपने सुहाग की फूटी हुई चूड़ियाँ दिखाऊँगी। डायर के अनर्थ रूपी खंजर से छिले हुआ घायल हृदय से समुंदर पार कर जाऊँगी। मैं भारत की स्त्रियों के लिए आदर्श होकर देश भक्ति का सबक सिखाऊँगी और देश सेवा में अपने पतियों को बलिदान करने के लिए अपनी बहनों का साहस बढ़ाऊँगी।

आज से कर्तव्य में दृढ़ करके जब अड़ जाएँगी।
औरतें मर्दों से भी इस काम में बढ़ जाएँगी॥
वह करेंगी कदर सब बहनें मेरे उपदेश की।
अपने पतियों को ख़ुशी से भेंट देंगी देश की॥

स्वामी—अब कृपा करके मेरे विरह का कुछ क्लेश न करना।

रत्न देवी—स्वामी पति विरह से बढ़कर पत्नी के लिए और कौन सा क्लेश है।

गाना

पति बिन सूना है संसार, पति बिन॥ टेक॥
पत से पत है पत से गत है और पत बिन लाख विपत है।
पति बिन दुनिया है अन्धकार। पति बिन सूना...
पत से सत है पत की जत है, पत्नी का धन पतिव्रत है॥
पति बिन जीना है धिक्कार। पति बिन सूना...

[आवाज़ पर रूह का गायब होना और रत्न देवी का मूर्छित होना]

दृश्य दूसरा

स्थान—अंग्रेज़ी डॉक्टर का बँगला

[डॉक्टर साहब का मुँह में चुरट लिए हुए एक मेज पर नोट और रुपए गिनते हुए नजर आना। सामने 1919 के कैलेंडर में अप्रैल का महीना दिखाई देता है]

गाना

पैसे की दुनिया सारी है।
पैसे की यह सरदारी है॥
पैसे का सिक्का जारी है।
दुनिया पर सिक्का तारी है॥
बस अब तो जीत हमारी है।
पैसे की है सब लूट, पैसे की बूट सूट।
यह बँगला यह गाड़ी है।
यह फाइन ओल्ड, वाइन कोल्ड, है पैसे की बहार।
पैसे की तावेदार है पैसे की बहार।

डॉक्टर—*(जबानी)* आहा दौलत, दौलत भी अजीब चीज है। इसको अपनी तरफ़ खींचने की हमें तमीज है, दौलत वह बेतार की बर्क है जो आसमान की ख़बरें लाती है। दौलत दुनिया में रुतबा और शान बढ़ाती है, दौलत की चाबी से मुश्किल से मुश्किल उलझन का ताला खुल जाता है। दौलत का मिलना ही असर,

इज्जत, आराम, गुरूर और हर एक दुनियावी ख़ुशी को अपनी तरफ़ खींच लाता है। दौलत दुनिया की सल्तनत कराती है, दौलत बड़ी-बड़ी मशीनों की ताक़त वाली कौम को नीचा दिखाती है।

हैं काम सब तमाम जो मुट्ठी में दाम है।
दुनिया के सब ग़रीब हमारे गुलाम हैं॥
हम पेश हैं जहाँ में [राज] करने के वास्ते।
पैदा हुए गुलाम हैं मरने के वास्ते॥

[खानसामा का आना और पेग देना]

खानसामा—हजूर जाम नोश फरमाइए।

डॉक्टर—*(पीकर)* वेल, अब तुम को छुट्टी है जाओ।

खानसामा—हजूर कहाँ जाऊँ, शहर में जाने वाला तो गोली से भुन जाता है।

डॉक्टर—बाग़ी पर गोली चलाना चाहिए तुम लोग बाग़ी हो।

खानसामा—हजूर हम बाग़ी नहीं हम अलबत्ता पेट से भूखे हैं।

यह पेट ख़ाली है क्या करें हम यह पेट मजबूर कर रहा है।
बड़ी अजीयत से खुश्क टुकड़ा हलक से नीचे उतर रहा है॥
तुम्हारी सेवा ही करते करते हमें जमाना गुजर गया है।
बहा किनारों से अब गुजर करके पात्र धीरज का भर गया है॥

डॉक्टर—तुम बड़ा नालायक है।

खानसामा—तो भी वफादार है।

डॉक्टर—फिर तुम्हारा लीडर लोग बग़ावत क्यों करता है?

खानसामा—हजूर, जो स्वराज्य माँगने वाले हमारे लीडर हैं वह बिल्कुल बेजरर हैं, ख़ून खराबा करने वाले तो चंद एक कौमी गद्दार हैं, जिनके साथ निर्दोष भी जुल्म का शिकार हैं, सरकार के क्रोध से निरपराधियों पर भी अनर्थ का गोला चल रहा है, सूखे के साथ गीला जल रहा है।

[कंपाउंडर व एक ज़ख़्मी हिन्दुस्तानी का प्रवेश]

कंपाउंडर—हजूर वह एक घायल नौजवान है और इलाज ख्वाहाँ है।

डॉक्टर—किससे घायल हुआ?

था मुसाफिर यह बेचारा शहर में आया हुआ।
जा रहा था रेल पर मृत्यु का उकसाया हुआ॥
ख़ौफ़ के मारे स्टेशन पर रवाना हो गया।
रास्ते में गोलियों का पूरा निशाना हो गया॥

डॉक्टर—देखो, तुम लोग हमारा दुश्मन है, हम तुमसे बदजन हैं, अगर इसको शफाखाने में रखोगे, तो हम इसको जहर दे डालेगा, जहर दिलवाना हो तो यहाँ रखो और इलाज करवाना है तो गांधी के पास ले जाओ।

इसको मेरे सामने से बस अभी ले जाइए।
साथ बदकारों के ऐसी ही बुराई चाहिए॥

ज़ख़्मी—हुजूर आप डॉक्टर हैं, आपको चाहिए कि हर एक से आप का बर्ताव दोस्ताना हो, इलाज करना आपका कर्तव्य है, मरीज अपना हो या बेगाना हो।

बिन भेद भाव सब लोगों को ज्ञानोपदेश सुनाता है।
दोनों बद और शरीफ़ों पर बादल पानी बरसाता है॥

डॉक्टर—दुश्मन का इलाज करने वाला बड़ा ही कम अक्ल है।

ज़ख़्मी—तो फिर दुश्मन के ज़ख़्मी सिपाहियों का इलाज करना समर (मैदाने जंग) नीति में क्यों उचित माना है, युद्ध स्थल में गोली चलाने वाले, सम्मुख युद्ध करने को तलवार उठाने वाले शत्रु का भी इलाज करना जब राजनीति ने मुनासिब जाना है, तो प्रजा अगर फ़ौजी ताक़त का निर्दोष निशाना बन जाए, और वह अपना इलाज कराने आए , तो इलाज कराने वाला मूर्ख है या दाना, बल्कि उसका इलाज करना वैद्य का मुख्य कर्म है, नीति का विशेष धर्म है।

बने हैं यह शफाखाना हमारी भलाई से।
मजे करते हो तुम भी तो हमारी ही कमाई से॥
हमारी ही यह माया और हम निराश फिरते हैं।
हमारे जर के गोले और हमारे सर पर गिरते हैं॥

डॉक्टर—जब महात्मा गांधी की जय बुलाते हो, तो सहायता के लिए उसके पास क्यों नहीं जाते हो?

ज़ख़्मी—गांधी की जय बुलाना क्या मुज्रमाना है? गांधी को अपने किस तरह घृणा का पात्र गर्दाना है। गांधी कोई चोर नहीं, डाकू नहीं, ख़ूनी नहीं। रहजन नहीं, वह सदा देश का हितकारी है, वह भारत का सच्चा पुजारी है, दीन का, अनाथ व बेसहारा का सहारा और परोपकारी है, वह तो हमें केवल पवित्र देश भक्ति का उपदेश सुनाता है, वह तो हमें हिंसा को त्याग कर अहिंसा मार्ग पर चलाता है, उसी की हम पर दया विशेष है, और यह उसी का उपदेश है यह उसी के उपदेश का नतीजा है कि—

अपने सिर पर रख लेते हैं हिंसा करने की चाह नहीं।
यह गोली तो क्या वस्तु है पर गोले खाकर आह नहीं॥

डॉक्टर—हम ज़्यादा सर दर्द नहीं माँगता, तुम्हारा इलाज करना हमारे दस्तूर के खिलाफ है, और जवाब साफ़ है।

ज़ख़्मी—हजूर! आप चिकित्सा करने को मजबूर नहीं लेकिन याद रखिए तहजीब पर नाज करने वालों का यह दस्तूर नहीं।

डॉक्टर—तुम तहजीब को क्या जान सकता है?

ज़ख़्मी—हजूर! जब आपकी हमारी तहजीब का सूर्य उन्नति के आकाश पर जगमगाता था, जब हमारी तहजीब का झंडा तरक्की के शिखर पर लहराता था, तो उस वक्त यह मिथ्या व्यवहार न था। रावण के खास वैद्य सुमेध ने रावण के शत्रु राम के भाई लक्ष्मण को मौत के मुँह से बचा था, महाभारत युद्ध में भीष्म पितामह ने शिखंडी को पिछले जन्म का औरत समझ कर तीर नहीं चलाया था, यह हमारी तहजीब है और यह तुम्हारी तहजीब है।

पापी भी कुचला जाता है धर्मों से भी नहीं टलती है।
औरत की गर्दन कटती है बच्चे पर गोली चलती है॥
यह है तहजीब मगर बिजली जो सबके पीछे फिरती है।
मन्दिर हो मस्जिद या गिरजा हर एक के ऊपर गिरती है॥

डॉक्टर—बस हम ज़्यादा नहीं सुनेगा, ले जाओ इस सिड़ी सौदाई मरीज को ले जाओ।

(प्रस्थान)

ज़ख़्मी—जाइए हमारी कमाई के पसीने से बनाए हुए गरम गदेलों पर लम्बी तान कर सो जाइए, मैं मरूँगा या जिऊँगा लेकिन तुम्हारा यह बर्ताव संसार के इतिहास में एक शिक्षाप्रद यादगार रहेगा, जिसको सुनकर और मुँह में उँगली देकर अन्य जाति का हर एक जन भी यही कहेगा।

यह भारत है जो भूखा मर रहा है।
और इस पर भी खजाने भर रहा है॥
है इस बर्ताव पर हौसला यह।
जफ़ाओं पर वफाएँ कर रहा है॥

आकाशवाणी—शान्त हो! भारत वीर चिन्ता दूर कर, इस अभिमानी डॉक्टर का कहना सत्य होगा, गांधी के नाम से भारत में वह आलीशान भंडार होगा, और जो अपने बर्ताव में इतना उदार होगा कि बिना भेदभाव सुजन और दुश्मन, यहूदी और इसाई सब इस औषधालय से फैज पाएँगे और भारत की उदारता को सराहएँगे।

सिखाती है यह बातें इनको दुनिया में बड़ा होना।
हमें आएगा इन बातों में पाँवों पर खड़ा होना॥

दृश्य तीसरा

स्थान—रास्ता

[एक हिन्दुस्तानी बच्चे का दाखिल होना गीत गाते हुए]

गाना

यह आरजू है मेरी भारत पर [जां] वार करदूँ।
तन मन जिगर कलेजा सब कुछ निसार करदूँ॥
ऐसी हवा चलाऊँ जाएँ यह दिन खिजां के।
भारत के गुलसितां में मौसम बहार करदूँ॥
ईश्वर दे मुझको हिम्मत साहस दे हौसला दे।
भारत की उन्नति की नाव को पार कर दूँ॥
यह आस्तीं गुलामी की कौम के बदन पर।
पहनी जो मुद्दतों से है तार तार कर दूँ॥
ऐसी करूँ तपस्या स्वराज लेकर छोड़ूँ।
मिट जाए बे करारी दूर इन्तज़ार कर दूँ॥

[एक साहब का प्रवेश होना]

साहब—ऐ यू, तू नहीं जानता कि मार्शल लॉ है।

यह है क़ानून जारी आजकल भारत के शहरों में।
तुम्हारी ज़िन्दगी है क़ैद इन संगीन पहरों में॥

बच्चा—हाँ इतना ज़रूर जानता हूँ कि आज हर एक शहरी की आज़ादी पर फ़ौजी क़ानून की मोहर लगी हुई है, भारत की पवित्र भूमि पर अन्याय और हत्याचार की किस्मत जगी है।

आज पानी अपनी मेहनत का पसीना हो गया।
आज मुश्किल हम वफादारों का जीना हो गया॥

साहब—तो इस तरह निडर होकर क्यों फिर रहे हो?

बच्चा—क्योंकि हमारे मन में पाप का लेश नहीं, यह तो बताइए क्या इस धरती पर हमारा कुछ अधिकार नहीं, यह भूमि हमारा देश नहीं?

साहब—अच्छा तुमने हम को सलाम क्यों नहीं किया?

बच्चा—(अपने दिल में) मुझे मालूम न था कि आप सलाम के इस कदर भूखे हैं।

साहब—अच्छा अब, बाकायदा सलाम करो।

बच्चा—(फ़ौजी सलाम करना) यह लीजिए सलाम (ख़ुद से) मगर यह सलाम किसका, यह कोई शान नहीं, यह कोई सम्मान नहीं, यह हमारा अपमान है और तुम्हारा मिथ्या अभिमान है, अगर चाहते हो कि तुम्हारी इज्जत करें तो पहले हमारे दिल की सल्तनत पर विजय पाओ, हमारे सर को नहीं बल्कि उपकार और मित्र भाव से हमारे आत्मा को झुकाओ।

वह राजा क्या जो तोपों से अधिकार किलों पर करता है।
महाराजाधिराज वही जो राज दिलों पर करता है॥

साहब—जो ज़्यादा कलाम करोगे तो बेंत लगाए जाएँगे।

बच्चा—तो जिस अमलदारी में निर्दोषों का ख़ून बहाया जाता है पशुवत रेंग कर पेट के बल दौड़ाया जाता है, मीलों तक कड़कती धूप में दौड़ाया जाता है, उस अमलदारी में बेंत लगाना कोई न्याय के खिलाफ नहीं। कारण कि इस वर्तमान काल में बेगुनाही भी माफ नहीं, महकूम से हाकिम का दिल साफ़ नहीं, कोई दाद फरियाद नहीं कोई इंसाफ नहीं।

यही तर्जे हुकूमत है तो फिर इंसाफ क्या होगा।
बे इंसाफी की रस्सी में न्याय का गला होगा॥
अगर निर्दोष प्रजा पर सितम ऐसा रचा होगा।
हुकूमत में अमन होगा न प्रजा का भला होगा॥

साहब—दुनिया में जलील से जलील सज़ा के लायक हो।

बच्चा—हमारा दोष?

साहब—कुछ नहीं।

बच्चा—हमारी ग़लती?

साहब—कुछ नहीं।

बच्चा—हमारी तकसीर?

साहब—कुछ नहीं।

बच्चा—तो फिर।

साहब—बस थाने पर चलो।

बच्चा—चलिए, थाने पर ले चलिए, कोर्ट मार्शल में ले चलिए, अदालत में जाने से वह घबराएगा जो कसूरवार होगा, सज़ा से वह डरेगा जो गुनहगार होगा, जो खालिस सोना है इसको आग में तपाए जाने का क्या डर है, जो शुद्ध आचरण वाला स्वामी है उसको कोतवाली या खाने का क्या डर है।

जन्म का पापी है जो डरता है वह ही काल से।
जिसका खाता साफ़ है क्या डर उसे पड़ताल से॥

साहब—तो सज़ा भुगतने के लिए तैयार हो जाओ।

बच्चा—हम सत्याग्रही हैं इसलिए हर एक जुल्म सहने को तैयार हैं, हम सच्चाई के प्रेमी हैं, इसलिए सच्चाई की देवी पर बलिहारी हैं, आम मुजरिम क़ानून को कपट और छल से तोड़ता है और फ़रेब से बचने के लिए सज़ा से मुँह मोड़ता है, परन्तु सत्याग्रही हमेशा राज्य के क़ानून के अनुसार चलता है, कारण कि क़ानून को वह जाति सुधार के लिए उचित समझता है, लेकिन जब वह किसी क़ानून को मनुष्यत्व से गिरा हुआ जानता है तो वह उस क़ानून को नहीं मानता है।

कूओं, नदियों, तालाबों में सुन्दर स्वच्छ जल लहराता है।
बिन स्वाति बूँद पपीहा पर आख़िर प्यासा मर जाता है॥
जो शुद्ध अमृत का भोगन है विष की फरहार नहीं करता।
जो है इनसान वह पशुओं का बर्ताव स्वीकार नहीं करता॥

साहब—वह सब गंदे ख़याल सत्याग्रह की बुराई है।

बच्चा—बल्कि सत्याग्रह तो वह सिक्का है जिसके एक तरफ़ प्रेम और दूसरी तरफ़ सच्चाई है।

साहब—सत्याग्रह की आख़िर पराजय होती है।

बच्चा—सत्याग्रही जानता ही नहीं कि शिकस्त क्या शय होती है हमेशा सत्य के लिए युद्ध करता है और सत्य की सदा जय होती है।

अगर क़ैद हो तो आज़ादी, अगर मौत हो तो मुक्ति है।
यह दोनों सिद्ध मनोरथ, करने वाली एक भक्ति है॥

साहब—यह जितना दंगा फसाद है सत्याग्रह ही इसकी बुनियाद है।

बच्चा—यह दलील बिल्कुल भद्दी और बेबुनियाद है, सत्याग्रही के लिए अमन को तोड़ना कुजा, किसी का मन तोड़ना ही अधर्म है, उसको किसी का भय नहीं केवल सत्य की शर्म है, सत्याग्रही या तो अपनी दलील के कोड़े से मुखालिफ को मारता है, या अपने आत्मा की बलि देकर मुखालिफ के मन पर असर बैठाता है।

जो है सत्याग्रही वह सत्य पर सरकार चलता है।
अहिंसा परगो धर्ग: के नियग अनुसार चलता है॥
तुम उसकी बोटी बोटी काट डालो या जला डालो।
न बोलेगा कभी वह झूठ चाहे तुम मिटा डालो॥

साहब—कोड़े लगाकर तुम्हारे दिमाग की अभी मरम्मत की जाएगी।

बच्चा—कोड़े लगाओ या पेट के बल चलाओ, लेकिन याद रखो जब अन्याय की घनघोर घटा से मलबा साफ़ हो जाएगा और सूर्य भगवान अपनी किरणों के द्वारा स्वतंत्र द्वीपों में भारत की सच्चाई का प्रकाश पहुँचाएगा और पवन देव देवता अपने झोंकों के वेग के साथ हमारे ख़ून नाहक की सुगंधी देश देशान्तर में फैलाएगा तो उस वक्त एक दुनिया इस अत्याचार की निंदा करेगी, एक सृष्टि इस क्रूर कर्म से तुम्हें शर्मिंदा करेगी।

जुल्म का बादल समय पर जब कभी फट जाएगा।
और धुआँ अन्याय का आकाश से हट जाएगा॥
तुम छिपाओगे मगर यह भेद सब खुल जाएगा।
दाग यह ऐसा नहीं धोने से जो धुल जाएगा॥

साहब—तो कोड़े खाने का इन्तज़ार करो।

बच्चा—हाँ मैं गर्दन झुकाता हूँ तुम अपनी तलवार की धार तैयार करो।

तुम्हारा जितना जी चाहे सितम मज़लूम पर ढालो।
कलेजा चीर डालो मेरी आँखों को निकलवा लो॥
मेरी नस-नस को छेदो और रग-रग मेरी कटवा लो।
यह हाजिर है बदन मेरा इसे कोल्हू से पीलवा लो॥
मगर मैं देश सेवा का जो प्रण है वह न तोड़ूँगा।
रहूँ गा सत पर कायम न छोड़ा है न छोड़ूँगा॥

[ट्रांसफर्म]

[थाने का दिखाव! एक मसनूई शिकंजे में बाँधकर कई एक निर्दोषियों को बैंत लगाए जा रहे हैं चीखों की आवाज़ से आकाश में गूँज है और इधर-उधर से शिकंजा और कोड़ा लहूलुहान है]

दृश्य चौथा

पर्दा महल

[राक्षस रूप में मार्शल लॉ का क्रोध में भरे हुए और हाँपते हुए दाखिल होना]

मार्शल लॉ—*(जबानी)* है कौन? ख़ूबसूरत ज़िन्दगी की नाव को नेस्ती के समुद्र में डुबाने वाला, भुनगे की तरह मनुष्य जीवन को मसल कर धूल में मिलाने वाला, अमन और अमान को अंत तक पहुँचाने वाला, काल की विकास गदा को शरमाने वाला, मित्र और शत्रु को एक ही पाषाण में बाँधकर चलाने वाला, परमात्मा की सुन्दर सृष्टि पर अन्याय आग बरसाने वाला, सतियों को बर्बाद, बच्चों को नाशाद और बूढ़ों को बे औलाद बनाने वाला तेजस्वी मार्शल लॉ।

खुश्को तर दोनों जला देता हूँ अपनी आग से।
ख़ून योद्धाओं का जम जाता है मेरी लाग से॥
मुझको पर्वाह नम्रता और आहो-जारी की नहीं।
मुझको चिन्ता दर्दमंद की बेकरारी की नहीं॥

[पुत्र की मृत्यु से दुखित माता का आना]

माता—*(मार्शल लॉ का दामन पकड़ कर)* यही है ख़ूनी, चोर, डाकू, मेरे अनमोल लाल को लूटने वाला, जिसने मेरी बुढ़ापे की लाठी को तोड़ डाला।

जन्म की थी कमाई एक ही अनमोल हीरा था।
मेरा बेटा मेरी तारीक आँखों का ममीरा था॥
अय जालिम तोड़कर तूने रखा है फल मेरा कच्चा।
बता मुझे कहाँ है वह मेरा प्यारा मेरा बच्चा॥

मार्शल लॉ—बुढ़िया, तू भूलती है।

अब मेरा क्या वास्ता अब तो अमन का दौर है।
हुकम का बन्दा हूँ मैं तो इसका कातिल और है॥

माता—नहीं देख देख, तेरे हाथ अभी तक बेगुनाहों के ख़ून से लाल हैं ख़ूनी डाकुओं की तरह तेरी भुजाएँ विकराल हैं।

तेरी मुझको सूरत ही बतला रही है।
कलेजा यह तेरी निगाह खा रही है॥
तू ही मेरे बच्चे का कातिल है जालिम।
लहू की मुझे तुझसे बू आ रही है॥

[सती का अपने पति की मृत्यु में दुखित दीवानी दाखिल होना]

सती—*(मार्शल लॉ का दामन पकड़ कर)* यही है मेरे शीश के ताज को धूल में मिलाने वाला, मुझे जन्म भर के लिए सोग का मातमी लिबास पहनाने वाला, मुझे नौ-दुल्ही को एक नामुराद विधवा बनाने वाला, हत्याकारी यही है बता जालिम बता—

लूटा है जिसने तूने वह सम्पत्ति कहाँ है।
जालिम बता मेरा प्यारा पति कहाँ है॥
मर जाऊँगी मैं तुझ पर मेरा सबर पड़ेगा।
यक और ख़ून नाहक सिर पर तेरे चढ़ेगा॥

मार्शल लॉ—अय औरत तू क्या दीवानी है?

सती—हाँ दीवानी हूँ, दुनिया में जीने की आशा छोड़कर आई हूँ, सुहाग की चूड़ियाँ फोड़कर आई हूँ, बता नहीं तो मैं अभी अपने सतपन का चमत्कार दिखाऊँगी, तेरी मनमानी डायरशाही को धूल में मिलाऊँगी।

मैं न्याय के लिए धरती से मुरादों को जगाऊँगी।
मैं अपनी आहो जारी से अभी प्रलय मचाऊँगी॥
मैं चीखों से अभी आकाश धरती पर गिराऊँगी।
मैं नालों से श्री भगवान का आसन हिलाऊँगी॥
मैं अपने जी का दुखड़ा उनको रो-रोकर सुनाऊँगी।

मार्शल लॉ—लेकिन उसके छींटे ज्वालामुखी के भयानक शोलों को नहीं बुझा सकते, रात दिन बहने वाले नदी नाले पत्थर की चट्टानों को पानी नहीं बना सकते।

तुम्हारी आँख का पानी असर कुछ कर नहीं सकता।
तुम्हारे रोने धोने से मैं हरगिज डर नहीं सकता॥

माता—जालिम यह तेरा मिथ्या विचार है, सती का श्राप विश्व को पल में नाश कर देने वाला हथियार है।

सती के श्राप से डरते हैं साहस और बल वाले।
अभी चाहे तो पृथ्वी का सती तख्ता उलट डाले॥

सती—यदि सती नर्मदा ने अपनी शक्ति से सूर्य भगवान को उदय करने से रोक लिया था, यदि सती सावित्री ने काल को पति के प्राण लेने से रोक दिया था तो मेरी फरियाद भी वृथा नहीं जाएगी, आज नहीं तो समय पाकर फल लाएगी।

या हमेशा के लिए भारत से तू मिट जाएगा।
या अमन भारत में दोबारा न होने पाएगा॥

[भाई के सोग में बहन का बाल खोले हुए दाखिल होना]

बहन—*(मार्शल लॉ का गिरेबान पकड़कर)* यही है जिसने भारत की भावी सन्तान का अपमान किया, जिसने सुख से बसते हुए लाखों घरानों को वीरान किया।

अभी तक ख़ून नाहक से है दामन तर कसाई का।
यही जल्लाद ख़ूनी है यह कातिल मेरे भाई का॥

माता—यही हत्याकारी दुखदाई है।

सती—यही जल्लाद है अन्यायी है।

बहन—यही बेरहम कसाई है।

मार्शल लॉ—अरी नादान औरतो मुझे छोड़ दो।

माता—तुझे छोड़ दें जिसने भारत में हाहाकार मचा दिया, जिसने भारत वर्ष का गौरव और मान धूल में मिला दिया उसे छोड़ दें।

बादशाह के सामने न्याय को हम ले जाएँगे।
हम तुझे इन अत्याचारों की सज़ा दिलवाएँगे॥
तूने मुर्दा कर दिया पर फिर भी बाकी प्राण हैं।
एक दुनिया देख लेगी भारती इनसान हैं॥

मार्शल लॉ—*(दिल में)* किस तरह इनसे अपना पीछा छुड़ाऊँ। अच्छा है कि अपनी बला किसी और के सर मढ़ दूँ। सुनो भाइयों वास्तव में मैं निर्दोष हूँ।

माता—तुम और निर्दोष।

ख़ुद ज़ख़्मी कभी अपनी दवा नहीं कर सकता।
एक ख़ून का मुजरिम भी रिहा हो नहीं सकता॥
और तूने तो कितनों के ही हैं ख़ून बहाये।
मूर्ख है जो तुझको अभी निर्दोष बताये॥

सती—दामन से तेरे दाग उतरने के नहीं हैं।
जो घाव लगाये हैं वह भरने के नहीं है॥

मार्शल लॉ—तुम भूलती हो इस सारे अनर्थ के तो डायर ओडायर जिम्मेवार हैं, वह दोनों ही तुम्हारे गुनहगार हैं, मैं तो केवल उनके हाथ का हथियार था,

जिधर उन्होंने चलाया चलने को मजबूर था लाचार था। क्या हाथ की हरकत इनसान की शक्ति के अनुसार नहीं होती तलवार किसी को काटे तो मुजरिम तलवार नहीं होती।

माता—तो हम तेरे साथ उनको भी सज़ा दिलवाएँगी जिन्होंने निरपराधी भारतवासियों का गला कटवाया है हम उनका गला कटवाएँगे।

[महात्मा गांधी का आना और मार्शल लॉ का आँख दबाकर भाग जाना]

गांधी—शान्त बहनों, माताओं, शान्त!

फूलता हर फूल है और झूमता हर पात है।
आज सब कुछ है परन्तु कल कहाँ यह बात है॥
काल सबको तक रहा है सबके ऊपर घात है।
चार दिन की चाँदनी है फिर अँधेरी रात है॥

माता—हे कर्मवीर! हे देशभक्त, हे जनहितकारी, जिसका कलेजा फट जाए वह किस तरह शान्ति करे, जिसके लिए एकाएक धरती पलट जाए वह किस तरह शान्ति करें। इस विधवा सती को देखो, इस दुखिया बहन की गति को देखो।

जल रही बिरहा मगन में यह अभागिन नार है।
पुष्प मुख है और उस पर आँसू ओं की धार है॥

गांधी—माता अपना सुख मातृ सेवा के अर्पण करो, दुख-सुख का लेश मात्र भी ध्यान न करो।

है चंचल बड़ा जमाना यह अंदाज बदलता रहता है।
हर बार नये सुर लेता है यह साज बदलता रहता है॥
यह पृथ्वी और आकाश हमें नित नये रंग दिखलाते हैं।
इन दो पाटों की चक्की में रंक और राय घिस जाते हैं॥

सती—हे वीर, मैं दुखिया लाचार विधवा अब किसकी शरण में रहूँगी?

गांधी—उसकी जो संसार का दाता है, जिसके अटल भंडार से हर कोई खाता है, जो किसी को भी द्वारे से निराश नहीं लौटाता है, सवाली ख़ाली झोली से जाता है और भरकर वापस लाता है।

जाओ जाकर मन लगाओ घर के काम और काज में।
ताकि हो हमको सुफलता हर तरह के स्वराज में॥

सती—गृह कार्य में क्या मन लगेगा?

क्या करूँ हाथों में और पैरों में एक ज़ंजीर है।
जिसके हलक में बँधी गोया मेरी तकदीर है॥
प्राण प्यारे से मेरा मन छूट सकता है नहीं।
यह पति-पत्नी का रिश्ता टूट सकता है नहीं॥

गांधी—सती ईश्वर दुखों का समूह एक साथ ही भेजता है, और उसमें भी हमारी भलाई देखता है, अच्छा अवसर है पूर्वजन्म के सब कर्मों का फल अभी भोग लो।

यह फल कर्मों का हर सूरत में सब को मिलकर रहता है।
वह ऐसा कौन है जो दुख नहीं करनी से सहता है॥
यह सारा विश्व ही जकड़ा हुआ है कर्म बन्धन में।
कर्म से ही यह सम्पूर्ण कला का सूर्य निकलता है॥

[तिलक महाराज का कर कमल से आशीर्वाद देते हुए दाखिल होना]

दोहा— करम गति से है कोई दुखिया और कोई दीन।
सुख और दुख जानों सभी कर्मों के आधीन॥

सती—सब *(प्रणाम करके)* तिलक महाराज की जय।

वही लोकमान्य बालगंगाधर तिलक जो सदुपदेश रूपी गंगा की धारा है जिसने देश भक्ति के अमृत स्त्रोत से भारतवासियों को तारा है।

यह भारत का तिलक प्यारा तिलक नामी तिलक धारी।
कि जिसके तन के तिल-तिल का निकल कर तेल है जारी॥
मुसीबत पर मुसीबत मातु के कारण है लाचारी।
नहीं एक पग तिलक सरका यह है तूफान गो भारी॥
तुझे है धन्य भग कि घट किनारे तू लगाएगा।
हमारी डूबती नैय्या को तू ही अब बचाएगा॥

तिलक—हे सती, ईश्वर इच्छा को प्रबल मानो, कौन मरा? भगवान कृष्ण का गीता उपदेश पढ़ो और दिल को शान्ति दो।

यह अमर है आत्मा मारे से मर सकता नहीं।
नाश इसका शस्त्र या हथियार कर सकता नहीं॥
आग से जलता नहीं और जल डुबो सकता नहीं।
वेष बदलता है मगर यह नाश हो सकता नहीं॥

माता—हे वृद्ध देव! तुम्हारे अमृत रूपी उपदेश से मुझे पुत्र वियोग का दुख भूल गया।

मेरे हृदय में यह जिसके लाख-लाख एहसान हैं।
ऐसे भारत पर तो जितने पुत्र हों कुर्बान हैं॥

तिलक—हे बहनों! अब मैं आखरी अवस्था में हूँ, न जाने तुमसे मेरी यह अन्तिम भेंट हो। यदि तुमको मेरे साथ कुछ स्नेह है तो इसे ग्रहण करो मेरा उपदेश यह है—

आदर्श मान निर्मल जीवन पवित्र जो है।
भारत निवासियों का बेगर्ज मित्र जो है॥
संन्यास गृहस्थ दोनों का एक चित्र जो है।
है धीर वीर गांधी चरणों में उसके जाओ।
जो चाहते विजय हो सेनापति बनाओ॥

गांधी—हे पवित्र पूजनीय देवियों! मैं अपने मान्यवर धर्म पिता का प्रसाद ग्रहण करता हूँ, अब तुम भी अपने पतियों और भाइयों का मरण शोक भूल जाओ, देश सेवा में अपने प्राण निछावर करने वाले, अचल पदवी को प्राप्त करने वाले सच्चे वीरों की मृत्यु पर आँसू न बहाओ।

पहुँचते हैं वह भगत परमपिता के पास।
इन योद्धाओं का हुआ देखो स्वर्ग निवास॥

[सीन का ट्रांसफर होना]

[जलियाँवाले बाग़ के शहीदों का स्वर्गवास दिखाई देना]

दृश्य पाचवाँ

मकान

[दो फ़ौजी आदमियों का मुसगला दिखाई देना]

पहला—क्यों दोस्त आज तो पौ बारह हैं न?

दूसरा—वह किस तरह?

पहला—दिल के अरमान निकालने के लिए आज सुनहरी मौक़ा हाथ आया है, डाका, चोरी, रहजनी जब हर एक काम कर गुजरने के लिए आज किस्मत ने

हमें एक दिन दिखाया है, आज इस सृष्टि का बेहतरीन इन्तज़ाम करने वाली महान शक्ति की आँखें बन्द हैं, कान बहरे हैं, जवान गूँगी है, सरकारी नौकरी में ऐसे अवसर अक्षर आते हैं लेकिन समझदार ही इससे लाभ उठाते हैं।

हकीम आला नहीं और न्याय की शाला नहीं।
जो भी कर गुजरेंगे कोई पूछने वाला नहीं॥

दूसरा—तो क्या करें?

पहला—किस पर हाथ साफ़ करें?

दूसरा—निर्दोष प्रजा पर हाथ साफ़ करना क्या पाप नहीं?

पाप करना पाप हो तो पाप की हस्ती न हो।
जोश हृदय में न हो स्वभाव में मस्ती न हो॥
लूटना गर है मजा इस पाप के सामान का।
ध्यान रखना है वृथा फिर मान और अभिमान का॥

दूसरा—कसूरवार पर अनर्थ हो जाए, तो यह निस्सन्देह है न्याय, लेकिन...

पहला—लेकिन यहाँ पर एक और सवाल है, न्याय और अन्याय का फजूल ख़याल है। आज एक-एक अंग्रेज़ के ख़ून का बदला हिन्दोस्तानी बच्चों और औरतों की हत्या से चुकाया जाएगा। जहाँ सफ़ेद ख़ून का एक कतरा गिरा है वह हज़ारों काले आदमियों का ख़ून गिराया जाएगा।

दकीका कौन सा अपने लिए दुष्टों ने छोड़ा है।
इन्हें जितना भी रुस्वा करें उतना ही थोड़ा है॥
हम ही ने इनको पाला है हमें पामाल करते हैं।
हम ही से सीख कर चालें यह हमसे चाल करते हैं॥

दूसरा—लेकिन यह देखना है कि पाप का क्या परिणाम है?

पहला—क्या परिणाम है?

दूसरा—बुरा अंजाम है।

हमेशा पाप दम भर के लिए ऊपर उछलता है।
यह सिक्का पाप का दो-चार दिन ही चलता है॥
हुआ क्या कुछ दिनों अन्याय की गर अमलदारी है।
मगर देखोगे आख़िर धर्म का पल्ला ही भारी है॥

पहला—यह तुम्हारी भूल है, पाप का विचार फिजूल है, पाप की दुनिया में रहना चाहो तो नियमों के अनुसार चलना होगा, एक जगह खड़े न रह सकोगे,

ऊपर उठोगे या नीचे को गिरोगे, उठना चाहोगे तो अपनी ताक़त से भारी बोझों को ठेल कर उठना होगा, नीचे गिरना चाहोगे तो अपने बोझ से नीचे उतरते जाओगे।

दूसरा—परन्तु इस मौक़े पर अगर हम कोई अनुचित काम कर बैठेंगे, तो आइंदा लिखी जाने वाली तारीख, दुनिया पर हमारे चाल-चलन का एक अपवित्र चरित्र रोशन करेगी।

यह काम क्या न समझेगी नारवा हमारा।
नफरत से नाम लेगी दुनिया न क्या हमारा॥

पहला—दुनिया कुछ नहीं, दुनिया हमारी युक्ति के बल के सामने एक गेंद के समान है, हम जिस तरफ़ चलाएँगे उसे चलना पड़ेगा, हम दुनिया को जिस तरफ़ झुकाएँगे। उसे झुकना पड़ेगा।

दूसरा—तो अब क्या करना चाहिए?

पहला—दोस्त मौक़ा वक्त और आज़ादियों से लाभ उठाएँ, इस मकान की औरतों से छेड़खानी करके जी बहलाएँ, आज फ़ौजी ताक़त का राज है और एक पंथ दो काज हैं, हमारा दिल भी बहलेगा और अफ़सर भी ख़ुश होगा।

दूसरा—आपका ऐसा विचार है तो बन्दा भी इस नेक काम में साथ देने को तैयार है।

पहला—*(दरवाज़ा खटखटा कर)* दरवाज़ा खोलो।

[मकान की छत पर डर के मारे सेहमी हुई दो औरतों का जाहिर होना]

पहली औरत—*(आवाज़ सुनकर)* बहन मालूम होता है कि अब मार्शल लॉ ने और भी अधिक भयंकर रूप धरा है स्त्री जाति का महत्त्व कुचलने के लिए महिलाओं के निवास स्थान में अपना पाव पसारा है।

दूसरी औरत—बस तो समझो विश्व से अब शर्म सारी उठ गई।
और अमन अमान की मर्यादा सारी उठ गई॥
बाड़ की बदली है नियत खेत को खाने लगी।
अब वह रक्षा और उसकी पासदारी उठ गई॥

पहली औरत—तो फिर?

पहला—जल्दी दरवाज़ा खोलो!

दूसरी औरत—तो अब क्या करना होगा?

पहली औरत—अब कायरी को भूलकर शेरनी का स्वांग भरना होगा, स्त्रीत्व को भूलकर मर्दानी ताक़त से अत्याचार का सामना करना होगा।

हम कहने को तो औरत हैं निर्बल हैं और अबला हैं हम।
जब लाज पै हाथ कोई टूटे तो अबला नहीं बला हैं हम॥

देखेंगे अत्याचारी भी क्या तेज़ प्रचंड सती का है।
भारत महिला के हृदय में क्या तेज़ प्रबल शक्ति का है॥

दूसरी औरत—अगर हमारे सतीत्व पर अत्याचार का हाथ टूटेगा?

पहली औरत—तो इससे प्रथम कि किसी गैर का अपावन हाथ इस शुद्ध शरीर को स्पर्श करे, यह शरीर अपनी ही उत्पन्न की हुई निश्चय की अग्नि में जलकर भस्म हो जाएगा, प्राण जाएँगे लेकिन अस्मत पर दाग नहीं आने पाएगा।

अपने सतपन पर न हरगिज आँच आने पाएगी।
जान जाएगी मगर इज्जत न जाने पाएगी॥

पहला मर्द—दरवाज़ा खोलो नहीं तो हमें दरवाज़ा तोड़कर जबरदस्ती से काम लेना पड़ेगा।

पहली औरत—हम आज्ञा मानने को तैयार हैं लेकिन पर्दादार हैं।

पहला मर्द—कुछ परवाह नहीं।

पक्षी आज गिर कर मिट्टी में ख़ाक होगा।
अस्मत का अब तुम्हारी किस्सा ही ख़ाक होगा॥
अस्मत का रत्न जिस भी परदे में है तुम्हारे।
पर्दा वही हमारे हाथों से चाक होगा॥

पहली—ऐसा करने का तुम्हें क्या अख्तियार है?

पहला—हमारा जाती रुतबा हमारे काम का जिम्मेवार है।

पहली औरत—रुतबे का अभिमान करना बेकार है।

जोश में रुतबे के आकर तू न सतियों को सता।
किसका रुतबा रह गया और किसका रहता है सदा॥
काल के चक्कर से यह रुतबा तेरा कट जाएगा।
यह गुब्बारा है हवा निकलेगी तो फट जाएगा॥

पहला मर्द—तुम जानती हो कि तुम हमारे गुलामों की भी गुलाम हो, हम तुम्हारे अन्नदाता और जरदाता हैं, तुम हर तरह से हमारे दाम में हो।

पहली औरत—क्या तुम्हें जरो माल का घमंड है?

पहला मर्द—और हमारा यह घमंड घमंड है?

पहली औरत—अय दौलत पर घमंड करने वालों, इस पर न इतराओ अपने परलोक को सँभालो।

पास रावण के भी थी एक दिन जो लंका स्वर्ण की।
क्या तुम्हें उसकी तरह चिन्ता नहीं है मरण की॥
इस पर इतराओगे तो अंत को पछताओगे।
कौन इसको ले गया जो तुम इसे ले जाओगे॥

दूसरा मर्द—अगर तुम अपने हाथ से अपने मुँह से पर्दा नहीं उतारोगी तो फिर हमें अपने बाहुबल से काम लेना पड़ेगा।

पहली औरत—अरे मूर्ख, बाहुओं के बल पर घमंड न कर।

है वृथा मूर्ख तुझे इन बाहों के बल का गुमान।
तुझसे क्या कम था अरे बाली का भी बल निधान॥
क्या रहा उसका जो अब तेरा अमल रह जाएगा।
काल के आगे तेरा सब बाहु बल रह जाएगा॥

पहला मर्द—मगर हम काल से नहीं डरते।

पहली औरत—तो ईश्वर से डरो, उसका सर्वशक्तिमान से डरो, उस भक्त भय भंजन दुष्ट निकंदन से डरो।

डरो उस से कि वह सृष्टि का शक्तिमान ईश्वर है।
वह जितना दिल का कोमल है उतना ही भयंकर है॥
अनाथों को सताने का तरीका क्यों निकाला है।
पता है निर्दयी तुझको कि कल क्या होने वाला है॥

दूसरा मर्द—शायद तुम सरकारी आदमी की ताक़त और शान से वाकिफ नहीं।

पहली औरत—और तू शायद दीनों के पालक उस सर्वशक्तिमान से वाकिफ नहीं।

दूसरा मर्द—उसका वहम एक मिथ्याचार है।

पहली औरत—तेरे ओहदे और अख्तियार का भी बालू की कमजोर दीवार पर आधार है।

चालें तेरी यह तिरछी टेढ़ी कहाँ रहेंगी।
कब तक तुझे इस ओहदे की शोखियाँ रहेंगी॥
ओहदा नहीं रहेगा रुतबा नहीं रहेगा।
रहने को कुछ रहेगा तो बस नेकियाँ रहेंगी॥

पहला मर्द—क्या तुम नहीं मानोगी?

क्या हाथ को बढ़ाऊँ और बेनकाब कर दूँ।
मर्जी है क्या तुम्हारी अस्मत खराब कर दूँ॥

पहली औरत—लेकिन याद रखो औरतों पर अत्याचार करना कोई बच्चों का खेल नहीं, जब कभी औरत पर इस तरह अत्याचार हुआ है, जब कभी भूमि पर ऐसे अधर्म का प्रचार हुआ है, तब ही कोई ना कोई विघ्न हुआ है, और दुनिया में परिवर्तन हुआ है।

सीता पर जुल्म हुआ था, उसका परिणाम बुरा ही था।
द्रौपदी पांचाली पर जब जुल्म हुआ उसका अंजाम बुरा ही था॥

पहला मर्द—हम ऐसी मिथ्या कहानियों पर विश्वास नहीं करते।

पहली औरत—तो याद रखो यदि कलयुग में भगवान प्रत्यक्ष रूप से हमारी सहायता को न आएगा तो दर पर्दा तुम जैसों को अपना चमत्कार दिखलाएगा। देखो, देखो जिस अंग्रेज़ जाति पर हम लोगों को पूरा विश्वास है, तुम्हें उसी को बदनाम करने के लिए पाप मार्ग की तलाश है। बादशाह वक्त का क़ानून, बादशाह वक्त का अख्तियार तुम्हें हरगिज यह आज्ञा नहीं देता कि तुम उसकी निर्बल प्रजा को इस तरह सताओ, मन माना डंका बजाओ, उसके यश और कीर्ति का विचार भूल जाओ।

दूसरा मर्द—हमें इस भद्दी दलील की जरा भी परवाह नहीं।

'जिसकी लाठी उसकी भैंस' यह मसल मशहूर है।
हाथ जब पर्दे पर उठने के लिए मजबूर है॥

[दूसरी औरत—का चेहरे से नकाब उतार कर बेपर्दा कर देना]

पहली औरत—हे भगवान, हे यदुनन्दन, तुम ने ही रावण के पंजे में फँसी हुई गौ सरूपिणी जानकी माता की रक्षा की थी, तूने ही उस सती का धर्म बचाया था, तूने ही दुष्ट दुशासन के नापाक इरादों को कुचलकर सती द्रौपदी का चीर बढ़ाया था, तूने ही सुदामा को ग़रीबी की ज़ंजीरों से छुड़ाया था, तूने ही गज को आह के मुँह से बचाया था, तुम सदा ही अबला स्त्रियों के सहाई हो, तुम ही दीन दुखिया के पालनहार हो, तुम ही निराधारों के आधार हो।

आके देखो किस कदर जोरो जफा होने लगा।
किस तरह है बदला वफाओं का अदा होने लगा॥
अब भलाई के एवज में हम से बुरा होने लगा।
जुल्म अबला नारियों पर भी रब्बा होने लगा॥

दूसरी औरत—हे मेरे घनश्याम अब तो पाप का घन छा गया।
आओ अब अवतार धरो घोर कलयुग आ गया॥

पहली औरत—देखो धर्म का अमल उठ रहा है, आज यह काम अन्ध सेवक

अपने शरीफ़ दिल शहंशाह जॉर्ज पंचम जैसे प्रजा हितकारी स्वामी की आज्ञा उल्लंघन कर रहे हैं। जिस स्वामी का आज तक नमक खाया उसी की कीर्ति का अनादर कर रहे हैं, अपने राजा की प्यारी प्रजा की सती महिलाओं के धर्म को ठोकरों से पामाल करने की ठानी है। आज जिधर देखो हे प्रभु उधर ही आर्य सेवित भारतवर्ष की हानि है।

गर अब नहीं आओगे तो कब आओगे प्यारे।
जब नाम ही मिट जाएगा तब आओगे प्यारे॥

[दोनों औरतों का गाना]

वक्त है यही मेरे बाँसुरी वाले आजा।
अब तो बिगड़ी हुई भारत की बनाले आजा॥
माल की फिकर थी पहले तो बड़ी भारत को।
अब तो लेकिन है पड़े जान के लाले आजा॥
द्रौपदी की लाज रखी सभा में तूने।
आज भारत की बस्ती को बचाले आजा॥
हाथ इमदाद का सुग्रीव को देने वाले।
हाथ भारत के दुखी जनका बटाले आजा॥
दर्दो इफ्लास सुदामा का घटाने वाले।
इस दुखी देश का भी दर्द मिटाले आजा॥
देख कोई न कहे इनका कोई राम नहीं।
सूर्य की वंश के सूरज के उजाले आजा॥
हर तरफ़ है फैली हुई है आग बेचैनी की।
गीता उपदेश के छींटों से बुझाले आजा॥

[सीन का ट्रांसफर होना]

[क्षीर सागर का दिखाव, विष्णु भगवान लक्ष्मी के जंघास्थल से सर उठा कर भारत भूमि को तसल्ली दे रहे हैं।]

दृश्य छठा

राष्ट्रीय मिलाप—भुवन

[लीडरों की राष्ट्रीय दुनिया से निकलती हुई आवाज़ का सुनाई देना]

गाना

इस आज़ादी की खातिर अपना तन मन धन लगा देंगे।
हम अपने प्यारे भारत को स्वतंत्र फिर बना देंगे॥
अभी तो की है कुर्बानी सिर्फ़ माल और दौलत की।
ज़रूरत जब पड़ेगी तो यह जानें भी लड़ा देंगे॥
गुलामी की यह ज़ंजीरें जिन्होंने देश को जकड़ा।
हम उनको तोड़ना तो क्या है टुकड़े तक उड़ा देंगे॥
यह आज़ादी का सन्देशा दिया जो आत्मा ने है।
इसे भारत के घर-घर में पहुँचकर हम सुना देंगे॥
जन्म से हक़ है जो अपना है जिससे कौम का जीवन।
हम अपने प्यारे भाइयों को वही न्यामत दिला देंगे॥
मगर सच्चे स्वदेशी हैं रखेंगे देश की लज्जा।
विदेशों में हम अपने देश का डंका बजा देंगे॥
'न मिल बर्तन' से हम को एक दिन स्वराज्य लेना है।
चमत्कार आत्मिक शक्ति का हम सबको दिखा देंगे॥

[शेर पंजाब लाजपतराय का प्रवेश]

लाजपतराय—आओ मेरे प्यारे मित्रों आओ! अँधेरे से निकल कर उस रोशनी में आओ जहाँ से स्वाधीनता का सुन्दर स्वरूप अपने पूरे प्रकाश के साथ चमकता हुआ नजर आ रहा है। आओ इस गुलामी के कारागृह से निकल कर उस खुली हवा में आओ जहाँ आज़ादी का शीतल झोंका तुम्हारी आत्मा को अपनी कुदरती खुराक वह पहुँचाएगा। आओ जिस सच्ची ख़ुशी को तरसते हुए तुम्हारे बाप दादा परलोक को सिधारे हैं, उसका ख़ूबसूरत चेहरा यहीं से नजर आएगा। जो आन बान तुम्हें चमकदार दिखाई देती है वह गुलामी की सुनहरी ज़ंजीर है, जिसमें बँधा हुआ तुम्हारा स्वतंत्र आत्मा संसार की सच्ची राहत से महरूम होकर भटक रहा है। जो नुमाइश तुम्हें सुख देने वाली प्रतीत होती है, वह गुलामी की झूल है; जिसके नापाक बोझ से दबी हुई तुम्हारी हस्ती तुम्हें नाचीज और गुलाम बना रही है; ज़ंजीर को तोड़ दो। वह रास्ता छोड़ दो और उस रास्ते पर आओ जो सीधा और साफ़ है।

अगर लेना है आज़ादी बढ़ो इधर आओ।
तुम्हें आज़ादी के लायक हो तो लायक बनके दिखलाओ॥
गुलामी का यह जुआ अपने सर से फेंक डालो तुम।
खड़े होकर तुम अपने पाँवों पर अपना बनालो तुम॥

हाँ मगर जाने रहो, इस स्वाधीनता के मार्ग में हिर्स के डाकू मिलेंगे, त्याग से उनका मुकाबला करो। स्वार्थ के खूँखार पशु मिलेंगे, आत्मिक बल के शस्त्र से उनको नीचा दिखाओ। मुसीबत के ओले बरसे तो दृढ़ता के छाते से उनका निवारण करो। दुखों की आँधी चले तो साबित क़दमी से कर्तव्य की चट्टान पर अपने पैर जमा लो। आओ प्यारे अपने लीडरों की तरह देश की खातिर अपना सर्वस्व बलिदान करो। कौमी आन के लिए अपनी सबसे ज़्यादा अजीज वस्तु प्रदान करो। प्यारे, देश ही हमारा सर्वस्व है।

देश की चिन्ता और स्वदेश का ही ख़याल है।
इस पर कुर्बान जान है इस पर निछावर माल है॥
गर वतन को अपना एक एक रोम भी दरकार है।
मर्द है वह ही जो देने के लिए तैयार है॥

[शैदा ए वतन हकीम अजमल खान का प्रवेश]

हकीम अजमलखां—शाबाश बराईं हिम्मते मर्दाना तू अय शेरे पंजाब, पंजाब तो क्या इस वक्त सारा भारतवर्ष तुझ पर नाज कर रहा है। इस वक्त तेरी हिम्मत का शहबाज अपनी पूरी ताक़त के साथ कुर्बानी के आसमान पर परवाज कर रहा है। सच्ची कुर्बानी की शमाँ को रोशन करके तूने भारत पुत्रों को आज़ादी का मार्ग दिखलाया है। तूने अपने पंजाबी भाइयों को स्वाधीनता के पवित्र जल प्रवाह से शुद्ध अमृत का पान करवाया है। धन्य है वह कर्ता जिसने तेरे पाक वजूद को हस्ती का जामा पहनाया है। धन्य है वह माँ जिसने तुझे अपने उदर से जाया है।

ख़ूब जीना है तुम्हारा ख़ूब दुनिया में जिए।
अपने रहने के मकाँ तक कौम की खातिर दिये॥
पूर्वजों के नाम को तूने है रोशन कर दिया।
दाग खाए दिल पर और भारत को गुलशन कर दिया॥

लाजपतराय—भारत के सच्चे सपूत, यह तू ही है, जिसने मान ईमान, दौलत और शान, बँगले और मकान, इज्जत के तमाम निशान, सब कुछ कौम की ज़रूरत पर निसार कर दिया। बड़ी-बड़ी उपाधियों और सरकार के मिथ्या वरदान का बलिदान कर दिया। आज इस्लाम को तुझ पर अभिमान है, आज भारत वर्ष पर तेरा एहसान है।

काम वह करके दिखाया तूने हिन्दुस्तान में।
हो गया चर्चा तेरा तुर्की और ईरान में॥
कौम और इज्जत पर किया तूने बलि आराम का।
क्यों नहीं हम प्यारे कहें हीरा तुझे इस्लाम का॥

हकीम अजमलखां—कौमी की ज़रूरत के सामने यह खिताब और रुतबा क्या चीज है, अगर वक्त आएगा तो अपने मादरे वतन का यह फरमाबरदार बेटा अपनी जान नजर करने से भी क़दम पीछे न हटायेगा।

जो भी है यहाँ पर हमारा है वतन के वास्ते।
मालो जर अशयाय सारा है वतन के वास्ते॥
इससे बढ़कर जोकि प्यारी है हमें वह जान है।
सबसे प्यारी है मगर यह जान भी कुर्बान है॥

[फख्रे कौम पंडित मोतीलाल नेहरू का प्रवेश]

मोतीलाल—बेशक मेहंदी का पत्ता पिस कर रंग लाता है, एक कम कीमत स्याह पत्थर का टुकड़ा सिल पर घिसकर आँख का सुरमा बन जाता है। दीपक ख़ुद जलकर दूसरों को रोशनी पहुँचाता है। दाना ख़ुद ख़ाक में मिलकर ओरों के लिए गुल खिलाता है।

है वह मुर्दा जो रहा जो अपने तन के वास्ते।
वह ही जीता है जो जीता है वतन के वास्ते॥
देश के हित जिसने दुख सुख सब गवारा कर लिया।
लोक और परलोक का अपने सुधारा कर लिया॥

लाजपतराय—आओ वतन के प्यारे लाल तुमने अपने नाम का सच्चा परिचय दिया है, तुम बेशक भारत माता के मान मुकुट में चमकने वाले अमूल्य मोती हो। तुम भारत माता के आज्ञाकारी लाल और अन्धकारमय वर्तमान काल की ज्योति हो। हज़ारों रुपया की आमदनी पर लात मार कर अमीराना सुख और आराम को विसार कर, आत्मा की गर्दन से स्वार्थ का जुआ उतारकर मातृ सेवा के सच्चे भाव को हृदय में धार कर, कर्तव्य की रणभूमि में आने वाले वीर तुम ही हो। काम, क्रोध, मोह, लोभ, अहंकार इन पाँच शत्रुओं को पछाड़कर खुदगर्जी को पैरों से लिथाड़ कर, कर्मभूमि में जौहर दिखाने वाले रणधीर तुम ही हो।

तुमसे भारत माँ की जाति का क्यों कर यश दूना न हो।
तुम देशभक्त और त्यागी हो और सत्य का एक नमूना हो॥
तुमने सबको दिखलाया है यूँ देशभक्ति का दम भरते हैं।
इस तरह वतन पर देशभक्त सर्वस्व निछावर करते हैं॥

मोतीलाल—मैंने कुछ नहीं किया, जिस भारत माता ने हमारे खाने को नाना प्रकार के भोजनों का भंडार दिया, जिस भारत माता ने हमारे पूर्वजों को आत्मिक ज्ञान प्रदान करके भवसिन्धु से तार दिया, जिस भारत माता ने हमारे एक-एक रोम पर लाख-लाख उपकार किये, जिस भारत माता ने हमारी आत्मिक प्यास बुझाने के लिए अपने सर्वलोक पूजनीय धर्म शास्त्रों द्वारा धर्मोपदेश रूपी अमृत बरसाया, जिसने आज तक हम को खिलाया और पिलाया, तो भारत माता अब वृद्ध अवस्था में भी हमारे बुढ़ापे की लाठी बन कर हमें चलाएगी और जो मृत्यु के पश्चात् अपनी आनन्द स्वरूपिणी गोदी में सुलाएगी, उस की खातिर हज़ारों रुपयों की आमदनी तो क्या चीज है, संसार में सबसे ज़्यादा अजीज है वह भी तैयार है।

दरकार बाल की हो तो मैं बाल-बाल दूँ।
चमड़ी हो काम की तो मैं अपनी यह खाल दूँ॥
आँखें यह काम आएँ तो आँखें निकाल दूँ।
दरकार हो जिगर की तो चरणों में डाल दूँ॥
माता जो मेरे वास्ते ऐसी उदार है।
उसकी तो एक आन पर सब कुछ निसार है॥

गाना

अगर भारत के काम आए तो मेरी जान हाजिर है।
मेरे जीवन के सुख दुख का सभी सामान हाजिर है॥
यूँ ही यह जान एक दिन तो जहाँ से जाने वाली है।
अगर इसके लिए जाए तो फिर यह भाग्यशाली है॥
है भारत एक देवी और मैं इस का पुजारी हूँ।
यह माता है मेरी बेटा मैं इसका आज्ञाकारी हूँ॥
मैं इसका धर्म बालक हूँ यह है धर्म आत्मा मेरी।
हक़ है मैं इसकी आत्मा हूँ और यह परमात्मा मेरी॥

हकीम अजमलखां—तो आज यही भारत माता जो निरादर और अपमान के कोड़े खा रही है जिसके मान की नाव दुख के भंवर में फँसी हुई डगमगा रही है, क्या हम उसको अपने जीते जी दुख के सागर में बेसहारा छोड़ देंगे, क्या इन आँखों से देखकर जहर खाया जाएगा।

[मुहिबे वतन सी.आर. दास का प्रवेश]

सी.आर. दास—नहीं कभी नहीं, यह आँखें भारत का अपमान होता न देख

सकेंगी। यह कान भारत की बुराई सुनने को हरगिज तैयार नहीं होंगे, बल्कि हम आँखों को भारत के गम में रो रो कर धुला देंगे, इसकी खातिर सख़्तियाँ उठाने के लिए हम अपने दिल को पत्थर बना लेंगे। जर दिया, माल दिया, दौलत दी, इकबाल दिया, अब जो कुछ बाकी है वह भी इसी भारत माता की खातिर लगा देंगे।

हम भारत का हित करने को यह सीना सपर बनाएँगे।
हम भारत माता की खातिर अपना सर्वस्व लगाएँगे॥
हम दुख और दर्द जमाने के इसी खातिर सह जाएँगे।
सिर पर आरे भी चलते हैं सो भी इसके गुण गाएँगे॥

[देशभक्त पंडित रामभज दत्त का प्रवेश]

पंडित रामभज दत्त—और उस वक्त तक गुण गाएँगे जब तक के मुँह में जबान है और शरीर में प्राण है। महात्मा गांधी के सत्य उपदेश अथवा असहयोग पर चलते हुए जुबान से सत्य का प्रचार करेंगे। जवान बन्द कर दी जाएगी तो क़लम को इख्तियार करेंगे। क़लम पकड़ लिया जाएगा तो शुभ्र भाव से, सच्चे हृदय से, दृढ़ विश्वास से, प्रार्थनाओं द्वारा भारत का भला चाहेंगे, पंजाब के अत्याचारों की तलाफी कराएँगे और खिलाफत सम्बन्धी ग़लतियों का संशोधन हो जाने पर चैन पाएँगे।

हम अहिंसा परमो धर्म: की सत्ता बतलाएँगे।
धर्म पर चलते हुए हम धर्म का यश पाएँगे॥
बाहु बल से और कौमों ने लिया स्वराज है।
आत्मिक बल से मगर स्वराज हम ले आएँगे॥

मोतीलाल—क्यों नहीं जब देशभक्त सी.आर. दास जैसे त्यागी और आप जैसे भारत अनुरागी देश कल्याण में डट जाएँगे तो हमारी आज़ादी को रोकने वाले और हमारी शुभकामनाओं का विरोध करने वाले समस्त साधन मार्ग से हट जाएँगे, कामयाबी हाथ बाँधे हुए सेवा में हाजिर हो जाएगी, स्वाधीनता हमारी उन्नति के मार्ग सफा करने में तत्पर हो जाएगी।

घिसने से कसौटी पै ही सोने की जिला है।
यश जिसको मिला उसको ही सेवा से मिला है॥
भाइयों की बुराई से बुराई है हमारी।
गर सत्य का भला है तो हमारा भी भला है॥

लाजपतराय—बस न अब पेशे नजर ध्यान पसोपेश का हो।
है वही काम भला जिसमें भला देश का हो॥

[भारत सेवक पंजाब और डॉक्टर किचलू का प्रवेश]

तो हम अपने देश का सुधार करने के लिए और जाति का उद्धार करने के लिए समुंदर के किनारे पर चट्टान की तरह दृढता से कायम हैं। मुसीबत के थपेड़े हमारी पौधों को नहीं उखाड़ सकते। त्रास के गर्म झोंके हमारी शुभकामनाओं के बाग़ को नहीं उजाड़ सकते। अब तो हम अड़े हैं तो पहाड़ी किले की मीनार के मानिंद ऊपर ही ऊपर को सर उठाएँगे। आप तकदीर के तीर हमारे पाँव तले की ख़ाक को चूमने के लिए कामयाबी की कमान से निकल कर आएँगे।

मुसीबत का तूफान चाहे गया हो।
हो दुश्मन जमाना मुखालिफ हवा हो॥
है क्या फिक्र गर शीश भी यह कटेगा।
न पीछे को हिम्मत का पाँव हटेगा॥

[मुहिबे वतन सतपाल का प्रवेश]

सत्यपाल—और जैसे सहरा में भूख प्यास गर्मी और सफर की मुसीबतें झेलता है और निर्बल होकर गिर नहीं पड़ता, उसी तरह हम भी तमाम खतरों और मुसीबतों में अपने दिल को ढारस देंगे, तकदीर के क्रोध को ध्यान में नहीं लाएँगे। जिस मार्ग में पैर जमा दिये हैं उस मार्ग से पीछे हट कर नहीं जाएँगे।

दिल है पहलू में तो है देश की उल्फत दिल में।
जान हाथों पर लिए फिरते हैं हसरत दिल में॥

[जगतगुरु स्वामी शंकराचार्य का प्रवेश]

शंकराचार्य—धन्य है यह महापुरुष जिनका धन अपने भाइयों के काम आता है। धन्य हैं वह देवता स्वरूप नेता जो अपने मज़लूम भाइयों की रक्षा करते हैं, जो बलवान को निर्बल पर ज़ुल्म करने से बाज रखते हैं, जो अनाथों की खोज लगाते और उनकी सच्ची ज़रूरिआत का प्रबन्ध करते हैं, और जो अपने दस्तरखान की बची खुची चीजों को अपने नादान भाइयों के योग्य समझते हैं।

दोहा— धन्य धन्य वह आत्मा, धन्य उसी के भाग।
जिसके हृदय में बसा सच्चा देश अनुराग॥

लाजपतराय—और अफसोस है उन पर भी जो दौलत पर दौलत जमा करते और उस पर इतराते हैं, जो ग़रीबों का गला घोटकर और अनाथों के पेट काटकर द्रव्य का अंबार लगाते हैं। धिक्कार है उनको जो ग़रीबों के ख़ून और पसीने की खातिर में नहीं लाते और बेदर्दों से उन पर अनर्थ करके मौज उड़ाते हैं।

लानत है उन पर जो यतीमों के आँसुओं को दूध की तरह पी जाते हैं, जिनके कान विधवाओं की गिरबाजारी सुनकर बन्द हो जाते हैं।

शंकराचार्य—वही लोग लोक को बिगाड़ कर परलोक के आत्मिक अधिकार से जाते हैं।

जो अपनी रोटी की खातिर भाइयों का पेट जलाते हैं।
जो अपनी प्यास बुझाने को भाइयों का ख़ून बहाते हैं॥
जो अपने स्वार्थ की खातिर भाइयों का नाम गिराते हैं।
जो खुदगर्जी की वेदी पर भाइयों को भेंट चढ़ाते हैं॥
वह एक बार तो जीते जी यहाँ अगिन चिता में पड़ते हैं।
फिर घोर नरक में पड़ते हैं सड़ जाने पर भी सड़ते हैं॥

सब—जगतगुरु शंकराचार्य की जय।

लाजपतराय—आप जैसे जगतगुरु इस कर्तव्य समर में गुरु-पार्थ के शस्त्र बाँध कर उतर आएँगे, तो निश्चय ही भारतीय कौम की जय होगी।

देश के उद्धार में साधु भी जब लग जाएँगे।
फिर नसीबे अपने भारतवर्ष के जग जाएँगे॥
देश भक्ति में पड़ेंगे भक्त जब भगवान के।
दिन फिरेंगे क्यों न फिर एक बार हिन्दुस्तान के॥

[आवाज़—भारत माता का प्रकट होकर जगतगुरु को फूलों का हार पहनाना]

भारत माता—

दोहा— जगद्गुरु जाकर करो जाति का उद्धार।
साधु पुरुषों में करो देश भक्ति का प्रचार॥

शंकराचार्य—बोलो भारत माता की जय, हे मातेश्वरी! दरिया अपना रोजाना काम करता है। बस्तियों और मैदानों में बहता हुआ चला जाता है, तो भी उसकी लहर तेरे चरणों को चूमने के लिए दौड़ी चली आती है, फूल अपनी ख़ुशबू से हवा को सुगंधित बनाता है, तो भी उसकी आख़िरी सेवा यह है कि वह अपने आप को तेरी भेंट कर दे, तो क्या मैं अपने इस जीवन के ख़ूबसूरत फूल को तेरी भेंट नहीं करूँगा, अवश्य करूँगा, परमात्मा ने यह सुन्दर पुष्प इसी मतलब के लिए पैदा किया है।

बल दे मुझे कि मैं तेरा कर्जा उतार दूँ।
जानें हज़ार भी हो तो मैं तुझ पर वार दूँ॥

[तमाम लीडरों का भारत माता को प्रणाम करना। भारत माता का सब पर फूलों की बारिश करना]

दृश्य सातवाँ

पंजाबी लीडर का मकान

[लीडर का लाला लाजपतराय की फ़ोटो को जो मकान की दीवार से लटक रही है देख कर]

लीडर—अय शेर पंजाब अफसोस कि तू पाताल लोक में पाबन्दियों की ज़ंजीरों से जकड़ा हुआ हसरत की निगाहों से अपने वतन को देखने के लिए बेताब है। हमारे सुख से सुखी और दुख से दुखी होने वाली महान आत्मा, आ और देख कि आज किस तरह डायरशाही के हाथों हमारा खाना खराब है, जिस आज़ादी को तूने अपना शुद्ध रक्त पिलाया है जिसके लिए तूने बन्धन का कष्ट उठाया है आज उस आज़ादी के तमाम मार्ग हमारे लिए बन्द हो रहे हैं, तेरे दुखी भाइयों के नाले वायुमंडल को चीरकर अन्तिम आकाश तक बुलन्द हो रहे हैं।

आ और देख दुख की वर्षा बरस रही है।
हर एक आँख प्यारे तुझको तरस रही है॥
तुझको अय लाजपत है पंजाब की दुहाई।
कुछ सूझता नहीं है कर आकर रहनुमाई॥

[एक विद्यार्थी का दाखिल होना]

विद्यार्थी—वंदे मातरम!

लीडर—क्यों, आपका चेहरा क्यों उदास है, कोई बात खास है?

विद्यार्थी—श्रीमान, अब कुछ नहीं सूझता, अब हमें क्या करना चाहिए?

लीडर—अपने जाति लाभ और फायदे की पूंजी को कौमी ज़रूरत पर कुर्बान करने के लिए तैयार रहना चाहिए, मातृभूमि के गौरवार्थ अपने आत्मा पर एक प्रकार का कष्ट सहना चाहिए। महात्मा गांधी के खामोश मुकाबले का नियम एक सुनहरी असूल है उस पवित्र नियम पर हत्याचार का दोष फिजूल है।

विद्यार्थी—हम अपने अंत:करण की आवाज़ के अनुसार हर एक काम करने को तैयार हैं।

सिर पर सहेंगे शक्ति और जेल में सड़ेंगे।
लेकिन इस आत्मा के बल झूठ से लड़ेंगे॥
सत बात ही करेंगे सत पर स्थिर रहेंगे।
औरों को दुख न देंगे और आप दुख सहेंगे॥

लीडर—लाहौर का क्या समाचार है?

विद्यार्थी—वहाँ कर्नल जानसन की ख़ूब तूती बोलता है।

लीडर—सुना है कि कॉलेज के विद्यार्थियों पर जानसन ने ख़ूब हाथ साफ़ किये हैं।

इन हरकतों से क्या यश जाति का होगा दूना।
क्या है यही यूरोप की तहजीब का नमूना॥

विद्यार्थी—कर्नल जानसन किसी आला पदवी की योग्यता नहीं रखता, वह एक मुहज्ज्ब इनसान का दिल और हौसला नहीं रखता।

लीडर—बेशक, हिज मैजेस्टी के आला ओहदे की इज्जत रखते हुए बादशाह की वफादार प्रजा का अपमान करना निंदनीय काम है।

विद्यार्थी—जिसका हर सूरत में बुरा अंजाम है।

जो युधिष्ठिर भीम अर्जुन कृष्ण की सन्तान हो।
जिसके दिल में अपने राजा के लिए सम्मान हो॥
जिसका राजा के लिए सर्वस्व तक बलिदान हो।
ऐसे हितकारी प्रजा का इस तरह अपमान हो॥

लीडर—प्यारे भाई स्मरण रखो! चंद्रमा एक क्षण भर के लिए ग्रस्ता है, सांयकाल की शीघ्र ही ढल जाने वाली शफक के समान थोड़े समय के लिए ही राहु के चक्कर में फँसता है। जाति गौरव और आत्मिक बल रखने वाली ऋषि सन्तान को जितना कष्ट दिया जाए उतना ही उसकी ज्योति का प्रभाव फैलने पाएगा, पवन से भरपूर गेंदे को जितनी शक्ति से नीचे फेंका जाएगा उतनी ही शक्ति और बल से ऊपर को उठेगा।

दबाने से सर्प भी काट खाने को उछलता है।
मुसीबत में बशर का जौहरे मर्दाना खुलता है॥
यह आज़ादी का जज़्बा तो दबाये और बढ़ता है।
कसौटी पर घिसाने से स्वर्ण का मोल बढ़ता है॥

विद्यार्थी—लेकिन तमाम ताजा हत्याचारों को ईजाद करने में डायर ने कमाल किया है, वफादारों को गद्दारों को एक ही उल्टी छुरी से हलाल किया है।

प्रजा पर आक्रमण डायर का ऐसा बुजदिलाना है।
सुनो तो रो पड़ो ऐसा अमृतसर का फसाना है॥

लीडर—क्या जलियाँवाले बाग़ का अत्याचार?

विद्यार्थी—हाँ भारतवर्ष का निर्दोष परिवार और अनर्थ की तलवार।

कटते हैं इस तरह भाई हमारे इस जमाने में।
हैं कटते भेड़ बकरी जिस तरह कसाबखाने में॥
सर और धड़ बह रहे थे इस तरह खूँ की रवानी में।
बह जाते हों तिनके जिस तरह दरिया के पानी में॥

लीडर—कितनी देर तक यह अत्याचार का बाजार गर्म रहा?

विद्यार्थी—जब तक डायर के पास गोले बारूद का भंडार गर्म रहा।

निर्दोष बाल और जवानों की टोलियाँ।
खाकर मरे हैं इस तरह डायर की गोलियाँ॥
कीड़ी को जिस तरह कोई पाँव से मार दे।
या एक पशु हकीर की गर्दन उतार दे॥

लीडर—जलसे को मुंतशिर करने का कुछ उपाय नहीं किया?

विद्यार्थी—बल्कि जो भयभीत होकर भाग रहे थे, वही गोलियों का निशाना हुए, बच्चे और बूढ़े इस दौड़ धूप में कुचले जाकर आदम को रवाना हुए।

लीडर—यह भारतवर्ष के दिनों का फेर है कि इसी के टुकड़ों पर पला हुआ भी इसी पर शेर है।

अय्याम ही बुरे हैं भारत की बेकसी के।
खाए इसी के टुकड़े टुकड़े किये इसी के॥

विद्यार्थी—इतने पर भी इन्तकाम की अग्नि तृप्त ना हुई।

लीडर—अर्थात?

विद्यार्थी—इससे अधिक उत्पात, शहर के कुओं को सिपाहियों ने पेशाब से अपावन कर दिया, शहर वालों को पहरों तक धूप में पा बरहना खड़ा किया, धर्म स्थानों में जाने वाले पेट के बल चलकर जाते थे। जो साधारण सिपाहियों को भी सलाम न करते, वह हवालात की हवा खाते थे। बड़े-बड़े लखपति रईस सरकारी आदमियों को मजबूरन सलाम करते थे।

वहाँ पर दलील और बहाना व्यर्थ था।
सुनता न था किसी की कोई यह अनर्थ था॥

लीडर—गोया शराफत जिल्लत के पैरों की ठोकरें खा रही थी, झूठ की अदालत न्याय की गर्दन दबा रही है, निडर धड़ाधड़ निर्दोष पकड़े जा रहे हैं, पुलिस के द्वारा झूठी शहादतों के बौहतान खड़े किये जा रहे हैं।

अदालत की दशा इतनी गिरी अँधेर शाही में।
निरपराधी जबरदस्ती धरे जाते गवाही में॥
न हो गर पेश जो पुलिस बाजों की सफ़ाई में।
तो आ जाती है उसकी जान आफत और तबाही में॥

लीडर—निर्दोष और ऐसी परेशानी में?

विद्यार्थी—इससे बढ़कर पंजाब की राजधानी में विद्यार्थियों की चार मर्तबा दिन में हाजरी ली जाती थी, उन्हें सख़्त से सख़्त अजीयत दी जाती थी, सोलह-सोलह मील या ज़्यादा चलकर जाना और इस पर भी जबान न हिलाना, यह है इंसाफ खुसरघाना।

मासूम बालकों पर यह जोर हो रहा है।
सर पीटता है न्याय और धर्म रो रहा है॥

लीडर—क्या ऐसा दंड देने वाले कर्मचारी का यह विचार है कि विद्यार्थियों पर अनर्थ करके करने से यह तहरीक दब जाएगी।

विद्यार्थी—नहीं बल्कि इस कष्ट और हत्याचार का विचार पत्थर पर लकीर की तरह विद्यार्थियों के दिलों पर खुदा रहेगा।

हम भूल जाएँ चाहे कॉलेज की हिस्ट्री को।
भूलेंगे पर हरगिज लाहौर ट्रेजडी को॥

[एक अफ़सर का दाखिल होना]

अफ़सर—मिस्टर लीडर, माफ करना मैं आपकी बातचीत में दखल देना चाहता हूँ *(जरा रुक कर)* क्या आप तैयार हैं?

लीडर—*(अफ़सर का मतलब भाँपकर)* हाँ परमात्मा की इच्छा को सीस पर धारण करने के लिए हर वक्त तैयार हूँ।

जो उसकी मसलहत है उस तलक किसको रसाई है।
वह जो कुछ भी करेगा उसमें मेरी ही भलाई है॥

अफ़सर—काश कि मेरी जगह कोई और अफ़सर ड्यूटी पर मामूर होता जो आज मैं तुम्हारी गिरफ़्तारी का वारंट लाने पर न मजबूर होता।

लीडर—लेकिन हाँ इसके सम्बन्ध में एक प्रश्न ज़रूर करूँगा।

अफ़सर—कौन सा?

लीडर—क्या आप वह दिन भूल गए?

अफ़सर—कौन सा दिन?

लीडर—जंगे जर्मन।

अफ़सर—वह कैसे?

लीडर—अफसोस है कि जिन हाथों से आप मुसीबत के वक्त मुझसे युद्ध के लिए दान माँगने आए थे, आज उन्हीं हाथों से गिरफ़्तार करने आए हो, क्या तहजीब का लहू इतना सफ़ेद, उपकार का बदला क़ैद का है।

इमदाद की जिन्होंने लड़ाई के अहद में।
उनको ही आज डालना चाहते हो क़ैद में॥
जर ले गए हो जिनका खुशामद से नाज से।
बम उन पर गिराते हो हवाई जहाज से॥

अफ़सर—पॉलीटिकल मामला है।

लीडर—तो वह भी पॉलीटिकल तकाजा था हमने किस लिए जर्मन की लड़ाई में जर लुटाया था।

अफ़सर—अच्छा सिलह पाने के लिए।

लीडर—नहीं

अफ़सर—हमदर्दी जताने के लिए।

लीडर—नहीं।

अफ़सर—इज्जत और खिताब पाने के लिए।

लीडर—नहीं।

अफ़सर—तो फिर?

लीडर—अलबत्ता हमने आशा लगाई थी कि हमारे जर और बच्चों को शहादत से भारत की स्वतंत्रता का पौधा हरा होगा, हमें अपना प्राचीन मानवी स्वत्व अता होगा। लेकिन यह हमारी भूल थी, सब आशा फिजूल थी।

अब यह जाना है मदद करना भी एक तकसीर है।
कुछ नमक में ही हमारे बे असर तासीर है॥
हमने समझा था मिलेगी अब तो आज़ादी हमें।
वहम था वह ख्वाब यह उस ख्वाब की ताबीर है॥

अफ़सर—आपसे और मुझसे ज़्यादा हिज ओनर ओडायर इस नीति को समझते हैं।

लीडर—यह उसी ओडायर की नीति का नमूना है, कि पंजाब में जो संकट के वक्त सहायता में सबसे आगे था आज मातम घर का नमूना और सूना है। ओडायर की राजनीति का केवल तोपों और हवाई जहाज पर आधार है, जो मुसीबत में मित्र था अब गुलाम और गद्दार है।

अफ़सर—और तुम्हारी राजनीति?

लीडर—हमारी राजनीति क्या थी वह गीता और रामायण बतलाएगी। राम ने सुग्रीव का हाथ बटाया तो सुग्रीव ने राम के कार्य हित अपना सर्वस्व लगाया, लंका पर चढ़ाई करने के योग्य बनाया, विभीषण ने राम की सहायता की, राम ने उसके पुरस्कार में उसे लंका की राजगद्दी दे दी।

राजनीति यह थी वह जिसमें जरा छल बल न था।
इस तरह पर देश प्रजा के लिए मकतल न था॥
नेक था नेकी का बदला बद का बद अंजाम था।
हर तरह से थी सुखी प्रजा अमन आराम था॥

अफ़सर—मैं मजहबी बहस में नहीं पड़ना चाहता, और हथकड़ी लगाने के लिए माफी चाहता हूँ *(सिपाही से)* डू यू वर्क।

[पुलिस का लीडर को हथकड़ी लगाना]

[सीन का ट्रांसफर होना, बेशुमार मोजीज और योग्य लीडरों को क़ैदखाने में पा बज़ंजीर दिखाई देना, पटाखे की आवाज़ पर आज़ादी का नमूदार होना]

आज़ादी—है जब यह आत्मा आज़ाद फिर बन्धन का डर क्या है।
यह है चैतन्य हस्ती फिर इसे जड़ का खतर क्या है॥
यह है आनन्द की मंजिल यह आज़ादी का द्वारा है।
नहीं बन्धन मेरे प्यारो यह छुटकारा तुम्हारा है॥

तीसरा अंक

दृश्य पहला

दिखाओ—सीन बाक्सिंग

[पंजाब के नक्शे का फटना और पीछे से शिमला के पहाड़ का नमूदार होना। आरामकुर्सी पर चेम्सफोर्ड का बैठे हुए और ख़ुशी व दौलत का हाथ में गिलास लिए हुए दोनों पहलुओं में खड़े हुए नज़र आना]

अन्दर से गाने की आवाज़।

गाना

उठो नजाकत में सोने वालों तुम्हें जमाना जगा रहा।
तुम्हारी गफलत से कोई भारत का नाम तक भी मिटा रहा है।
तुम्हें तो पहुँचा रही है ठंडक ऋतू यह शिमले की वायुयों की
ख़बर है प्रजा को दुख की अग्नि से कोई जालिम जला रहा है।
हज़ारों बच्चे अनाथ हैं और हज़ारों विधवाएँ रो रही हैं
लगाओ ढारस उनको मरहम कि दर्द उनको सता रहा है
है जिनकी मेहनत से आज शिमले की यह हवाएँ नसीब तुमको
उन्हीं की पिछली मुरव्वतों को यह ओडायर भुला रहा है
तुम्हारा इस वक्त जो धर्म है करो उसे चेम्सफोर्ड पूर्ण
तुम्हारी खातिर जो मर मिटे हैं उन्हीं को डायर मिटा रहा है।

चेम्सफोर्ड—*(चौकन्ना होकर)* यह कैसी दर्द भरी आवाज़ आ रही है।
आज इस बँगले की दीवारों की सूरत जर्द है।
सुन रहा हूँ मैं इस आवाज़ में कुछ दर्द है॥

ख़ुशी—श्रीमान! दर्द किसका? मेरे होते हुए दर्द की हस्ती नहीं रह सकती। आप मेरे कर कमल से एक प्रेम प्याला पीजिए और दिल से इस दर्द ख़याल को दूर कीजिए।

गम का यह होगा कोई मातम यह होने दीजिए।
रो रहा है जो उसे मातम में रोने दीजिए॥
दे रही है अपने कोमल हाथ से पौंडी थपक।
सुख के फूलों की शय्या पर दिल को सोने दीजिए॥

दौलत—हे भारत के वीर शासक, जब तक आपकी यह अदना लौंडी आपकी सेवा में तत्पर है, आपके सम्मुख आने को चिन्ता की क्या समर्थ है।

बड़े आराम से झूलों पड़े ख़ुशियों की झूलों में।
न कांटा गम का आने दो कभी इन सुख के फूलों में॥

आवाज़—*(अन्दर से भारत माता)* इंसाफ व राजनीति का डेपुटेशन सुनो! दीन की हाहाकार सुनो!

चेम्सफोर्ड—बार-बार शोर मचाकर हमारे कानों को कौन कष्ट दे रहा है?

छेड़ता है कौन इस मातम के सोजो साज को।
कान भी दुखने लगे हैं सुन के इस आवाज़ को॥

सेक्रेट्री—हजूर अनवर, कुछ दुखी लोगों का डेपुटेशन है।

चेम्सफोर्ड—यह कौन लोग हैं?

सेक्रेटरी—इंसाफ, राजनीति और भारत माता।

अब तक सितम की गोया तलवार तन रही है।
सूरत मलिन तीनों दुखियों की बन रही है॥
मानो किसी ने उनको पाँव से रौंद डाला।
कपड़ों से ख़ाक मिट्टी मिट्टी और धूल छन रही है॥

चेम्सफोर्ड—जाओ उनको अन्दर बुला कर लाओ।

ख़ुशी—तो श्रीमान हम यहाँ से निकल जाएँ?

आपकी सेवा का सबको हौसला होने लगा।
दर्दमंदों का यहाँ मातम बरपा होने लगा॥
जिस जगह गम है वहाँ कैसे ख़ुशी की जात हो।
काम क्या दिन का वहाँ होगा जहाँ पर रात हो॥

दौलत—मैं भी तो यही कहती हूँ कि दुख और दर्द के साए से मेरा पवित्र शरीर भ्रष्ट हो जाएगा। इन लोगों के आने से मेरी गुरुता का तेज़ नष्ट हो जाएगा। माई लॉर्ड मेरे होते हुए आप को दुखी लोगों की संगत है नहीं करनी चाहिए, इन लोगों को जवाब में 'नहीं' करनी चाहिए।

जहाँ पर ख़ुशी और दौलत पड़ी है।
जहाँ चोबदारी में राहत खड़ी है॥
वहाँ दर्दमंदों का आना मना है।
वहाँ आकर आँसू बहाना मना है॥

चेम्सफोर्ड—लेकिन यह लोग बड़ी आशा लगा कर आए होंगे, हर तरफ़ से ठोकरें खा कर आए होंगे।

दौलत—तो जो लोग ख़ुशी और दौलत से हीन हैं, वह हमेशा ठोकरें ही खाया करते हैं। वह लोग दुनिया में एक दूरदराज जंगल में उन नामुराद फूलों की मानिंद हैं जोकि समपुसों की हालत में पैदा हुए और खिलते और मुरझा जाया करते हैं।

उनके साए से सदा दामन बचाना चाहिए।
जो कि निर्धन है उन्हें मत मुँह लगाना चाहिए॥
उनकी हस्ती ही बनी है नीच कामों के लिए।
ठोकरें अच्छी हैं इन मुफलिस गुलामों के लिए॥

ख़ुशी—अगर आप उनका दुखड़ा सुनकर उन्हें अपनाएँगे, उन्हें मुरव्वत की सहायता से आसूदा बनाएँगे, तो फिर आपकी सेवा कौन करेगा, आपके ऐसो आराम की रक्षा के लिए संकट का सामना कौन करेगा?

वह करो युक्ति कि जिससे यह सदा मोहताज हों।
इनकी आशाएँ सदा तकदीर से ता राज हों॥
मुँह लगाते ही रहोगे तो यह सिर चढ़ जाएँगे।
इनको गर अवसर मिला तो आप से बढ़ जाएँगे॥

आवाज़—*(अन्दर से डेपुटेशन की)* सुनो सुनो, अय नर्म गदेलों पर लम्बी तान कर सोने वालों! दौलत और ख़ुशी पर हज़ार जान से कुर्बान होने वालों, दर्दमंद की भी हाहाकार सुनो, क्यों वृथा अभिमान पर उधार खाए हो, हम भी तो उसी ईश्वर के पुत्र हैं जिसके तुम बनाए हो?

न दौलत के नशे में इस कदर भी चूर हो जाओ।
बल कौशल पै इतने निर्दयी मगरूर हो जाओ॥

न इसकी बात पर जाओ यह उल्टी राह जाते हैं।
यह दौलत और ख़ुशी तो धर्म से तुम को गिराते हैं॥

चेम्सफोर्ड—अच्छा लोग क्या कहना माँगता है?

सेक्रेटरी—हजूर पंजाब में ओडायर ने जो उत्पात किया है, डायर ने निर्दोषों का रक्तपात किया है, उन लोगों के हत्याचार से जो लाखों घराने बर्बाद हुए हैं, अमृतसर के जलियाँवाले बाग़ और दूसरे शहरों में जो अपवाद हुए हैं, यह उनकी करुणा जनक कथा सुनाना चाहते हैं, अपने ज़ख़्म खोल कर दिखाना चाहते हैं, इस मामले में आपसे न्याय कराना चाहते हैं।

यह आपके जिम्मे ही सियासत के काम हैं।
कारण कि आप शाह के कायम मुकाम हैं॥
सरकार की मदद पै उन्हें एतबार है।
भारत में उनको यही तो अन्तिम द्वार है॥

चेम्सफोर्ड—आख़िर उनकी क्या सलाह है?

सेक्रेटरी—कि आप कुछ समय के लिए पंजाब की यात्रा करें, अपनी आँखों से हत्याकांड का दृश्य मुलाहिजा करें।

हाल में शामिल अगर इतनी दया हो जाएगी।
आपकी की इतनी दया उनको दवा हो जाएगी॥

चेम्सफोर्ड—मगर अप्रैल का महीना है, शिमले से सफर करना जानबूझकर मरना है।

ख़ुशी—हाँ श्रीमान सत्य है, पंजाब की गर्म वायु से आपका मिज़ाज बिगड़ जाएगा, शिमले की सुगंधित शीतल वायु का आदी शरीर पंजाब की गर्म हवाओं का कष्ट क्यों करें उठाएगा। आपके दुश्मनों की तबीयत बिगड़ जाएगी तो क्या इन लोगों की दर्दमंदी कुछ काम आएगी?

उसी में जल बुझे हैं यह जो अग्नि ख़ुद लगाई थी।
बचाता कौन उनको वह मरे हैं जिनकी आई थी॥
यहीं पर कीजिए गम का अगर इजहार करना है।
मरे हैं जो अब उनके वास्ते क्या हमको मरना है॥

दौलत—अगर तीस करोड़ गुलामों में से एक आध हज़ार मर भी जाएँ तो क्या सरकार का काम रुक सकता है?

ग़रीबों को अमीरों से ही आख़िर काम पड़ता है।
ग़रीबों की कमी से क्या अमीरों का बिगड़ता है॥

चेम्सफोर्ड—ठीक है, ऐसी घटना तो राज में हुआ ही करती हैं और जो कुछ ओडायर ने किया होगा वह सोच समझकर किया होगा, अपने देश और जाति के हित का काम किया होगा।

जो हुआ इस पर न अब आँसू बहाना चाहिए।
हिन्दियों को अब यह घटना भूल जाना चाहिए॥

आवाज़—परन्तु यह वह घटना नहीं जिसको भारतवासी भूल जाएँगे। क्या भारतवासी यह ख़ूनी इतिहास भूल जाएँगे? नहीं नहीं, आप आँखों से देखेंगे तो शिमले का बास भूल जाएँगे।

न देखा हो अगर अँधेर तुमने ओडायर का।
न देखा हो अगर पहले कभी भी जुल्म डायर का॥
तो देखो किस तरह दोनों ने मिलकर ख़ाक छानी है।
बहाया इस तरह है ख़ून मानो ख़ून पानी है॥

[आवाज़ पर प्लाट का फटना, जलियाँवाले बाग़ का दहशत नाक नजारा दिखाई देना, सबका देखकर काँपना]

[टेबले पर पर्दा]

दृश्य दूसरा

स्थान—अगला महल—पर्दा

[महात्मा गांधी व शौकत अली का आना]

गांधी—प्यारे शौकत अब हमें संसार को यह दिखाना है कि हिन्दू और मुसलमान अपने अपने मजहब पर कायम रहते हुए भी किस तरह एक हो सकते हैं, किस तरह पापों से छूट कर दोनों नेक हो सकते हैं।

शौकत अली—उस खालिके वाहद से कौन सी बात दूर है, अब उस खुदा को यही मंजूर है।

तारे कब रोशनी से न्यारे हैं, तुम हमारे हो हम तुम्हारे हैं।

गांधी—मतभेद के सिवा हमारे बीच में और कोई भेदभाव नहीं।
दोनों का एक खुदा है और दोनों भारत के बेटे हैं।
दोनों गर्दिश के मारे हैं दोनों किस्मत के हेटे हैं॥

शौकत अली—हमको है चिन्ता भारत की और उस पर दर्द खिलाफत का।
तुम दुखी हमारे दुख से हो उस पर है रोग सियासत का॥

गांधी—इस वक्त हमारे दुख और संकट की सीमा नहीं।
कठिन जीना है और है सामना आफत पर आफत का।
इधर रोना है भारत का उधर रोना खिलाफत का॥

शौकत अली—लेकिन प्यारे गांधी, याद रखो जिस दिन दुनिया में खिलाफत का नाम न होगा, उस वक्त यह समझ लेना कि आलम के तख्ते पर इस्लाम न होगा।

यह ज़िन्दा ही रहेगी अगर हमारा नाम बाकी है।
खिलाफत तब तलक है जब तलक इस्लाम बाकी है॥

गांधी—अफसोस! क्या इंग्लैंड के साथ आपका यही समझौता हुआ था?

शौकत अली—खिलाफत की आन पर बट्टा लगाने के लिए कौन मुसलमान तैयार होता था, लेकिन हमें बतलाया गया कि इस्लाम की अजमत की तौहीन नहीं की जाएगी, तुम्हारी खिलाफत पर आँच नहीं आएगी।

नहीं एक वादा भी पूरा हुआ है।
बताओ तुम्हीं कौन अब बेवफा है॥

गांधी—तो जहाँ इन बातों ने भारतवासियों के दिल घायल किये हैं, वहाँ हिन्दू और मुसलमानों के दिल परस्पर जोड़ दिये। जिस हिन्दू मुसलमानों की एकता के लिए नेता लोगों ने बड़े परिश्रम से कई सालों तक यत्न किया, उस एकता को संसार चक्र ने एक ही दिन में सफलता का चेहरा पहना दिया।

जोकि नामुमकिन था वह आज मुमकिन हो गया।
आज भारत के लिए स्वराज मुमकिन हो गया॥

शौकत अली—आपने इंग्लिश मुद्ब्बरों की पॉलिसी को देखा।
न पूरा हो कयामत तक भी यह इकरार देखा है।
यह वादों से मुकराना यह साफ़ इंकार देखा है॥

गांधी—हमने क्या नहीं देखा? लार्ड कर्जन का शासन नहीं देखा था की जुनूबी अफ्रीका के आन्दोलन में ब्रिटिश सरकार का चलन नहीं देखा।

शौकत अली—जंगे जर्मन में जब भारत ने अपना तन-मन और धन निछावर किया था, क्या उस समय हम लोगों ने तमाम सियासी तहरीकों को इसीलिए रोक दिया था?

गांधी—'लीग ऑफ़ नेशन' ने हमें विश्वास दिलाया था कि अगर जर्मनी के तमाम मंसूबे बर्बाद हो जाएँगे तो तमाम पराधीन देश आज़ाद हो जाएँगे। इसी आशा पर मैंने स्वर्गीय तिलक को असहयोग करने से रोका था।

दोहा— लेकिन इतने त्याग और आशा के पश्चात।
रौलेट बिल ने कर दिया भारत पर आघात।

शौकत अली—और इस पर डायर का हत्याचार, मार्शल लॉ का वार, लॉर्ड चेम्सफोर्ड का पीठ ठोकना, डायर की इमदाद के लिए फंड खोलना।

किया है मजबूर सबने मिलकर हुई नसीरी हमें सता कर।
अब इसपे कहता है कौन भारत को बेवफाओं से तू वफा कर॥

गांधी—अब तो भारतवासियों को नौकरशाही कि न्यायशीलता पर लेश मात्र विश्वास नहीं, अब किसी तरह की इन लोगों से आशा नहीं। दफ्तरी हुकूमत ने अनर्थ की तलवार को वापस म्यान में नहीं डाला। जबानबन्दी से, क़ैद से, जुर्माने से जब तक भी वक्त आया अपने दिल का गुबार निकाला।

जारी रहा यदि कर्म यह यूँ ही हमारे नाश का।
तो अस्त समझो सूर्य भारत भाग्य के आकाश का॥
जो कुछ रही थोड़ी सी जां वह भी न रहने पाएगी।
यह स्वर्ण भारत भूमि बस मरघट मही बन जाएगी॥

शौकत अली—इन कोताह अंदेश हाकिमों पर अफसोस है, जिनको इतने पर भी सब्र नहीं, जिनका अपनी उमड़ी हुई बेलगाम तबीयतों पर जरा भी जब्र नहीं। वतन की बेचैनी जो खतरनाक आग के शोलों की तरह आसमान की तरफ़ बढ़ रही है, वह कहीं दुनिया के अमन अमान पर हाथ साफ़ न करे, अपनी ताक़त से आप अपना इंसाफ न करे।

कह रहा है आसमाँ कुछ अब दिनों का फेर है।
भर चुका है अब यह बर्तन फूटने की देर है॥

गांधी—तो उचित होगा कि हम इस घोर असन्तोष का उपाय करें, अपनी मुसीबत का आप न्याय करें, प्रजा को प्रज्वलित रोज़ अग्नि फैलाने के बदले आत्मा त्याग का उपदेश करें।

दफ्तरी अजमत को काटें आत्मिक हथियार से।
जुल्म का लें इनसे बदला सब्र की तलवार से॥

शौकत अली—मुझे कामयाबी की पूरी उम्मीद है। आपकी इसलाह निहायत ही मुफीद है। हमारी दबी हुई जिन ताक़तों के जोर पर दफ्तरी हुकूमत हम पर जुल्म करने के काबिल है वह ताक़त हटा ली जाएँ।

गांधी—तात्पर्य यह कि अन्याय से अपना सम्बन्ध तोड़ लें और न मिल बर्तन करके नौकरशाही को अपनी किस्मत पर छोड़ दें। यही सबसे अच्छा और अन्तिम उपाय है हमारे लिए अब यही धार्मिक न्याय है।

इस युक्ति से शक्ति जुल्म की एक दिन तबाह होगी।
मुझे निश्चय है यह आख़िर हमारी ही फतह होगी॥

शौकत अली—अदम तआवन के लिए इससे बेहतर मौक़ा फिर हाथ नहीं आ सकता। मार्शल लॉ और खिलाफत के मसले से जो बेदारी मुल्क में हो रही है, अब उसे कोई भी नहीं दबा सकता।

है झुकाव किस तरफ़ जरदार और मोहताज का।
चाहता है बच्चा बच्चा अब तो हक़ स्वराज का॥

गांधी—और अब स्वराज के बिना हमारी जाति का उद्धार नहीं हो सकता। स्वराज के बगैर देश का उपकार नहीं हो सकता।

दोहा— पराधीनता का मिटेगा इससे ही रोग।
आशाएँ पूर्ण करेगा केवल असहयोग॥

शौकत अली—अब इसका प्रोग्राम तैयार करना होगा।

गांधी—प्रोग्राम यही है कि पदवी धारी पदवियों का त्याग करें, कौंसिलों और ब्रिटिश अदालतों का बहिष्कार हो, सरकारी कॉलेजों में पढ़ने वाले विद्यार्थियों को त्याग का विचार हो, ताकि देश की नौकरशाही सरकार की संस्थाओं की शान मिट जाए। स्वदेशी प्रचार से भारतवासियों का अज्ञान मिट जाए। बोलो—स्वराज की जय।

[स्वराज का झंडा लिए गांधी महाराज के चंद एक शिष्यों का आना और गाना]

गाना

हम लेकर छोड़ेंगे इसको, स्वराज हमारा हक़ है॥ हम
सब कुछ कुर्बान करेंगे, वेदी पर सीस धरेंगे॥
बन्धन से नहीं डरेंगे क्या चिन्ता यदि मरेंगे। हम
प्यारो सब भेद मिटाओ सब कर्मवीर बन जाओ।
आत्मा का तेज़ दिखाओ गांधी की कुशल मनाओ॥ हम

भारत यह देश हमारा, है प्राणों से भी प्यारा।
सत और धर्म की धारा, तन मन धन इसी पर वारा।
हम लेकर छोड़ेंगे इसको, स्वराज हमारा हक़ है।

दृश्य तीसरा

कौमी पंडाल

[अदम तआवन के झंडे के नीचे गांधी का चर्खा कातते हुए दिखाई देना]

गाना

चर्खा कातो अय प्यारो सवराज अगर लेना है।
चर्खे से हमको मित्रों घर जर से भर देना है॥
यह चर्खा बना स्वदेशी है सच्चा मित्र हितेषी।
हमको भंडार विदेशी अपने बस कर लेना है॥
ऐसा अब करो उपाय पैसा नहीं बाहर जाए।
हमको इंग्लिश से न्याय इस चर्खे पर लेना है॥
कातो अय बहनों भाइयों कातो ए मित्र भाइयों।
हमको अय मित्र सहाइयो स्वराज समर लेना है॥

[एक शराबखोर का हाथ में बोतल लिए सूफियाना हालत में दाखिल होना]

शराबी—नहीं है नहीं है, यह आज़ादी जो मनुष्य को गुलामी के बन्धन से आज़ाद

करती है, वह इस शराब में नहीं। वह सच्ची ख़ुशी जो इनसान को मरते दम तक न उतरने वाली खुमारी से शाद करती है यह इस शराब खाना में नहीं। शराबखोरी हमारी गुलामी की ज़ंजीरों को और भी कठिन कर रही है। यह शराब खोरी हमें मुफलिस और निर्धन कर रही है। यह खाना खराब हमें भूखा कंगाल और सिड़ी सौहार्द बनाती है, यह शराब हमारे देश की दौलत लूट कर हमें रुसवाई का मुँह दिखाती है।

जिल्लत का है निशान ग़रीबी का कहर है।
ख़ुश रंग है असर में मगर एक जहर है॥
सेवन किया है जिसने इस मदिरा मलिन का।
दुनिया का वह रहा न रहा अपने दीन का॥

इस कमबख्त ने बीवी के शरीर का जेवर और सन्दूक़ का धन तक न छोड़ा। इसने अपने अभागे पुजारी के घर का बर्तन तक ने छोड़ा। आत्मा और बुद्धि को मलिन कर दिया, हर तरफ़ से निराश और निर्धन कर दिया। बस आज से इस नामुराद को तिलांजलि देता हूँ, और अदम तआवन (असहयोग) की शरण लेता हूँ। मैं इसको अपावन और भ्रष्ट वस्तु समझ कर हमेशा के लिए छोड़ता हूँ। आज से इस बोतल को तोड़ता हूँ, (तोड़ना) इसलिए नहीं कि इसने केवल मेरी ही बुद्धि को भ्रष्ट कर दिया, बल्कि इसलिए कि इसने हमारे देश की पवित्रता को नष्ट कर दिया।

वसीला है दुखों का यह जरिया है यह तापों का।
यह कारण है बुराई का यही है मूल पापों का॥
न मिल बर्तन करूँगा आज से इस भ्रष्ट वस्तु से।
मैं अब भागूँगा इसके नाम से और उसकी बदबू से॥

[अदम तआवन के झंडे के नीचे जाकर चर्खाकातना]

गांधी—आओ! आओ! खोटी राह को त्याग कर उस सच्चे मार्ग पर आओ! जो सीधा ख़ुशी और स्वाधीनता की ख़ूबसूरत मंजिल को जाता है।

दोहा—होगा अब नहीं जान पर संकट का आघात।
नया जन्म है आज से हुआ तुम्हारा तात॥

शराबी—बोलो गांधी की जय।

[खान साहब का प्रवेश]

खान साहब—कुछ नहीं, यह खिताब जो नाम की ख़ुशबू को केवल नौकरशाही की संगे तारीक दुनिया में फैलाता है, जो अपने भाइयों का ख़ुश पात्र के बजाय नौकरशाही की खुशामद का पात्र बनाता है। कुछ नहीं यह चमकदार इकहरी और ख़याली सूरत का खिताब पाकर इनसान अपने आप की बिरादरी और भाईचारे के

आनन्द मंगल से दूर समझने लग जाता है। वह अपनी शानन को बाकी तमाम भाइयों से बाला और अपने आप को मगरूर समझने लग जाता है लेकिन यह गरूर और बढाई जो अपनी मातृभूमि के आगे सभी भाइयों की आज़ाद सोहबत से महरूम कर के जीवन को शानदार बनाती है जो गुलामी के गड्ढे की सबसे नीची गहराई तक ले जाती है वह तुच्छ है। उसका जाहिरी रूप कुछ है और बातनी सूरत कुछ है।

है बोझ नदामत का धंधा है गुलामी का।
दासत्व की बेड़ी है फंदा है गुलामी का॥
जो इसके हैं दिल दादा देश की भूले हैं।
हस्ती नहीं है जिसकी उसकी चीज पै फूले हैं॥

खिताब के लिए एड़ियाँ रगड़ने वाले एक ऐसे मार्ग पर जा रहे हैं जो स्वाधीनता से बहुत दूर है और गुलामी की झाड़ियों और क्लेश के कांटों से भरपूर है।

जगत में अच्छे बुरे कि इन्हें तमीज नहीं।
यह जान देते हैं उस पर जो कोई चीज नहीं॥

चूँकि इन खिताबों के शौक ने ही मेरे वतन भाइयों को जलील बनाया है, देश को जलियाँवाले बाग़ का दृश्य दिखाया है, खिलाफत की आन को मिटाया है, इसलिए मैं आज अभी अपने खिताबों को सलाम करता हूँ।

इन्हीं के बोझ ने अच्छे ख़यालों को दबाया है।
हमें बेबस किया है और हमें बेकस बनाया है॥
न मिल बर्तन करूँगा आज से मैं इन खिताबों से।
रखूँगा दीन को छूटूँगा दुनिया के अजाबों से॥

[अदम तआवन के झंडे के नीचे जाना]

गांधी—आओ प्रिय, उस साये के नीचे आओ, जो तुम्हारे ताप को दूर करेगा देगा, और सत्य धर्म की शिक्षा देकर अज्ञान को चूर-चूर कर देगा।

उपाधि सब यह झूठी हैं यह गद्दारी गुलामी है।
करो भाइयों मिलकर काम इसी में नेकनामी है॥

खान साहब—बोलो गांधी की जय।

जिलेदार—कुछ नहीं, यह गुलामी की तावेदारी कुछ नहीं, यह नंबरदारी यह जिलेदारी कुछ नहीं। यह उपाधियाँ हमारे दिल और दिमाग को परतंत्रता के विचारों से भरपूर कर देती हैं, हमें तरक्की के रास्ते से हटा कर आज़ादी की गोद से दूर करती हैं। इन्होंने हमारे ऊपर गुलामी का गहरा रंग चढ़ाया है। इन्होंने हमारे बच्चों को कौमी तालीम के विचार से महरूम करके गुलामी का सबक पढ़ाया है।

इन्होंने हमें स्वार्थ का दाना दिखाकर उस जाल में फँसाया है, जिससे निकलना मुहाल है। आज ठंडे दिल से विचार करने पर अपने अंतरात्मा की आवाज़ सुनने पर हमें प्रतीत हुआ कि हमारा सर्वस्व पामाल है। क़ानून की खुफिया पेचीदगियों में फँसी हुई हमारी अपनी विरासत ही हमारा अपना माल नहीं, इस पर भी हमें अपने और भले का ख़याल नहीं। आज तक हमें इसका ज्ञान न था, डायर और ओडायर के हाथों घायल होने का गुमान न था, लेकिन आज रोशन हुआ कि हमने अँधेरे में रहकर सख़्त धोखा खाया। आज दुखी भाइयों के लिए, खिलाफत के लिए, वतन की आन के लिए, कौमी शान के लिए नंबरदारी से मैं अपना पल्ला छुड़ाता हूँ और अदम तआवन के झंडे के नीचे आता हूँ।

ग़लत रास्ते पर हैं जो अब तक उसका भुआवन है।
जिसे मगरूर नौकरशाही से अब तक तआवन है॥
खुदा के सामने मैं आज यह इकरार करता हूँ।
तआवन से हमेशा के लिए इंकार करता हूँ॥

[अदम तआवन के झंडे के नीचे आना]

गांधी—

दोहा—दीन रहा तो सब रहा इसको निश्चय जान।
सब कुछ उसके हाथ है जिसका है ईमान॥

जिलेदार—बोलो गांधी की जय।

[विद्यार्थी का दाखिल होना]

विद्यार्थी—जकड़ा है बाल बाल गुलामी की तंग से।
और आत्मा रंगा है गुलामी के रंग से॥
पर्दे पड़े इसी के हैं दिल और दिमाग पर।
स्याही सी फिर गई रोशन चिराग पर॥

यह इतिहास हमारे दिलों से अपने पूर्वजों का मान घटाता है। यह औरंगजेब को स्याह दिल और शिवाजी को डाकू बतलाता है। यह अलजबरा हमारी बुद्धि को कल्पित सूरतों के गोरख धंधे में फँसाता है। यह हिसाब हमें वह गुर सिखलाता है, जो जन्म भर हमारे किसी काम नहीं आता है। यह जुगराफिया हमें तोते की तरह रटने का सबक पढ़ाता है। यह कहानियों का कोर्स हमें बिल्ली की चार टांग और कुत्ते के दो कान के सिवा कुछ नहीं सिखाता है। यह शिक्षा हमारे दिलों में दफ्तरी हुकूमत की नौकरी का शौक पैदा करती है। यह सरकारी स्कूलों और कॉलेजों की शिक्षा हमें अपने प्राचीन चाल ढाल से भगाकर हमें फैशन पर शैदा करती है।

ऐसी तालीम जो हमें फाकाकशी का हुनर सिखाती है, जो हमें पराधीन और मुफलिस बनाती है, आज मैं उस तालीम से हमेशा के लिए असहयोग करता हूँ।

सुवास आती गुलामी की है इन ख़ुशरंग फूलों से।
न मिल बर्तन करूँगा आज से मैं इन स्कूलों से॥

[अदम तआवन के झंडे के नीचे आना]

गांधी—

दोहा— युवकों पर है देश और जाति का आधार।
चर्खा कातो तात और करो देश उद्धार॥

विद्यार्थी—बोलो गांधी की जय।

[जेंटलमैन का प्रवेश]

लूटा है मालो जर अपना विदेशी इन लिबासों में।
बँधी है अपनी गर्दन इनके ही तागों की रासों में॥
बने हैं इस कदर टट्टू हम इनकी ख़ुशनुमाई पर।
जरा भी अब ध्यान अपना नहीं अपनी भलाई पर॥

लेकिन यह कालर क्या है गुलामी का फंदा है, हमारा हर एक विचार आज विदेशी शासन का बन्दा है। यह नकटाई नहीं, बल्कि गर्दन की ज़ंजीर है। हमारा खाना पहनना उठना बैठना सब कुछ विदेशी बन्धन में असीर है। इन्हीं जाहरी ख़ूबसूरतियों के सब्जबाग़ में आकर हम करोड़ों रुपए विदेशों को लुटा देते हैं। हम यह सुनहरी भड़क देखने के लिए अपने घर को आग लगा देते हैं। वह स्वदेशी खद्दर जिसको हमारे पूर्वजों के पावन शरीर ने पवित्र किया है, हाय, आज हमने भोलेपन में फँस कर धर्म से पतित होकर उसे त्याग दिया है। जिस देसी खद्दर पर स्वराज का आधार है, उसे हमने छोड़ दिया, जो चर्खाहमारे लिए लक्ष्मी का भंडार है उसको हमने तोड़ दिया, हमारे दिमाग रद्दी हो गए, हमारे मन अपवित्र हो गए। हम सिर से पैर तक विदेशी हैं। हमने अपने कर्तव्य को, अपने धर्म को मसल दिया और धर्म ने हम को कुचल दिया, हमने यह न जाना कि—

देश के तिनके में तैराने की एक तासीर है।
देश की मिट्टी का जरा भी बड़ा अक्सीर है॥
देश का खद्र है बढ़िया मखमली कम ख्वाब से।
मात है मतलब विदेशी इसकी आबोताब से॥

आज अपने जाति सुधार के लिए, देशोद्धार के लिए, अपने मुल्क का पैसा बचाने के लिए, कौन सी मुफलिसी को मिटाने के लिए और स्वराज पाने के लिए मैं विदेशी वस्तु को हाथ नहीं लगाऊँगा। स्वदेशी खद्दर पहनूँगा, स्वदेशी भोजन खाऊँगा और परमात्मा से प्रार्थना करूँगा।

मेरा खाना स्वदेशी हो मेरी भाषा स्वदेशी हो।
मेरी शिक्षा स्वदेशी हो मेरी आशा स्वदेशी हो॥
मेरी नस-नस मेरी रग-रग स्वदेशी की हितैषी हो।
मेरा जीना स्वदेशी हो मेरा मरना स्वदेशी हो॥

गाना

मेरा हो तन स्वदेशी मेरा मन हो स्वदेशी।
चोटी से हो चरण तक सारा बदन स्वदेशी॥
घरबार हो स्वदेशी, ईश्वर की दया हो।
कश्मीर से कुमारी तक हो वतन स्वदेशी॥
ऐसे विचार भारत सुधार सोचे।
हो शुद्ध और निर्मल मेरा चलन स्वदेशी॥
ऐसे स्वदेश से ही मेरी अटल हो प्रीति।
भारत के वास्ते हो जीवन मरण स्वदेशी॥
फल फूल हो स्वदेशी भारत के गुलिस्तां का।
बुलबुल भी हो स्वदेशी और हो चमन स्वदेशी॥
जब तक जिऊँ स्वदेशी सिंगार हो बदन पर।
मर जाऊँ तो भी होवे कफ़न स्वदेशी॥

[अदम तआवन के झंडे के नीचे आना]

गांधी—सब भाई मिल कर करें ऐसा आत्म त्याग।
कि अब जागें शीघ्र ही इस भारत के भाग॥

जेंटलमैन—बोलो महात्मा गांधी की जय।

[वकील का प्रवेश]

वकील—दुनिया कहती है कि तू क़ानूनी दिमाग हरकत नहीं करता। क़ानूनी दिमाग हमेशा क़ानून की चारदीवारी में बन्द है। गुलामी के बन्धन में रहकर उसे अपना जीवन व्यतीत करना ही पसन्द है। एक वकील को अपने ही हलवे मांडे से काम है। उसका धर्म पैसा और उसका मजहब दाम है, लेकिन यह ख़याल खाम है। मैं देखता हूँ कि वह क़ानूनदां ही है जिन्होंने प्रजा को सफ़ाई सच्चाई और आज़ादी

का सीधा मार्ग दिखाया है, और मुझे विश्वास है कि यदि सारे क़ानूनदां आज इस असहयोग के समर में उतर आएँ तो देश की सारी मुश्किलें हल हो जाएँ। आओ! मेरे क़ानूनदां भाइयों! आगे बढ़ो, रोजी देने वाला वह अन्नदाता है, जो एक कीड़ी से लेकर हाथी तक को पहुँचाता है।

वह दाता बड़ा दयालु है जब गर्भ में देता था।
जब जन्म लिया तो देता था यही दाता सुध लेता था॥
अब भी उस पर विश्वास रखो खुला हुआ वह द्वारा है।
हमको क्या अपनी चिन्ता है जब रक्षक राम हमारा है॥

हमारा जीवन भारत की हस्ती से जुदा नहीं। हम लोगों को भी सबके साथ उठना और दौड़ना पड़ेगा। नहीं तो इस आन्दोलन की दौड़-धूप हम को कुचल डालेगी। मैं सबसे प्रथम ही देश की आवश्यकता पर स्वार्थ की बली देता हूँ और असहयोग की शरण लेता हूँ।

बस आज से चर्खा कातूँगा तन मन भारत पर वारूँगा।
प्रचार करूँगा चर्खे का मन में यह निश्चय धारूँगा॥
इस चर्खे के ही द्वारा हम सबसे आगे बढ़ जाएँगे।
स्वराज हमारा जो हक़ है एक बरस में पाएँगे॥

[अदम तआवन के झंडे के नीचे आना]

गांधी—

दोहा— रख ली तुमने मित्र है मातृभूमि की लाज।
लेंगे हम नौ मास में अब निश्चय स्वराज॥

वकील—बोलो गांधी की जय।

[कटर सिन्धु का प्रवेश होना]

कटर सिन्धु—वह सब लोग असहयोग के झंडे के नीचे क्यों एकत्र हो रहे हैं। क्या सब मिलकर बग़ावत का काम करेंगे। नौकरशाही से संग्राम करेंगे।

ऐसा न हो सबाब के बदले अजाब हो।
इस अदम तआवन का नतीजा खराब हो॥

गांधी—यह तुम्हारा मिथ्याचार है। असहयोग ख़ून बहाने वाला नहीं बल्कि शान्तिमय आत्मिक हथियार है।

निकलती हो अगर इससे बुराई।
न हरगिज मैं बनू उसका सहाई॥

कटर सिन्धु—अगर तुम्हारे इस आन्दोलन के सहायकारी तशद्दुद पर उतर आएँगे तो क्या आप पहाड़ों पर चले जाएँगे?

गांधी—अगर तशद्दुद भारत धरती का धर्म बन जाएगा, और उस समय मैं जीवित रहूँ गा तो मैं भारत में रहने की प्रवाह नहीं करूँगा, फिर भारत के नाम से मेरे हृदय में फ़ख्र न होगा, देश भक्ति मेरे धर्म के आधीन है।

धर्म से ही आत्मिक थोड़ी सी शक्ति है मेरी।
धर्म के बल से ही मानो देशभक्ति है मेरी॥
मेरे हृदय में है इज्जत धर्म के उपदेश की।
धर्म की आज्ञा से ही करता हूँ सेवा देश की॥

कटर सिन्धु—धर्म के सामने भारत माता की कोई हस्ती नहीं।

गांधी—धर्म के बगैर तो किसी को भी वतन परस्ती नहीं; मैं तो बालक की तरह भारत माता की छाती से चिपटा हुआ हूँ।

इसने ही धर्म सिखाया है यह आत्मबल की दाता है।
मैं भिक्षुक हूँ यह दाता है मैं बालक हूँ यह माता है॥

कटर सिन्धु—आपको इस पर इतना विश्वास है?

गांधी—हाँ कारण कि यह मुझे आत्मिक खुराक दे सकती है, जब इस पर विश्वास नहीं रहेगा तो उस वक्त मेरा अंतरात्मा ही मुझे अनाथ बालक कहेगा, उस वक्त हिमालय की बर्फानी तन्हाई मेरे घायल आत्मा को शान्ति देगी।

मगर पैदा नहीं होती है हरगिज आग पानी से।
निकल सकती नहीं सख़्ती कभी भी नर्म वाणी से॥

कटर सिन्धु—यदि तशद्दुद का शोला भड़क उठा तो असहयोग के सहाई क्या करेंगे?

गांधी—असहयोग के सच्चे सहाई उससे पहले ही तशद्दुद में मर जाएँगे।

कटर सिन्धु—क्या असहयोग से स्वराज मिल जाएगा?

गांधी—यदि हम अपना तन मन धन लगा करें असहयोग पर डट जाएँगे तो आज़ादी के तमाम दरवाज़े ख़ुद-ब-ख़ुद हमारे लिए खुल जाएँगे।

धर्म खेंचे हुए बल से हमारी ओर लाता है।
हमारी तरफ़ देखो तो वह स्वराज आता है॥

सीन का ट्रांसफर होना।

[बादशाह अपने हाथ से भारत माता को स्वराज का ताज पहना रहे हैं]

[ड्राप]

जलियानवाला बाग

का

महात्म्य ।

(कर्मवीर से उद्धृत)

संग्रहकर्त्ता—

जगन्नाथ प्रसाद गुप्त ।

क्या हिन्दू क्या मुसलमान सब को प्यारा है ।
टूटा था जुड़ गया वही भाई चारा है ॥

प्रकाशक,

गंगा प्रसाद गुप्त ।

मैनेजर—नवयुग ग्रन्थमन्दिर,

लहेरियासराय ।

जलियाँवाला बाग़, 1919

जलियानवाला बाग़ का महात्म्य

हज़ारों शहीदों के लहू से सिंचित राष्ट्रीय तीर्थ

औपनिवेशिक ब्रिटिश-शासन ने जलियाँवाला बाग़ में 13 अप्रैल, 1919 को जो क़त्लेआम किया उसका मक़सद भारतवासियों के हृदय में लगातार मज़बूत हो रही स्वतंत्रता की चेतना को कुन्द कर उन्हें सबक़ सिखाना था। लेकिन यह घटना भारतीय स्वतंत्रता आन्दोलन को और तेज़ी प्रदान करने वाली साबित हुई। इस घटना के बाद यह बाग़ समस्त भारतवासियों के लिए एक राष्ट्रीय तीर्थ बन गया। हजारों शहीदों के लहू से सिंचित यहाँ की मिट्टी ने सरदार भगत सिंह सहित न जाने कितने नौजवानों को देशभक्ति की प्रेरणा देकर उनके जीवन की दिशा बदल दी। यही प्रासंगिक पृष्ठभूमि है, विभिन्न भारतीय भाषाओं में स्वतंत्रता के पहले किये गए जलियाँवाला बाग़ विषयक लेखन की।

जलियाँवाला बाग़ हत्याकांड पर लिखने वाले भारतीय रचनाकारों ने ब्रिटिश-शासन द्वारा ढाए गए अकल्पनीय जुल्मों और अपने लोगों की अपार पीड़ा को बेहद संजीदगी से व्यक्त किया है। आक्रोश और वेदना से भरी उनकी रचनाएँ तत्कालीन यथार्थ को सूक्ष्मता से अभिव्यक्त करती हैं।

बतौर उदाहरण, 'जलियानवाला बाग़ का महात्म्य' शीर्षक हिन्दी काव्य-पुस्तिका को देखा जा सकता है। ब्रिटिश-शासन द्वारा प्रतिबन्धित इस काव्य-पुस्तिका के सम्पादक जगन्नाथ प्रसाद गुप्त और प्रकाशक गंगा प्रसाद गुप्त (नवयुग ग्रंथ मन्दिर, लहेरियासराय) हैं। इसे लक्ष्मीनारायण प्रेस, बनारस सिटी से मुद्रित करवाया गया था। इस पुस्तिका पर मुद्रण-वर्ष अंकित नहीं है परन्तु इंडिया ऑफ़िस लाइब्रेरी, लन्दन में दर्ज इसके इन्दराज के आधार पर यह अनुमान लगाना ग़लत नहीं होगा कि इसका प्रकाशन 1921-22 में ही हुआ होगा। 'जलियानवाला बाग़ का महात्म्य' काव्य-पुस्तिका में कुल 12 कविताएँ संकलित हैं जिनमें से तीन कविताएँ सुप्रसिद्ध कवि सुभद्रा कुमारी चौहान की हैं जबकि शेष आठ कविताओं के रचनाकार अनजाने-से हैं। इन कविताओं को पढ़ते हुए ऐसा प्रतीत होता है जैसे जलियाँवाला बाग़ में मारे गए लोगों और संयोगवश जीवित बच गए लोगों की पीड़ाएँ और वेदनाएँ मानो मूर्तिमान होकर प्रकट हो रही हैं।

जलियानवाला बाग़ का महात्म्य

जगन्नाथ प्रसाद गुप्त

1. जलियाँवाला—राष्ट्रीय मन्दिर

जलियाँवाला बाग़ जगत में अमर रहेगा,
डायर सा जल्लाद सर्वदा स्मरण रहेगा।
इतिहास में ब्रिटिश इंदु में कारिख होगा,
दनुज प्रकृति का घृणा दृष्टि से पारिख होगा।
इसने जो करतूत की सभी उसे हैं जानते।
भगा हुआ यमराज का क़ैदी इसको मानते॥ 1॥

नेता जगतप्रसिद्ध नहीं थे जो कर पाए
इसने बोए बबूल किन्तु सुरतरु हो आए।
विष का किया प्रयोग किन्तु विपदा दे डाली
जिससे फैली सर्व देश में ज्योति निराली।
इसने ही जातीयता तीरथ की जड़ डाल दी।
जिसने मेल मिलाप का मंत्र दिया जयमाल दी॥ 2॥

जहाँ निरस्त्र जनस्थ मध्य गोलियाँ चलाईं
जब तक थी बारूद न तब तक बन्द कराई।
वीरोचित समझा न निरस्त्रों को समझाना
समझा शान खिलाफ हाय! उनको चेताना।
अहह दूधमुँहे लाल भी हुए जहाँ पर धूल हैं।
यादगार उनकी न हो, यह भी भारी भूल है॥ 3॥

यह शहीदे वतन, देश के रत्न लुटे हैं
बाल वृद्ध के जहाँ जुल्म से गले घुटे हैं।
बन्धु बन्धु से पिता पुत्र से जहाँ छुटे हैं
हाय! देश पर जहाँ अधखिले लाल मिटे हैं।
वह जलियाँवाला बाग़ है जलियाँवाला बाग़ है।
जहाँ कई परिवार के जलते हुए बुझे चिराग हैं॥ 4॥

यहीं फूट पर विमल मेल ने है जय पाई
यहीं मिले हैं दुखी गले से भाई भाई।
धोकर मन का मैल सभी ने यहीं बहाया
सत्याग्रह का गीत यहीं पर सब ने गाया।
यहीं हाय! अँधेर की आँधी के झोंके चले।
इस बहते दरिया में बहुत हाथ धोके चले॥ 5॥

ललनाओं के यहीं जीवनाधार लुट गए
माताओं के यहीं अनेकों लाल छुट गए।
मुर्दों पर भी यहीं गए हैं बम बरसाये
यहीं वीरता घूम रही है नाक कटाये।
यहीं सभ्यता पर हुई हा! हा! भीषण लूट है।
यहीं हाय! कैसा पड़ा पशुबल दानव टूट है॥ 6॥

बेजारों पर यहीं तेज़ औजार चले हैं
नन्हे-नन्हे बाल आग में यहीं जले हैं।
यहीं शान सी शान बनी शैतान बनी है
मनुष्यता भी आँख मूँद हैवान बनी है।
नौकरशाही हा! यहीं नची सरे बाजार है।
पल में मुर्दों का हुआ यहीं बड़ा दरबार है॥ 7॥

यहीं काल में परम तीर्थ की भूमि बनाई
यहीं समय ने नई राष्ट्र की झलक दिखाई।
क्या हिन्दू क्या मुसलमान सबको प्यारा है
टूटा था जुड़ गया यहीं भाईचारा है।
पुण्य क्षेत्र का प्रेम से यहीं मिला परिशोध है।
नये शिवाले के लिए यही मदन अनुरोध है॥ 8॥

आओ, हिन्दू-मुसलमान सब मिलकर आओ
सम्पत्ति क्या? सर्वस्व लूटाओ, प्यारे! आओ।
मुर्दों! तुम भी उठो कब्र से कफ़न उठाओ
जो कुछ होवे पास तीर्थ में आज चढ़ाओ।
यह गंगा-यमुना मेल का कैसा सुखद प्रयाग है।
अशोक वाटिका में अहा! उड़ता प्रेम पराग है॥ 9॥

काबा काशी यहीं युगुल मिल कर आए हैं
यहीं जाति के सुमन सभी खिल कर आए हैं।
हिन्दू मुस्लिम जाति! देख निज नया शिवाला
निश्चित ही हो गया बहुत सा सद्दा कसाला।
कौन कहे दस-बीस की इसमें जान निसार है।
भारत भर का पूज्य है, यहाँ न जाति विचार है॥ 10॥

बहिनों! इसके लिए, उठो जेवर दे डालो
जाति जोश का नसों-नसों में ख़ून उबालो।
सच के दिल में प्रेम आग सी पैदा कर दो
मुर्दों को भी इसी बाग़ का शैदा कर दो।
मुसाफिरों! हम मर मिटे जाति-देश-संसार पर।
यही वाक्य अंकित रहे, इस मन्दिर के द्वार पर॥ 11॥

ऐसी गूँजें उठें यहाँ नन्हे बालों की
सदा उपस्थित रहें आत्मा उन लालों की।
जातीयता बुलन्द बहुत हो जो सुन सुन के
चढ़ें प्रेम के सुमन यहाँ सुन्दर चुन चुन के।
सुनकर मुर्दे भी जिसे फड़के कब्रिस्तान में।
ऐसी ही आवाज़ हो हरि! इस देव-स्थान में॥ 12॥

शुभ दर्शन के लिए यहाँ पर जब हो आना
होवें देसी भेस, देश ही का हो याना।
नयन स्त्रोत से यहीं गंग की धारा बहाना
हृदय फाड़के यहीं शान्ति के लिए चढ़ाना।
नंगे पद सिर चल पड़ो प्यारी पावन रेणु है।
मनमाना वर लो, उठो, रेणु रेणु सुर धेनु है॥ 13॥

सहने का यह शंखनाद सुनने को आओ
सत्याग्रह की चक्र साधना आओ पाओ।
गदा सदा ही दूर पद्म सा हृदय बिलोको
दर्शन कर लो, विश्व नाशकारी बल रोको।
इसके मस्तक में पड़ी वनमाला है मेल की।
आभावाले आभरण हुई बेड़ियाँ जेल की॥ 14॥

2. जलियाँवाला बाग़ में बसन्त

यहाँ कोकिला नहीं काक हैं शोर मचाते
काले काले कीट भ्रमर का भ्रम उपजाते।
कलियाँ भी अधखिली, मिली हैं कंटक कुल से
वे पौधे, वे पुष्प, शुष्क हैं अधवा झुलसे।

परिमल हीन पराग दाग सा बना पड़ा है
हा! यह प्यारा बाग़ ख़ून से सना पड़ा है।
आओ! प्रिय ऋतुराज! किन्तु धीरे से आना
यह है शोक स्थान, यहाँ मत शोर मचाना।

वायु चले पर मंद चाल से उसे चलाना
दुख की आहें संग उड़ा कर मत ले जाना।
कोकिल गाये, किन्तु राग रोने के गाये
भ्रमर करे गुंजार कष्ट की कथा सुनाए।

लाना संग में पुष्प, न हों वे अधिक सजीले
हो सुगंध भी मंद ओस से कुछ कुछ गीले।
किन्तु न तुम उपहार भाव आकर दर्शाना
स्मृति में पूजा हेतु, यहाँ थोड़े बिखराना।

कोमल बालक मरे, यहाँ गोली खा खाकर
कलियाँ उनके लिए गिराना, थोड़ी लाकर।
आशाओं से भरे हृदय भी छिन्न हुए हैं
अपने प्रिय परिवार-देश से भिन्न हुए हैं।

कुछ कलियाँ अधखिलीं, यहाँ इसलिए चढ़ाना
करके उनकी याद, ओस के अश्रु बहाना।
तड़प तड़प कर वृद्ध मरे हैं गोली खा कर
शुष्क पुष्प कुछ यहाँ, गिरा देना तुम जाकर।

यह सब करना, किन्तु बहुत धीरे से करना
यह है शोक स्थान यहाँ मत शोर मचाना।

—सुभद्रा कुमारी

3. मेरी कविता

मुझे कहा कविता लिखने को लिखने बैठी मैं तत्काल।
पहले लिखा जलियाँवाला "कहा कि बस हो गए निहाल॥
तुम्हें और कुछ नहीं सूझता ले देकर वही ख़ूनी बाग़।
रोने से अब क्या होता है धुल न सकेगा उसका दाग॥

भूल उसे, चल हँसें मस्त हो "मैंने कहा" धरो कुछ धीर।
तुमको हँसते देख कहीं फिर फायर करे न डायर वीर॥
कहा "न मैं कुछ लिखने दूँगा मुझे चाहिए प्रेम कथा।"
मैंने कहा, नवेली ही है रम्य वदन है चंद्र यथा॥

अहा मग्न हो उछल पड़े वे मैंने कहा "सुनो चुपचाप।
बड़ी बड़ी सी भोली आँखें केश पाश ज्यों काले साँप॥
"भोली भाली आँखें देखो उसे नहीं तुम रुलवाना।
उसके मुँह से प्रेम भरी कुछ मीठी बतियाँ कहलाना॥"

"हाँ वह रोती नहीं कभी भी और नहीं कुछ कहती है।
शून्य दृष्टि से देखा करती खिन्न मना सी रहती है॥
करके याद पुराने सुख को कभी चौक सी पड़ती है।
भय से कभी काँप जाती है कभी क्रोध से भरती है॥

कभी किसी की ओर देखती नहीं दिखाई देती है।
हँसती नहीं किन्तु चुपके से कभी-कभी रो लेती है॥

ताजे हल्दी के रंग से कुछ पीली उसकी सारी है।
लाल लाल से धब्बे हैं कुछ अथवा लाल किनारी है॥

उसका छोर लाल! सम्भव है हो वह ख़ूनी रंग से लाल।
है सिंदूर बिंदु से सज्जित अबभी कुछ कुछ उसका भाल॥
अब तक है उसके पैरों में बनी महावर की लाली।
हाथों में मेहंदी की लाली वह दुखिया भोली भाली॥

उसी बाग़ की ओर शाम को जाती हुई दिखाती है।
प्रातः काल सूर्य-उदय से पहले ही फिर आती है॥
लोग उसे पागल कहते हैं देखो तुम न भूल जाना।
तुम भी उसे न पागल कहना मुझे क्लेश मत पहुँचाना॥

उसे लौटते समय देखना रम्य वदन पीला पीला।
साड़ी का वह लाल छोर भी रहता है बिल्कुल गीला॥
डायन भी कहते हैं उसको कोई-कोई हत्यारे।
उसे देखना किन्तु न ऐसी ग़लती तुम करना प्यारे॥

बाई ओर हृदय में उसके कुछ धड़कन दिखलाती है।
वह भी दिन प्रतिदिन क्रम क्रम से धीमी होती जाती है॥
किसी रोज़ सम्भव है उसकी धड़कन बिल्कुल मिट जावे।
उसकी भोली भाली आँखें हाय सदा को मुंद जावे॥

उसकी ऐसी दशा देखना आँसू चार बहा देना।
उसके दुख में दुखिया बनके तुम भी दुख मना लेना॥

—सुभद्रा कुमारी

4. नहीं कह पाई कुछ भी हाल

पहनकर सुन्दर सैनिक वेश, लगा पद सूचक चिन्ह विशेष।
बिताने जीवन के दिन शेष, सिक्ख यह जाता अपने देश॥

करेंगे इसको जर्मन याद, कि इसका कैसा है फौलाद।
मचाकर फतह गुरु की नाद, जहाँ अड़ गया किया बरबाद॥

रखेंगे याद जॉर्ज महाराज, जिन्होंने अपने कर से साज।
दिया सर्वोच्च पदक है आज, कि रक्खी इसने रण में लाज॥

वीर यह जाता मुल्क पंजाब, जन्म का दाता मुल्क पंजाब।
अहा गुरुद्वारा मुल्क पंजाब, सिक्ख का प्यारा मुल्क पंजाब॥

वहीं पर अमृतसर के पास, गाँव में टूटे घर के पास।
खड़ी है तरुणी एक उदास, किसी के आने की कर आस॥

अह! वह चली नेत्र से धार, बन्द हो गया वचन का द्वार।
हृदय ने की चुपचाप पुकार, कि आए मेरे प्राणाधार॥

सिक्ख मुस्कुरा उठा तत्काल, हिला मुँह के घावों का जाल।
किन्तु जब देखा घर का हाल, फटे विस्मय से नयन विशाल॥

'अरे' वाणी ने छोड़ा साथ, खड़ा रह गया बढ़ाकर हाथ।
कहा रोकर तरुणी ने "नाथ" काल-गति से हो गए अनाथ॥

गड़ड़धम् गिरी आय दीवाल, गिरा हो ज्यों दोनों का काल।
सिक्ख दब गया दबी वह बाल, नहीं कह पाई कुछ भी हाल॥

नहीं कह पाई कुछ भी हाल, भला कह सका आज तक कौन।
भीत है भय का अंतःकरण, क्रूरता भी है अब तक मौन॥

प्रतिष्ठा मख में होमे गए, हज़ारों पंजाबी परिवार।
किसी ने करी न उन पर दया, जरा कर पाए वे न पुकार॥

लगी है पुलिस की संगीन, तोप यह गरज रही है पास।
दागने को अपनी बन्दूक़, अड़े हैं ब्रिटिश सिपाही खास॥

किन्तु नर हत्या का यह पाप, छिपाए छिप सकता है नहीं।
चीख कर कह देगी दीवार, गवाही देगी निर्जन मही॥

—लक्ष्मण

5. एक रूह की हसरत

ग़ज़ल—और तो सब कुछ हुआ था एक बाकी जान थी।
जान रखते हैं यही एक रह गई पहचान थी॥

था कुफ्ल मुँह में हमारे पैर में थी बेड़ियाँ।
था गले में तौक दिल में बेबसी मेहमान थी॥

मुफलिसी दम घोटती थी ज़ब्र की हम थे गिजा
डायरों के जुल्म से असमत हुई हैरान थी॥

बेगुनाहों के दिलों पर शल्क बन इंसाफ की।
नाजिरों को अक्लमंदी कर रही अहसान थी॥

रेंगती घुटनों के बल पर जब किसी के हुक्म से।
बन रही पंजाब की इनसानियत हैवान थी॥

मुर्ग बिस्मिल की तरह जलियाँवाला बाग़ में।
गोलियों से वह तड़प कर हो रही कुर्बान थी॥

उस तरफ़ थी बेगुनाही बेबसी बे इंतेहा।
उस तरफ़ थी शाइस्तगी सारी शराफत शान थी॥

जब कि अमृतसर हमारा बन रहा था ख़ून-सर।
मौत भी मेरी तभी जुल्मों का एक अरमान थी॥

अब सुना है कब्र मेरी मौलवी बनवाएँगे।
इसलिए हसरत हुई है गो कि मैं अनजान थी॥

कब्र पर मेरी लिखा हो सुर्ख़ हर्फों से मदन
"एक निवाला डायरी डाकिन का वह भी जान थी"

—गुलज़ार

6. सहयोग कैसे हो?

हिमायती कायर डायर के कैसे हो सहयोग?
शाबाशी सर ओडायर को देने वाले हो तुम लोग!
ओ ब्रायन से वासवर्थ से नीच, तुम्हारे दल के हैं।
अत्याचार नीचतम जिन के तुम्हें दिखते हल्के हैं॥

जलियाँवाला—उफ्फ कहूँ क्या—हुआ रक्त से रंजित था।
नादिरशाही देख वहाँ की दुखित था जग विस्मित था॥
मेरे 'मदन'...हाय! 'मोहन' के तुम सब ही हत्यारे हो।
फिर कैसे सहयोग प्राप्ति की आशा मन में धारे हो॥

'गुजराँवाला में विमान पर तुम थे,हम सब नीचे थे।
तुम ही ने तो बम बरसा कर असहयोग तरु सींचे थे॥
अब फूलेगा और फलेगा असहकारिता का वह पेड़।
यह भारत केसरी जगा है—जिसे समझे थे तुम भेड़॥

असहयोग तुमसे होवेगा, तुम तो पात्र इसी के हो।
असहयोग अमृत के आगे, जी हजूर तुम फीके हो॥
असहयोग निश्चय करना है मर के हो या जीके हो।
क्योंकि समझ में बात आ गई ऊपर से तुम घी के हो॥

—असहयोगी

7. हत्यारी होली

दुख देखे दिवाली बिताई,
हँसो मत रोते रहो होली आई॥ टेक॥

रौलेट एक्ट पास होते ही राजनीति गरमाई।
रोग दुकाल युद्ध की मारी हीन प्रजा घबराई॥ हँसो...

थी भारत अगुआ गांधी ने सत्य सुगंधी उड़ाई।
भूखे प्यासे पिछलगुओं ने, पाली पकड़ सचाई॥हँसो...

बेचारी दुखिया जनता ने, हिलमिल हा हा खाई।
की न कृपा नौकरशाही ने नादिरशाही भुलाई॥ हँसो...

रुद्रादर्श मार्शल लॉ ने मात्र बिगुल बजाई।
टूट पड़े पंजाब प्रान्त पर कट्टर क्रूर कसाई॥ हँसो...

सभ्य सुबोध जेल में ठूंसे, फुले फले निंगराई।
संकट झेल राजभक्तों ने, उच्च प्रतिष्ठा पाई॥ हँसो...

निरपराधियों के देने को, फिर फाँसी लटकाई।
देश-निकाले की अनुकम्पा, अन्धों ने अपनाई॥ हँसो...

बेंत चूतड़ों पर खाते थे, भूख भूख सुधि पाई।
छाती के बल से चलते थे, काट कर कठिनाई॥ हँसो...

बालक पीटे वृद्ध घसीटे, की भरपेट पिटाई।
सोंटे ठोंक निकम्मी कर दी, तरुणों की तरुणाई॥ हँसो...

देख नारियों की नरमाई, कड़की कोप चढ़ाई।
कोई झटकी कोई पटकी, कोई धर धमकाई॥ हँसो...

फोड़ रहे थे बम के गोले, छोड़ जहाज हवाई।
ज्वालामुखी मशीनगनों ने, उग्र आग बरसाई॥ हँसो...

घेर घसीटे खूँह पजारे, घोर अनीति मचाई।
मार काट कर हत्यारों ने, शोणित धार बहाई॥ हँसो...

मुद्रित मारू धर्म-घोषणा, ठौर-ठौर चिपकाई।
मारक मान मारखोओं ने प्राण समान रखाई॥ हँसो...

श्री भारत प्रभु की सेवा में, पहुँचे देश दुहाई।
पावे ओडायर डायर से, शंकर हा न बढाई॥ हँसो...

उपसंहार

दोहा— काली लघिमा फूँक दो, छिड़का शोणित रंग।
गोरी गरिमा का प्रजा, देख चुकी हुड़दंग॥

8. राखी

भैया कृष्ण! भेजती हूँ मैं राखी अपनी यह लो आज।
कई बार जिस को भेजा है सजा-सजा कर नूतन साज॥
लो आवो भुज दंड उठाओ इस राखी में बन्ध जाओ।
भरत भूमि की राजपूती को एक बार फिर दिखलाओ॥

वीर चरित्र राजपूतों का पढ़ती हूँ मैं राजस्थान।
पढ़ते-पढ़ते आँखों में छा जाता राखी का आख्यान॥
मैंने पढ़ा शत्रुओं को भी जब जब राखी भिजवाई।
रक्षा करने दौड़ पड़ा वह राखी बन्द शत्रु-भाई॥

किन्तु देखती हूँ यह मेरी राखी क्या दिखलाती है।
क्या निस्तेज कलाई ही पर बन्ध कर यह रह जाती है॥
देखो भैया भेज रही हूँ तुमको-तुमको राखी आज।
साखी राजस्थान बना कर रख लेना राखी की लाज॥

हाथ काँपता हृदय धड़कता, है मेरी भारी आवाज़।
अब भी चौंकाता है जलियाँवाला का वह गोलन्दाज॥
यम की सूरत ओ ब्रायन के पाप भूल जाऊँ कैसे?
वासवर्थ से अब भी हैं फिर मन को समझाऊँ कैसे?

बहिनें कई बिलखती हैं हा! उनकी सिसक न मिट पाई।
लाज गंवाई, गाली खाई, तिस पर भी धमकी खाई॥
डर है कहीं ना मार्शल लॉ का पड़ जावे फिर से घेरा।
ऐसे समय द्रौपदी जैसा कृष्ण, सहारा है तेरा॥

बोलो सोच समझकर बोलो क्या राखी बन्धवाओगे।
भीड़ पड़ेगी, रक्षा करने क्या तुम दौड़े आओगे॥
यदि हाँ, तो यह लो इस मेरी राखी को स्वीकार करो।
आकर भैया बहिन 'सुभद्रा' के कष्टों का भार हरो॥

—सुभद्रा कुमारी

9. राखी हरि स्वीकारेंगे

धीरज धरो बहिन सुभद्रा! राखी हरि स्वीकारेंगे,
धारेंगे अवतार धरा पर, जगमग ज्योति पसारेंगे।
कब तक रहते मौन! करुण क्रंदन उनको सह जाने दो,
भर जाने दो घड़े पाप के दुराचार छा जाने दो।
आएँगे हाँ आएँगे हरि, सच्चा अवसर आने दो

वह देखो—घनघोर घटाएँ घुमड़ घुमड़ कर आती हैं,
जन्मदिवस के आने की फिर शुभ सूचना सुनाती हैं।
तम का छाया राज, बेड़ियों ने झंकार सुनाई है,
निशाचरों की दुष्कृतियों ने सोई शक्ति जगाई है।
बली-बाली आत्माओं ने जा, प्रभुवर को चौंकाया है,
और 'तिलक' ने भारत माँ का नव सन्देश सुनाया है।

निष्ठुरता हो चुकी बहुत तो, कब तक दया न आवेगी,
अब भी तो चुप रहे, 'क्रूरता' निज परिचय दे जावेगी।
भारतीय, भर भक्ति भाव से हृदयवासन प्रस्तुत कर लें,
पीड़ित गायों को आगे कर, निर्भय हो साहस भर लें।
ऐक्य तान से करें ध्यान जब, दया दान तब पावेंगे,
गोपालक गोपाल स्वयं गायों का कष्ट हटावेंगे।

ऊँचा रखो हाथ, कृष्ण का हाथ शीघ्र दिखलावेगा,
भूमि-भार हर सादर तुमसे राखी बहिन! बन्धावेगा।
बदले में 'स्वतंत्रता-मणि' का दे देगा तुमको उपहार,
कलित कंठ में शोभित होगा शुभ स्वराज्य का अनुपमहार।

मुरली, मुरलीधर की बज कर जय घोषणा सुनावेगी,
मत हताश हो बहिन सुभद्रा! हृतकालिका खिल जावेगी।

—विनीत 'रसिकेन्द्र'

[यह कविता 'कर्मवीर' के 28-8-20 वाले अंक में श्रीमती सुभद्रा कुमारी जी लिखित 'राखी' नामक भावपूर्ण कविता के उपलक्ष्य में लिखी गई—लेखक]

10. कामना

देश दबा अब नहीं रहेगा; दया करो, तुम छोड़ो शान।
जुल्मों की ज्वालाओं में हम नहीं जलेंगे हे मतिमान॥
नहीं डरेंगे, नहीं डरेंगे दुष्टों की तलवारों से।
डटे रहेंगे रणक्षेत्र में नहीं हटेंगे वारों से॥

स्वेच्छाचारी खंजर खींचे, वीर हृदय को आह नहीं।
गोले गरज गरज कर सिर पर टूटें कुछ परवाह नहीं॥
ख़ूनी ख़ून बहावें, आवें हमें ख़ून की चाह नहीं।
निरपराध बने हम काटें पैशाचिक उत्साह नहीं॥

वहाँ गनों का धन गर्जन हो यहाँ गुंजावें जय जय गान।
वहाँ करें फायर 'डायर' से यहाँ अड़े 'गांधी' बलवान॥
वहाँ शान का ही शासन हो, यहाँ नम्रता का हो मान।
दुष्टों पर भक्तों की जय हो सत्य-सहायक हो भगवान॥

—नृसिंह

11. क्या हुआ

मिट गई नौकरशाही शान, हाथ से छूट गए हथियार।
न आई दमन नीति कुछ काम, हुए निष्फल सब निष्ठुर वार॥
हुए रद्दी सारे प्रोग्राम, भेद की रीति हुई निस्सार।
मर मिटे आप—मदन को मार—
हुआ वह 'अमर' बढ़ा दुख-भार॥
मर्ज वैसा ही नित प्रति बढ़ा, लगी औषधि जैसी लाग।
नहीं छलके जल से बुझ सकी, लगी जो स्वत्व प्रेम की आग॥

उसे ठंडी करने के यत्न—
हुए आहुति कर दृढ़ अनुराग।
हट गए तब पीछे पग उधर—
इधर लख ऐसा ऊँचा त्याग॥
आरजू मित्रता पर जय वहाँ—दिखी ज़ंजीर, तेज़-तलवार।
हुआ तब आत्मशक्ति का ध्यान—जोश से निकले ये उद्गार॥
न इससे डर सकते हम कभी
सजावेंगे नव बल के साज।
न छोड़ेंगे ले लेंगे अभी—शान्ति से लड़कर पूर्ण स्वराज।
दीन-दब्बू बन क्यों जग जिएँ? व्यर्थ है? होवेंगे बलि आज॥
सँभालो-सँभालो देखो बचो गिर रहा अन्यायी सिरताज-निर्बल

12. भाषे बनै ना बनै बिनु भाषे

बालक जो अपनों कछु द्रव्य जमा करिके कोऊ के ढिग राखे।
अवसर आए या भूख लगे जब द्रव्य की हो उसको अभिलाषै॥
माँगे जो जाए 'हो योग्य नहीं' कहि के अस ताहि दिखावत आँखें।
ऐसी दशा अंग्रेजन की लखि भाषे बने ना बने बिनु भाषे॥

कुंभकरण जो अचेत पड़ो भइ ताहि जगावन की अभिलाषै।
ढोल नगाड़ा बजाइके ख़ूब औ हाथिन रेल जगाइके राखै॥
तुम पर जलियाँ में गोला चले पर हाय! अथो नहिं खोलत आँखें।
इतनी हूँ दशा पै जो जागो न तो कछु भाषे बनै ना बनै बिनु भाषे॥

जर्मन आय चढ़ाई कियो जब कोई उन्हें शरणन नहीं राखै।
हार हुई उनके हिय में निज लाज बचावन के अभिलाषै॥
भारत के चरणन में पड़े सो भये विजयी उस का फल चाखै।
उपहार हमें जलियाँ दिया कुछ भाषे बनै न बने बिनु भाषे॥

[यह कविता काशी की प्रदर्शनी में जो 11 से 20 दिसम्बर, 1920 में हुई थी उसमें 'भाषै बनै ना बनै बिनु भाषै' की समस्या पर बनाकर पढ़ी गई थी।]

पंजाब का खून--

आज़माले अपने हाथ, निहत्थे बेगुनाह सुकुमारों पे।

चलवाले नंगे बेंत, बालकों ! इन नन्हें सुकुमारों पे ॥

देखेंगे तेरे काम, करिश्मे अपने भी दिखला देंगे।
तू आँख निकाले देख, अहिंसा से स्वराज हम पालेंगे॥

--दास

शहादत की यादगार : शहीदी कुआँ

पंजाब का खून

दफ़न करना है ज़ुल्मों को

अजमा ले अपने हाथ, निहत्थे बेगुनाह सुकुमारों पै।
चलवा ले नंगे पैर, नारकी! इन नंगी तलवारों पै॥

देखेंगे तेरे काम, करिश्मे अपने भी दिखला देंगे।
तू आँख निकाले देख, अहिंसा से स्वराज हम पा लेंगे॥

उपरोक्त पंक्तियाँ 'पंजाब का खून' शीर्षक पुस्तिका से ली गई हैं जिसके रचनाकार हैं कवि दास। यह पुस्तक 1922 में फूलचन्द जैन, छात्र-सहोदर कार्यालय, सदर बाजार, जबलपुर द्वारा प्रकाशित की गई थी। इसमें संकलित काव्य-सामग्री बहुस्तरीय आख्यान प्रस्तुत करती है। समाज की मान्यताएँ, मर्यादाएँ, आचार-व्यवहार, मनोदशा और लोक की सहज समझ का जन-भाषा में यथार्थ चित्रण इसमें जिस तरह सम्भव हुआ है, वह अन्यत्र दुर्लभ है। इस पुस्तक की रचना के उद्देश्य को स्पष्ट करते हुए रचनाकार कहता है :

"पंजाब के पैशाचिक कांड के दृश्य पाठकों के सामने कई बार आ चुके हों तो भी पुन: उसे इसी हेतु उपस्थित करता हूँ कि वह घाव नया बना रहे। लंका में महाराज रामचन्द्र जी की कुसुम-सेज पर भी सौमित्र ने मृग-चर्म बिछाया था जिससे वह मृग-वध तथा सीताहरण को सदा ही दृष्टिपथ पर रख सकें। मेवाड़-पति राज सिंह के शूर सामन्त चूड़ावत जिस समय रण-स्थल को चले थे उनकी प्रेयसी ने अपना मस्तक काटकर अर्पण कर दिया था। वीर वंश चूड़ामणि ने उसे गले में टाँग लिया था और शत्रु-सेना का ध्वंस करने में उसी सिर से उत्तेजना पाई थी।

"यदि पंजाब के इस पतन को सदा दृष्टि-पथ पर रखकर निष्ठुर तथा पाशविक शासकों का दर्प दमन करते रहे तो दासत्व-कारागार से मुक्त होकर सुरभित समीरमय उपवन में विहार करेंगे। देश का उत्थान अनिवार्य हो जाएगा।"

रचनाकार के हवाले को मानें तो 'पंजाब का खून' की जो प्रति इंडिया ऑफ़िस लाइब्रेरी, लन्दन में है वह इस पुस्तिका का दूसरा संस्करण है। बकौल दास, "पहला संस्करण दो महीने में ही समाप्त हो गया था।" इससे यह अनुमान सहज ही लगाया जा सकता है कि उस समय लोगों के मन में इन रचनाओं के प्रति कितना उत्साह और सम्मान था।

ऐसी अधिकतर पुस्तक-पुस्तिकाएँ चोरी-छिपे प्रकाशित की जातीं। देशभक्त लोग इन्हें बेचते, हाथोंहाथ वितरित करते। मौके के मुताबिक ये निःशुल्क भी बाँटी जातीं। स्वतंत्रता की अलख जगाने के लिए लोग इन पुस्तक-पुस्तिकाओं में संकलित गीतों-कविताओं को कंठस्थ कर लेते और ये जगह-जगह सभाओं में गाई-सुनाई जाती थीं। अधिकतर मामलों में तो ये प्रकाशित होते ही प्रशासन द्वारा प्रतिबन्धित कर दी जातीं; इन्हें ज़ब्त कर लिया जाता; इनके लेखकों, प्रकाशकों, मुद्रकों, वितरकों अथवा पाठकों को जेल-जुर्माना होता। इन जोखिमों के बावजूद ऐसी रचनाएँ जनता के बीच लगातार पहुँचतीं और स्वतंत्रता संग्राम में सर्वस्व न्योछावर करने की प्रेरणा और शक्ति प्रदान करती रहतीं। 'पंजाब का खून' में ऐसी ही 22 रचनाएँ हैं।

कफ़न को बाँधकर सर से करो कल्याण भारत का।
करो बलिदान लाखों का रहे अरमान भारत का॥

तजोगे साथ दुष्टों का तभी उत्थान भारत का।
ग़ुलामी छोड़ दो मिलकर करो सम्मान भारत का॥

क़रीब है रोज़-ए-महशर छिपेगा कुश्तों का ख़ून क्यूँकर।
जो चुप रहेगी जुबान ए खंजर लहू पुकारेगा आस्तीन का॥

पंजाब का खून

दास

1. विनय

जन मन हरणी जय जय जय।
भारत जननी जय जय जय॥
अधहानी तू
गुणखानी तू
सौम्य निशानी जय जय जय॥
तव पद पंकज
जाऊँ कहाँ तज
मणि गण साहनी जय जय जय॥
तू ही विमला
तू ही कमला
सजला सफला जय जय जय॥
त्रिभुवन भगिनी
जग दुख हरनी
सरला सरला जय जय जय॥
सुन्दर श्यामा
जग अभी रामा
आनन्द धामा जय जय जय॥
अर्जुन वीरा
अनुपम धीरा
गौर शरीर जय जय जय॥
हिमगिरि मंडित
तेज़ अखंडित
सदा आनन्दित जय जय जय॥

गंगा जमुना
जल प्रक्षालन
पूजित बदल जय जय जय॥
मंजु मनोहर
मानसरोवर
राजत जिहि उर जय जय जय॥
मंगल करनी
पाप कतरनी
खल वैतरणी जय जय जय॥

2. आकांक्षा

देश पर वारें तन मन प्राण।
जन्म भूमि के कंटक चुनलें सुखी होय सन्तान॥
आपत्ती आतप के आते ही हम हों छत्र प्रधान।
मुख मयंक निज बन्धुवर्ग के हो न सकें तब म्लान॥
गांधी-गौरव दृढ करने को हो जाएँ बलिदान।
असहकार अनिवार्य अस्त्र चमके हिन्दुस्तान॥
विश्व प्रेम की पूत पताका फहरे व्योम विमान।
द्वैतवाद तज देख सकें हम रजा रंक समान॥
चर्खा चक्र चले प्रति घर में पूर्ण होवे धन धन।
दिपे दिपाकर आर्यवर्त में होवे तिमिर अवसान॥
देश पर वारें तन मन प्राण।

3. पंजाब पर पंजा

पापियों! पंजा तुम्हारा पड़ गया पंजाब पर।
जालिमों! तुमने शिकंजा कस दिया पंजाब पर॥
अमृत सरोवर को सरासर ख़ूनसर कर ही दिया।
नाक घिसवाई न आई कुछ दया पंजाब पर॥

रेंग कर हमको चलाया, प्यास से मारा हमें।
कौम के ख़ून को जलाया, हा दिया पंजाब पर॥

जिन कलेजों से तुम्हारी, जान जर्मन से बची।
उन कलेजों का बना कर मय पिया पंजाब पर॥

मार्शल लॉ का बखेड़ा, ख़ूब ही फैला दिया।
भूल कर नेकी हुए तुम, बेहया पंजाब पर॥
फूल का बदला कहो, क्यों शूल से तुमने दिया।
खलता है आँख में, जो किया पंजाब पर॥

सांप की सन्तान का सा, क्यों हुआ अन्याय है।
दूध देते भी भला क्यों, फन दिया पंजाब पर॥
नेपोलियन से आपकी पंजाब ने लज्जा रखी।
हम कहें इंग्लैंड भारत में जिया पंजाब पर॥

4. पंजाब पुकार

चीर चीर कर चीर मेरा बेपीर धीर तोड़ा मेरा।
खींच खींच प्रीत ईंट गर्व से गेह हाय फोड़ा मेरा॥
बाल बाल चंडाल मेरे इठला इठला खींचे तूने।
अन्याय अभ्यु से ऐंठ ऐंठ विष वृक्ष ख़ूब सींचे तूने॥

मदन मेरा मारा तुमने मेरे करीम को काटा हा।
बुगा को बाँध विषाद दिया मेरे रत्नों को डाँटा हा॥
किचलू को भला कुचलने में बाकी क्या तुमने छोड़ा था।
पापों का प्याला पूरा ही उसके माथे पर फोड़ा था॥

सत्यपाल को घानी में क्या डाल न तुमने पेरा था।
था रहा कौन जिस पर न नाशहित पड़ा तुम्हारा डेरा था॥
चिड़ियों सा तड़पा तड़पा कर भूखे प्यासों को मारा हा।
छात्र वृंद को सिर पर बोझा ढोने को ललकारा हा॥

निराहार मीलों की मंजिल सुकुमारों से करवाई।
निर्मम हो लातों घातों से अपनी आज्ञा पुरवाई॥
कोई मरे कि रोवे कोई भूखा हो या प्यासा हो।
ब्रिटिश बूट पर नाक घिसे तब इनका पूर्ण तमाशा हो॥

अनाचार तलवार प्रभो क्या ऐसी पैनी होती है।
हमको है विश्वास कि वोही नरक नसैनी होती है॥

5. बलिदानी मूर्ति

मरना है स्वीकार, नहीं स्वीकार मुझे शासन तेरा।
डाल चक्र में अरे कुचक्री काट डाल मस्तक मेरा॥
ज़ुल्मों की ज़ंजीर तेरी की कड़ियाँ हैं पूरी पूरी।
बाँध मार यमराज मुझे अपनी सँभाल बरछी छूरी॥

डायर को ललकार कि कर्जन को सर पर चढ़ाने दे।
चेम्सफोर्ड को छाती पर मेरे ही लाल चबाने दे॥
मेरे मणियों को मिट्टी में तुम कूट पीस बिथरा डालो।
मेरी गौओं के तिनके भी तुम छीन-बीन कर खा डालो॥

चलने दो तलवार कि मेरा तन तिल तिल कट जाने दो।
मेरे माँस की बोटी बोटी कुत्तों में बट जाने दो॥
यही ख़ून की बूँद पाप प्याले में तेरे समाएँगी।
और नहीं दरकार यही बस काफ़ी तुझे डुबाएँगी॥

6. मदन की माता

मेरे जीवन प्राण मदन तुम इन आँखों के तारे थे।
वृद्धा के आधार तुम्हीं दुखिया के एक सहारे थे॥
चातक के स्वाति बिन्दु हाय तुम क्यों भूतल पर जाए पड़े।
ऐ इन्हें नादान तुझे मैं हेर रही थी खड़े-खड़े॥

निज देश हेतु तन दिया मुझे सन्तोष हुआ पूरा पूरा।
है खेद यही जल्लादों का कुंठित अब भी ना हुआ छूरा॥
हा परम पिता की गोदी में हँस करके लोट लगाना ना।
हत्यारों की पोल खुलासा कहना जरा छिपाना ना॥

मैं धन्य हुई ऐ लाल तेरी कुर्बानी के ही हो जाने से।
लाखों ही मुझको लाल मिले बस तेरे ही खो जाने से॥

तेरी अस्थियों की माला में वक्षस्थल पर धारूँगी।
चौरासी के चक्कर में भी तुझको नहीं विसारूँगी॥
भस्मी तेरी से भाल शुद्ध कर तन पर उसे सँवारूँगी।
ऐ मेरे अभिमन्यु तुझे मैं चित्त से नहीं उतारूँगी॥

7. फूल की शूल

लड़ने मरने कटने को पंजाबी सदा रहे तैयार।
तेरे ही हित जिनने जालिम, जर्मन की झेली तलवार॥
हाय उन्हीं की छाती में से छूरी तेरी पार हुई।
रक्षक का भक्षण करने, तलवार तेरी तैयार हुई॥

उनकी ही छाती पर चढ़कर, तूने मूँग दले अपने।
जिनने तेरे लिए मोद से, रण में दिये गले अपने॥
जहाँ पसीना गिरा कि तेरा, ख़ून बहा डाला अपना।
जिनके बल पर स्वर्ग लोक का, सदा तुम्हें दीखा सपना॥

उसी डाल पर वार कि जिस पर चढ़कर फल लाखों खाए।
उस टाठी के टूक कि जिसमें अमृत से व्यंजन पाए॥
जिस तागे से पतंग तनी थी तीन लोक में उड़ी फिरी।
उसी तागे पर अन्धेपन से है यह तेरी छुरी गिरी॥

8. बैरी बसन्त

कोकिल कूक लगे करुई जहरीला लगै वन की हरियाली।
वीर रसाल को बैरी लगै करवाल कटार कदंब की डाली॥
माहुर से मदार लगै अरु भूत सी भान परै भ्रमरली।
अंत बसन्त बसें कहुँ जाए सुहाय ने हाय हमें ख़ुशियाली॥

(2)

सुखद समीर मोहे दुखद ही होय रही,
बकन की पांति मोहि नेक न सुहाती है।
विटप लतादि द्रुम बोछी सम बोय होत
नदी सर कुंज मरघट दरसाती है॥

मोरन को शोर, रोर हंसन को भावै नाहिं,
करो न पदार्पण फाटि जात छाती है।
भारत को आरत न कीजिए बसन्त वीर,
रहि रहि सुधि जालियानवाला आती है॥

9. निश्वास

मेरी छाती पै ऐ कातिल, मेरे बच्चों का ख़ून सींचा।
मेरा अंचल नहीं खींचा, कफ़न अपना ही है खींचा॥
घड़ा वह पाप का तेरा, रहा था जो जरा ख़ाली।
बहाकर ख़ून की दरिया, उसी की पूर्ति कर डाली॥
सँभल अब ख़ून का झोंका, तेरे औसान खोदेगा।
रुलाया था बहुत हमको, यकीन है ख़ुद भी रोदेगा॥
हुआ मगरूर फिरता था, ना डरता था गुनाहों से।
तेरा अब फैसला होगा निपट दुनिया की आहों से॥
किसी की एक सी किस्मत, न मुद्दत तक निबहती है।
नहीं दासत्व की बड़ी सदा एक कौम सहती है॥

10. नर-पिशाच

चमन को ख़ाक में तूने, मिलाया डायरी खंजर।
ब्रिटिश साम्राज्य को तूने, हिलाया डायरी खंजर॥
गला घोटा चला चकरी, भला क्यों बेगुनाहों का।
लहू बच्चों का माता को पिलाया डायरी खंजर॥

चली खूँखार बन्दूक़ें निहत्थे बे जुबानों पर।
उन्हें क्यों मौत के मुँह में, सुलाया डायरी खंजर॥
हमारी शान्ति में तूने अजब हलचल मचा डाली।
हमारे आशियाने को, जलाया डायरी खंजर॥

वतन जो कृष्ण कानन था बनाया डेडली तूने।
कयामत का हमें नक्शा दिखाया डायरी खंजर॥

तेरी टेबिल के टुकड़े ही जिन्हें खाने को मिलते थे।
उन्हीं बेबस यतीमों को सताया डायरी खंजर॥

लहू की धार से तूने ज़मीन का है जिगर सींचा।
जहाँ में रेडसी का दल, बनाया डायरी खंजर॥
गढा तूने खुदाया था हमारे नाश करने को।
तूही उस गार में अब है समाया डायरी खंजर॥

11. बंजारा

कच्चे मोती बेच यहाँ पर, सच्चे दाम गिनाता था।
दुखिया की गठिया ठग करके, अपना भौन बनाता था॥
भारत के कोने कोने जब, लूट रहा था बंजारा।
असहकार हुँकार मचाकर, तब गांधी ने ललकारा॥

(2)

मलयांचल के चंदन को जब, इंजन में झुकवा डाला।
दीन किसानों के टपरों को, बल करके फुकवा डाला॥
जब सर्वस्व हड़प करने को तड़प रहा था बंजारा।
असहकार हुँकार मचाकर तब गांधी ने ललकारा॥

(3)

सुन्दरवन के सिंहों को पिंजड़ों में डाल सताता था।
मानसरोवर के हंसों के मोती, आप उड़ाता था॥
वृंदावन के कुंजों को जब वह कुचल रहा था बंजारा।
असहकार हुँकार मचा कर तब गांधी ने ललकारा॥

(4)

तृणजीवी हिरणों को आश्रय में से पकड़ मंगाता था।
भोले भाले गोवत्सों को, निर्दय हो खा जाता था॥
भारत को कंगाल बना, जब लाद चला था बंजारा।
असहकार हुँकार मचाकर तब गांधी ने ललकारा॥

(5)

इस धरती में आग लगाकर, ताप रहा था मनमाना।
स्वार्थ मत्त छोड़ा नहीं यहाँ पर चिड़ी चोंच का भी दाना॥
ऐक्य तार जब बार-बार ही, तोड़ रहा था बंजारा।
असहकार हुँकार मचाकर जब गांधी ने ललकारा॥

(6)

माल मार कर भी न रुका तब, धर्म भ्रष्ट करना चाहा।
चिकनी चुपड़ी बातों से, सब कर्म नष्ट करना चाहा॥
गीदड़ भभकी से जनता को, डरा रहा था बंजारा।
असहकार हुँकार मचाकर, तब गांधी ने ललकारा॥

(7)

अपने ग्राहक की डण्डों से, पीठ फोड़नी करी शुरू।
चेला बन कर घुस आया था, अब बैठा आप गुरु॥
अनाचार व्यापार बढ़ाकर मार रहा था बंजारा।
असहकार हुँकार मचाकर तब गांधी ने ललकारा॥

(8)

सोटी डंडी से न दबे तब, तलवारों की मार हुई।
सिर पर चढ़कर एयरशिप से, गोलियों की बौछार हुई॥
रक्त महासागर जब घर घर, बना रहा था बंजारा।
असहकार हुँकार मचाकर तब गांधी ने ललकारा॥

(9)

मन्दिर मेरे महल बनेंगे, मस्जिद मकतब खोलूँगा।
बेहोशी की दवा पिलाकर, सबकी टेंट टटोलूँगा॥
यही ठान जब ठान रहा था, पूर्ण कुतर्की बंजारा।
असहकार हुँकार मचाकर, तब गांधी ने ललकारा॥

(10)

अपनी करनी की कैंची से, जब पंजाब कतर डाला।
नरसंहार मचाने को जब , विष का भर लाया प्याला॥

सोते में अबला बच्चों का, नाश करे था बंजारा।
असहकार हुँकार मचाकर, तब गांधी ने ललकारा॥

(11)

ज्ञान प्रभा अब फैल चुकी है, नहीं अज्ञान अँधेरा है।
चोरों की रात व्यतीत हुई, अब साहकार सवेरा है॥
सीधे-सीधे रहे कि बचकर, बाँध विदा हो बंजारा।
असहकार हुँकार मचाकर, तब गांधी ने ललकारा॥

12. प्रतिकार

ऐ शहीदों जालिमों का, भी जनाजा देखलो।
जुल्म पर यमराज का, गहरा तकाजा देखलो॥

किस तरह बदला तुम्हारे, ख़ून का हम ले रहे।
तर्के मवालाती हमारे का, अवाजा देख लो॥

तुम फना बेशक हुए पर हम को ज़िन्दा कर गए।
अपने वतन की बेहतरी का, सुख तमाशा देखलो॥

जलियाँवाला हमारा, अब जियारत गाह है।
शेखो बिरहमन एक हैं यह भी खुलासा देखलो॥

अब हिमाकत और शरारत देश में रहनी नहीं।
ब्रितानिया की शक्ति को जल का बताशा देखलो॥

13. हम

हम हिन्दू हैं तुम यवनी हो, यह थोथा ज्ञान मिटा डालो।
हम हमवतनी हैं मुद्दत से, मिलकर के देश जगा डालो॥
हम गंगा हैं तुम जमुना हो, संगम से तीरथराज बने।
रंग न्यारे न्यारे दिखने दो, तब चीर मिले सब काज बने॥

दिल कोह हिमाला जाने दो, अपने ऐके की धारा में।
दुश्मन को जाल बिछाने दो, अपने ऐके की धारा में॥
जंगे जर्मन में कूद पड़े, टर्की का नाम मिटाने को।
भाई के सर पर टूट पड़े, इंग्लिश की शान बचाने को॥

काबा कब्जे में किया हमीं ने मालिक मुख्तार बने।
सरे आम क़त्लेआम मचाकर हैं न्यायी सरकार बने॥
लाखों की भर्ती भेजकर समर में जो हमने उपकार किया।
उसके ही बदले में हमको रौलेट का उपहार दिया॥

जिन वीरों के बल पर जर्मन जमींदोज कर दिया गया।
बम बर्छी का वार अकड़ कर उन पर ही क्यों किया गया॥
वार लोन देकर के हमने जिन की भूख मिटाई थी।
जिनको आफत में देख-जान अपनी सन्तान कटाई थी॥
कोमल कोमल कुसुमों से जिनकी हम सेज बिछाते हैं।
वह काले काले सांप हमीं पर अपने दाँत चलाते हैं॥

14. कब तक

चलोगे जालिम अकड़ अकड़ कर, छिपाके अपने गुनाह कब तक?
सहे हैं जोरो जुल्म तुम्हारे, कहो न निकलेगी आह कब तक?
मलाल रखकर सितम करो तो, हमीं करेंगे निबाह कब तक?
बहुत तो बीहड़ में घूम आए, मिलेगी मकसद की राह कब तक?

चला के जादू किसम किसम के, करोगे हम को तबाह कब तक?
हमारे खूँ को निचोड़ने को, रहेगी बदली निगाह कब तक?
ये रोशनी को फ़रेब करके, रखोगे बोलो सियाह कब तक?
हमें गुलामी में पीसने की, कहो करी है सलाह कब तक?

15. जब तक

चला ले खंजर ऐ शोख कातिल, हमीं पड़े हैं अलाल जब तक।
उड़ा ले मोजें दो चार दिन ही, बुझी हुई हैं मसाल जब तक॥

सता ले खाले मिटाले चाहे, न हमको होता ख़याल जब तक।
पेशी पेशी कटा ले मेरी, न लौट आए गुपाल जब तक॥
जमा ले अपने निशाने बढकर, किया न हमनें सवाल जब तक।
सजा ले गिरजे और बाग़ डटकर, उठे न कोई बवाल जब तक॥
चलेगी तेरी बेगार शाही, किये हुए है बेहाल जब तक।
न मान तू भी जमाले रंगत, न देश होवे हलाल जब तक॥
निभेगी तेरी अब न अगाड़ी, बहुत निबही दलाल अब तक।
झुकाले गर्दन समझले जालिम, न हम दिखाएँ कमाल जब तक॥

16. चेतावनी

फिरंगी मौज करे भारत में तू क्यों सोवै टांग पसार।
कैसे होवै तेरी होली छीन रहे हैं झंगा झोली॥
ऊपर से डायर की गोली करती बंटाधार।
आपस में क्यों रार मचाओ, अपनी लुटिया आप डुबाओ।
क्यों न न्याय का राज जमाओ मिटे रावणाचार॥

17. चितवन

रहा नहीं रणजीत यही बस रंज मुझे खटका करता।
होता गर गोविंद मेरे, संकट कंटक सारे हरता॥
नानक भी नहीं न अंगद है वरना क्यों मदन मेरा मरता।
हीरासिंह होता जो कहीं मेरी आज्ञा सिर धरता॥

रहे रहे कुछ वीर, डायरी डाकिन के मुँह लगे नहीं।
कुछ निद्रा में पड़े हुए थे, चिल्लाने पर जगे नहीं॥
अन्धकार हो गया वृष्टि, गोली गोलों की हाय हुई।
एकाकी इन चांडालों से, मैं दुखिया असहाय हुई॥

आ न सका हा! पास कोई भी, जल की बूँद पिलाने को।
माँगने पर भी मिली नहीं, लालों की लाश जलाने को॥
मलेच्छ वंश का अनाचार लख, आप नहीं देने पाई।
मानव कुल की करुणा मेरे, हिय में आप उमड़ आई॥

न्याय विधाता की सत्ता का, ध्यान मुझे बरबस आया।
कोपानल से इसलिए तो, मैंने उसे न फुंकवाया॥

18. आह्वान

खोल दो आँखें उठो, लड़कर वतन को खो चुके।
हम तुम्हारे हो चुके, और तुम हमारे हो चुके॥
हुकम गांधी मानिए, आज़ाद होने के लिए।
मॉडरेटो ने किया क्या ज़िन्दगी भर रो चुके॥

तुम फूल हो हम पंखुड़ी, तुम क्षीर हो हम नीर हैं।
अब दुई कैसे निभेगी, प्रेम अंकुर बोल चुके॥
बिल्लियों ने बैर करके, न्याय बन्दर को दिया।
अब सँभलना जागना, हाँ सो चुके सो सो चुके॥

क्यों शहीदों की कब्र पर नींद आती है तुम्हें।
भाइयों के ख़ून से अपने जिगर को धो चुके॥
ख़ून करता है कोई गर, मजहबे इस्लाम का।
हिन्दुओं का ख़ून है, जब एक हम सब हो चुके॥

19. लोगे

अगर मिल करके चल निकले, तो भारत को बचा लोगे।
कजा के हाथ से उसको, छुड़ा लोगे छुड़ा लोगे॥
अगर ऐलान गांधी का, तुम्हीं सर धर के मानोगे।
गुलामी की ज़ंजीरों को, तुड़ा लोगे तुड़ा लोगे॥

खिलाफत हाथ में होगी, वतन आज़ाद होवेगा।
असहयोगी अगर बनकर निशाँ अपना उड़ा लोगे॥
जुदाई हमसे गर करके, बनोगे देश के दुश्मन।
विदेशी जूतियाँ खाकर, के सर अपना मुड़ा लोगे॥

20. ब्रायन

सँभल कर बैठ आसन पर, मेरा यह वार-कारी है।
असहकारी की किलकारी, कटारी ये दुधारी है॥

हिलेगा आसमाँ पहले, मेरी आँहों के नारे से।
जमीं के ढोल जाने की, यह तरकीब न्यारी है॥

दफन करना है जुल्मों को, शरारत को जफाओं को।
पशुपन के मिटाने की, करी हमने तैयारी है॥

तकब्बुर के नशे में चूर, जो जल्लाद फिरते हैं।
उन्हें हमदर्द करने की, जुगत हमने बिचारी है॥

चले चर्खे अगर घर घर, तो दर दर रोएँगे जालिम।
यहाँ गुलशन हरा होगा, वहाँ फाकों की बारी है॥

21. बैसाख में ख़ून की होली

आप तो कहेंगे सावन के अन्धे को बारहों मास हरियाली ही सूझती है। पर बात ऐसी है कि फागुन शुक्ल पूनो को मैंने नशा खाया था और पूरे दो महीने यानी बैसाख शुक्ल पूर्णिमा तक उस नशे का खुमार बना है। इसलिए मेरे लिए अब बैसाख ही फाल्गुन है और बैसाख की होली सच्ची होली है। डुकरिया पुराण के पागल प्रणेता होली को शूद्रों का त्यौहार कहते हैं। परन्तु प्राय सभी हिन्दू होली मनाने में अपना गौरव समझते हैं किन्तु जो लोग यह कहा करते हैं कि फाल्गुन की होली हिन्दुओं का राष्ट्रीय त्यौहार है वे भूलते हैं। होली उस समय हिन्दुओं का राष्ट्रीय त्यौहार रही होगी जब प्रह्लाद पैदा हुए होंगे। किन्तु मदन और करीम के जन्म से इस समय की होली तो हिन्दू और मुसलमान दोनों की होली है अब वह फाल्गुण में न होकर बैसाख की शुभ शुक्ल पूर्णिमा को होती है। अररर! इतनी अधिक सब्जी ख़ाली है कि दो महीने से पेट में एक पत्ती भी रखने की जगह नहीं है। थकावट मालूम पड़ती है, परन्तु आप लोगों से मेरा पेट पलता है, इसलिए चलिए मेरे साथ, अपने घर को नहीं, मेरे घर की ओर नहीं, उन कंजूसों के घर नहीं, जहाँ लेटने को जगह नहीं है, किन्तु अमरावती चलिए अमरावती जहाँ अमृत का सरोवर है, जहाँ राजहंस रहते हैं, और जहाँ मुक्ता की मालाएँ हैं। चलिए जहाँ श्वेत मुक्ता ख़ून से रंग जाने पर 'लाल' हो गई है परन्तु तो भी यशोधवलित है! कैसा अपूर्व दृश्य है।

× × ×

आइये दिखाऊँ आपको! यही अमरावती है। यहाँ देवताओं ने होली खेली थी। अप्रत्यक्ष देवता नहीं, प्रत्यक्ष शरीरधारी देवताओं और दानवों में जैसे अमरावती में हमेशा ही केलि होती रहती है, वैसी ही यहाँ पर भी हुई। किन्तु एक बात है जरा ऋतुराज ने देवताओं के ऊपर से अपनी कृपा दृष्टि हटा ली। इसलिए इस अवसर पर स्वाभाविक रंग की कमी पड़ गई और नकली रंग का ईसा के भक्तों ने दिवाला निकाल दिया था। खासकर लाल रंग बहुत महँगा हो गया था। जब यहाँ तक नौबत पहुँची तब क्या था! दूसरों के ख़ून का आजकल दुनिया में मूल्य ही क्या है? कुछ नहीं। स्थान के लिए कुछ कहना ही नहीं! महिषासुर के एक एक बूँद ख़ून के गिरते ही दूसरा महिषासुर उठ खड़ा होता था, यहाँ मनुष्य और अमानुष दोनों का ख़ून गिरते ही अलग अलग एक एक मानुषिक और अमानुषिक शरीर उठ खड़ा हुआ। ख़ून की होली मची। रंग की ज़रूरत ही न रही। सारी अमरावती लहूलुहान हो गई। जो कमजोर थे, जिन्हें मद नहीं था, वह तो प्राणों को पीछे छोड़कर भागते थे, परन्तु जिनमें बल था हृदय में शक्ति थी, वह क्या करते थे? आगे बढ़कर होली खेलने वाले प्रेमियों का आलिंगन करते थे , प्रेम मद में मस्त थे, इसलिए वे अपने संसार में तन्मय पाते थे, और ठीक भी तो है न! अमृत सरोवर में जिन्होंने स्नान किया, वे एक जन्म की कौन कहे, जन्म जन्मांतर तक शरीर धारण करने की झंझट से बच गए।

× × ×

देखो मालिक, उधर देखो कैसा अच्छा बाग़ है! अभी तक इस पर लाल रंग चढ़ा हुआ है! इसी बाग़ के भीतर फाग मचा था, वैसाख की पूर्णिमा को। जिनका जीवन आजकल आकर्षक हो रहा है, वे लोग इतने तड़तड़ाए कि पिचकारी ले ले कर उन लोगों के साथ फाग खेलने को पहुँच गए, जिनके पास पिचकारी नहीं थी और जो प्रतिकार तक नहीं कर सकते थे। बादलों की गड़गड़ाहट की तरह कबीरें हुईं और हुईं ऐसी चुभती कि बस जिस पर असर हुआ वह चौखाने चित्त हो गया अथवा जो जहाँ था, वहीं चुपचाप सिर झुका कर रह गया! जिनके पास पिचकारी नहीं थी उन्होंने अपनी नसों की पिचकारी बनाई। फिर क्या था लग गई झड़ी! ख़ून की झड़ी! रंग की कमी की शिकायत दूर हो गई! ख़ून का रंगमार हुआ! यही थी राष्ट्रीय होली! रंग की कमी पूरी हुई, प्रेम की परीक्षा हुई, हृदय की पहचान हुई, संकीर्णता की पसली टूटी, पीने को मिली प्रेम की घूंटी, देखो परिणामस्वरूप रोती है बधूटी!

एक ओर नीचता का आह्वान हुआ, मनुष्य का ह्रदय पाषाण हुआ। किन्तु दूसरी ओर प्राणों का बलिदान हुआ। देश का कल्याण हुआ, राष्ट्र का निर्माण हुआ। ख़ून के घड़े के भीतर सीता की अव्यक्त काया थी, जो अत्याचार की इतिश्री के हेतु ईश्वरीय माया थी, किन्तु ख़ून की इस धारा के नीचे एक स्वतंत्र राष्ट्र की नींव का पत्थर निकला, पत्थर संगमूसा था किन्तु मासूम बच्चों के रुधिर की धारा में घुलकर वह संगमरमर बन गया। इसी संगमरमर की नींव पर एक राष्ट्रीय वेदी का निर्माण हुआ। यह वह वेदी है जहाँ अनाचार साम्राज्य की आहुति होगी।

× × ×

बैसाख पूर्णिमा की जलती हुई गर्मी में अनीति होलिका का स्वरूप झड़क उठा था और उसने मदन को 'करीम' बना दिया था और करीम को 'मदन'; इसके बाद दोनों को विश्वात्मा के विराट स्वरूप में परिणत कर विश्वव्यापी कर दिया था। किन्तु अनीति की होलिका अब भी सुलग रही है। अब प्रतीक्षा हो रही है, ऐसे भक्त की जो उसे भस्मीभूत करे और उसके एक-एक अणु से अलग-अलग सत्यमय ह्रदय उत्पन्न करे।

इस दृश्य को अपने ह्रदय में अंकित करो। उन पवित्र आत्माओं की बलिष्ट मूर्तियों की आराधना करो। ध्यान लगाकर देखो, होलिका का अग्नि प्रवेश हो चुका, रंगमार मच चुका, अब सुनो कोई होली गा रहा है—

मची कैसी यह होली, मदन की ऐसी ठिठोली।
हाथ नहीं हथियार गहे, पर प्रेम भरी थी झोली॥
रंग गुलाल कहाँ कोई ढूँढ़े, रुधिर-नली उनकी खोली।
कृष्ण हाथ से श्वेत गात पर, कैसी मली उन रोली॥
तन सुकुमार, अनेक सही पर, आनन्द से उन गोली।
ख़ून के असुअन रोवत रोवत, भीजी प्रकृति की चोली॥
सुत सपूत अपनों ऐसो लख, ममता उठकर बोली।
धवल ध्वजा फहराय व्योम में, गरल सुधा उन घोली॥

22. जलियाँवाला बाग़

जाल फैला था चारों ओर,
इधर खंदक खाई उस ओर।
अनेक व्यूह रच थे गए,
न था विपदाओं का कुछ छोर॥

बधिक था एक अनुचरों साथ,
सभी गाते उसके गुण—गाथ।
स्वार्थ के वशीभूत सब लोग,
नहीं उसके थे सच्चे हाथ॥
व्यूह पर सैन्य, सैन्य पर शूल,
झूमती थी गजेंद्र पर झूल।
बधिक यमराज चढ़ा था डटा,
हाथ में पकड़ शक्ति त्रिशूल॥
इधर था राजहंस का वृंद,
जिन्हें प्राणों की थी परवाह।
उधर था अनाचार छल छन्द,
और इनके भक्षण की चाह॥
शक्ति का लेकर निर्दय अस्त्र,
बधिक ने घेर लिया तत्काल।
घने जंगल के बीचो-बीच,
तड़पने लगे निरीह मराल॥
निकलने की न दिखी जब राह,
फँसे झखमार जाल के बीच।
नहीं था उनको कुछ आधार,
प्राण के पीछे पड़ा था नीच॥
एक बेचारों का आधार,
वही था निराधार आधार।
और था अपने पर विश्वास,
याकि वह स्वतंत्रता का प्यार॥
बना था ध्यान किन्तु यह नित्य,
नहीं है भौतिक जीवन नित्य।
नहीं मरता है कायर तुल्य,
बने रहकर ही इस के भक्ष्य॥
सुनी थी स्वतंत्रता की तान,
भला कैसे सहते अपमान।
विचरते चरते थे स्वच्छंद,
उन्हें था तृणवत तुच्छ जहान॥
बधिक भी आने लगा समीप,
काल का लेकर तीक्ष्ण कृपाण।

सोचने लगे हंस असहाय,
नहीं बचने के हैं अब प्राण॥
एक बूढ़ा बोला कुछ सोच,
करो प्यारी स्वशक्ति आह्वान।
करो इच्छा का सब अवरोध,
तोड़ना है बन्धन, लो ठान॥
मिले दिल खोल एक से एक,
नहीं थे जो उस समय अनेक।
बढ़े करने को जीवन दान,
याकि रखने को अपनी टेक॥
हुई जनसत्ता की हुँकार,
ऐक्य का गान उठा गुंजार।
शक्ति का श्रृंग टूटकर गिरा,
हुआ वेदी पर जब उच्चार॥
उड़े सब जोर लगा दिल तोड़,
उड़ा ले गए जाल का जाल।
हाथ मलता रह गया नृशंस,
बाँधकर भी न गली कुछ दाल॥
गई जन सत्ता बाज़ी जीत,
हंस भी करने लगे किलोल।
विचरते हैं मानस के मध्य,
और चुगते मोती अनमोल॥

गौरांग गुणानुवाद ।

तुम दगाबाज़ मक्कार सितमगर बेईमान जालिम हत्यारे ✱ डोगरा के कुत्ते खुदगरजी बेरहम बेवफा बदकारे ॥
डाकू चोर गिरहकट जालिम बेदीन लुटेरा आवारे ✱ खूंजर तोते चश्म हरामी रहजन जालिम गद्दारे ॥
तुंही हिन्द में बन सौदागर आया था टुकड़े खाने ✱ फिर दौलत देख देख कर मेरी लगे दिल में ललचाने ॥
हमें फरेबी चाल सिखा कर भाई भाई में लड़वाया ✱ करके दखल सकल पर मेरे हमको बागी सिखलाया ॥
बङ्ग भङ्ग करके फिर किसने नन्दकुमार को फांसी दी ✱ किसने टिकेन्द्रजीत को मारा लक्ष्मीबाई झांसी की ?
रणजीत सिंह के बेटे को यूरोप में जाये धोखेसे ✱ नाना बाजीराव पेशवा किसने मारा धोखे से ?
देवी मैनावती को [illegible] जीते ही जलाया किसने था ✱ भारत-भू को रक्त की आंसू हाय ! रुलाया किसने था ?
कुंवर सिंह से राज-भक्त को बागी कहकर मारा था ✱ आसुफ उद्दौला की बूढ़ी मां का जेवर कौन उतारा था ?
अवध नवाब के घर में डाका रात को किसने डाला था ✱ वाजीद अलीशाह के घरका तोड़ा किसने ताला था ॥
पेड़ इलाहाबाद चौक के अभी गवाही देते हैं ✱ खूनी दरवाजा देहली वाले खून घूंट पी लेते हैं ॥
अजनाला के कूंए में किसने भाई हमारे तोपे थे ✱ आहन खां औ शम्भू शुक्ल के शिर रेती लेकर रेते थे ॥
बच्चों की लाशें टांग किरच पर शहरमें कौन घुमाता था ✱ आग लगा लूटा किसने जब सारा आलम सोता था ?
और जालियां बाग में किसने बेकारण ही फायर की ✱ दिल-दिवारों के भीतर की देख क्रूरता डायर की ॥
अभी चौरसी रात समय हरएक आत्मा घायल की ✱ करतूत कहां तक कहूं क्या इस जाति फिरंगी कायरकी ॥
चालीस गजका गढ़ा किसने कानपुर में खोदा था ✱ स्तन काट नारियों का किसने जीते जी ही तोपा था ?
फूट नीति का अवलम्बन कर हिन्दू मुसलमां लड़वाया ✱ [illegible]पूजा औ रामलीला था गाड़िरी प्रयाग का रुकवाया ॥
सिन्धुबाला के नाम से किसने वारन्ट करवाई जारी थी ✱ जेल दिया ननद भावज को गर्भवती जो नारी थी ॥
प्रजापति के सर को किसने लाठी से था फोड़वाया ✱ स्वातंत्र दिवसमें सुभाष वीरके करको किसने तोड़वाया ?
सी०आर०दासको डाक्टरोंके ज़रिये ज़हरपिलानेवालाकौन ✱ पंजाब केसरी के वक्षस्थल पर लट्ठ चलाने वाला कौन ?
भूखा कर के जमी के ऊपर हमें चढ़ाने वाला कौन ✱ पिता के सम्मुख पुत्र-रत्न के खाल खींचने वाला कौन ?
है कलकी बात अभी ताज़ी कलकत्ते गाड़ीवानों की ✱ क्या यह नीति है सभ्य और इन्साफी औ इन्सानों की ?
पेशावर में बिन कारण ही किसने गोली चलवाई ✱ शोलापुर में मार्शल ला को किसने जारी करवाई ?
राजगुरु सुखदेव भगत को किसने फांसी दिलवाई ✱ भारत की आंसू देख फिरंगी ज़रा न दिलमें शरमाई ॥
अमन-शान्तिका स्वांग बनाकर जो सबका दम भरती है ✱ नवयुवकों को मार मार कर घूंट लहू का पीती है ॥
अब खुली आंख है नींद गई अब भारतके सन्तानों की ✱ बस ज़मीं आसमां पर भी जालिम और न तेरे प्राणोंकी ॥
एक बूंद खून के बदले घर भर खून बहाऊंगा ✱ जबतक तुमको मिटा न लूंगा चैन न किंचित पाऊंगा ॥

श्री 'मुक्तजीव' ।

दमन का दौर : ब्रिटिश शासन में भारतीयों को घुटनों के बल रेंगने पर मजबूर किया। अमृतसर, 1919

गौरांग गुणानुवाद

करतूत कहाँ तक करूँ बयाँ इस जाति फिरंगी कायर की

'ज़ख्मी पंजाब' और 'पंजाब का खून' की तरह 'गौरांग गुणानुवाद' कोई पुस्तक या पुस्तिका नहीं है। यह सिर्फ 52 पंक्तियों की रचना है। गौरांग गुणानुवाद यानी गोरों के गुणों का वर्णन। ब्रिटिश लाइब्रेरी, लन्दन के प्रतिबन्धित रिकॉर्ड के हिन्दी अनुभाग में संरक्षित यह रचना ब्रिटिश भारत में 1931 में ज़ब्त की गई थी।

'गौरांग गुणानुवाद' का रूप कविता का है। प्रत्यक्षतः यह औपनिवेशिक ब्रिटिश-शासकों को सम्बोधित है। इसकी शुरुआती पंक्तियों में ब्रिटिश-शासकों के लिए जिन विशेषणों का प्रयोग किया गया है वे साहित्य की प्रचलित शब्दावली से इतर 'अशिष्टता' की सीमा में पहुँच जाते हैं। लेकिन तत्कालीन परिस्थितियों और औपनिवेशिक ब्रिटिश-शासकों की नृशंसताओं को ध्यान में रखें तो इस शाब्दिक 'अशिष्टता' का निहितार्थ स्पष्ट हो जाता है और यह असंगत नहीं लगती। यह 'अशिष्टता' कुछ ऐसी ही है जैसी जलियाँवाला बाग़ हत्याकांड के गुनहगार जनरल डायर के जीवनी लेखक निगेल कोलेट ने उसकी ऐतिहासिक जीवनी को 'द बूचर ऑफ़ अमृतसर' (अमृतसर का कसाई) शीर्षक देते हुए की है।

'गौरांग गुणानुवाद' के रचनाकार का उद्देश्य कविताई करना क़तई नहीं था। उसका उद्देश्य तो भारतवासियों को औपनिवेशिक ब्रिटिश-शासन द्वारा किये जा रहे अत्याचारों की याद दिलाना और प्रतिकार के लिए प्रेरित करना था। वह यश के लिए यह रचना नहीं कर रहा था बल्कि अनेक तरह के कष्ट और यातनाएँ झेलते हुए, जान हथेली पर रखकर आम जनमानस की भावनाओं को अभिव्यक्ति दे रहा था तथा प्रशासन को आईना दिखाने की गरज़ से लिख रहा था।

रचनाकार अपनी इस कविता में अंग्रेजों के सौदागर बनकर भारत आने, धूर्तता से यहाँ का शासक बन बैठने और तब से भारतीयों पर अनवरत ज़ुल्म बरपाने का हवाला देते हुए उन्हें कोसता है। इसमें नन्दकुमार की फाँसी और 1857 की बग़ावत के दमन से लेकर जलियाँवाला बाग़ जनसंहार और भगत सिंह-राजगुरु-सुखदेव की फाँसी तक का उल्लेख किया गया है। रचनाकार भारत में साम्प्रदायिक सौहार्द

को बिगाड़ने में अंग्रेजों की चाल को भी उजागर करता है। ये सभी ऐतिहासिक सन्दर्भ पूर्णत: यथार्थ हैं। आख़िर में वह 'अब खुली आँख है, नींद गई अब भारत के सन्तानों की' कहते हुए प्रण लेता है—'जब तक तुझको मिटा न लूँगा चैन न किंचित पाऊँगा'।

कहना ज़रूरी नहीं कि यह और ऐसे ही निर्भय प्रणों ने ही भारत की स्वतंत्रता को सम्भव किया। 'गौरांग गुणानुवाद' को पढ़ना स्वतंत्रता की नींव की एक अनदेखी शिला से परिचित होना है।

गौरांग गुणानुवाद

श्री 'मुक्तजीव'

तुम दगाबाज मक्कार सितमगर बेईमान जलियाँ हत्यारे।
दोजख के कुत्ते खुदगर्ज बेरहम बेवफा बदकारे॥

डाकू चोर गिरहकट जालिम वेदीन लूटेरा आवारे।
खूँजर तोते चश्म हरामी रहजन जालिम गद्दारे॥

तु ही हिन्द में बन सौदागर आया था टुकड़े खाने।
फिर दौलत देख देख कर मेरी लगे दिल में ललचाने॥

हमें फ़रेबी जाल सिखा कर भाई भाई में लड़वाया।
करके दखल सकल पर मेरे हमको यारी सिखलाया॥

बंग भंग करके फिर किसने नन्दकुमार को फाँसी दी?
किसने टिकेंद्र जीत को मारा लक्ष्मी बाई झांसी की?

रणजीत सिंह के बेटे को यूरोप भेजाए धोखे से
नाना बाजीराव पेशवा किसने मारा चोखे से?

देवी मेनावती को बोलो जीते जी जलाया किसने था?
भारत भू को रक्त के आँसू हाय! रुलाया किसने था?

कुँवर सिंह से गज भक्त को बाग़ी कहकर मारा था।
आसफ उद्दौला की बूढ़ी माँ का जेवर कौन उतारा था?

अवध नवाब के घर में डाका रात को किसने डाला था?
वाजिद अली शाह के घर का तोड़ा किसने ताला था?

पेड़ इलाहाबाद चौक के अभी गवाही देते हैं।
ख़ूनी दरवाज़ा देहली वाले ख़ून घूँट पी लेते हैं॥

अजनालय के कुएँ में किसने भाई हमारे तोपे थे?
आछन खाँ औ शंभू शुक्ल के सिर रेती लेकर रेते थे॥

बच्चों की लाशें टांग कीरच पर शहर में कौन घुमाता था?
आग लगाकर लूटा किसने जब सारा आलम सोता था?

और जलियाँ बाग़ में किसने बेकारण ही फायर की?
दिल दिवारों के भीतर की देख क्रुरता डायर की।

अभी चीखती रात समय हर एक आत्मा घायल की।
करतूत कहाँ तक करूँ बयाँ इस जाति फिरंगी कायर की॥

चालीस गज का गड्ढा किसने कानपुर में खोदा था।
स्तन काट नारियों का किसने जीते जी ही तोपा था?

कूटनीति का अवलम्बन कर हिन्दू मुसलमाँ लड़वाया।
ब्रह्म-पूजा औ रामलीला या गहिरी प्रयाग का रुकवाया॥

सिन्धुवाला के नाम से किसने वारंट करवाई जारी थी?
जेल दिया ननद भावज को गर्भवती जो नारी थी?

प्रजापति के सर को किसने लाठी से था फुड़वाया?
स्वतंत्र दिवस में सुभाष वीर के कर को किसने तोड़वाया?

सी. आर. दास को डॉक्टरों के जरिए जहर पिलाने वाला कौन?
पंजाब केसरी के वक्ष-स्थल पर लट्ठ चलाने वाला कौन?

थुकवा करके ज़मीन के ऊपर हमें चटाने वाला कौन?
पिता के सम्मुख पुत्र रत्न के खाल खींचने वाला कौन?

है कल की बात अभी ताजी कोलकाता गाड़ीवानों की।
क्या यह नीति है सभ्य और इंसाफी है इनसानों की?

पेशावर में बिन कारण ही किसने गोली चलवाई?
शोलापुर में मार्शल लॉ को किसने जारी करवाई?

राजगुरु सुखदेव भगत को किस ने फाँसी दिलवाई?
भारत की आँसू देख फिरंगी जरा न दिल में शरमाई?

अमन शान्ति का स्वांग बनाकर जो सबका दम भरती है।
नवयुवकों को मार मार कर घूँट लहू का पीती है॥

अब खुली आँख है नींद गई अब भारत के सन्तानों की।
बस जमीं आसमा पर भी जालिम ख़ैर न तेरे प्राणों की॥

एक बूँद ख़ून के बदले घट भर ख़ून बहाऊँगा।
जब तक तुझको मिटा न लूँगा चैन न किंचित पाऊँगा॥

सांगीत

जलियानवाला-बाग़

पहिला हिस्सा,

शैर-मान्यवर किचलू यही, पंजाब के शेरे बबर।
सर ओडायर का हुआ था, वार इनपर पेश्तर॥

शैर-जलियानवाले बाग़ में, डायर ने कीना खून से।
वे गुनाह मारे हजारों, आह जुल्म अजून, से॥

शैर-टूटी, चालीसे, व कूलों में, लिखी सब चालें।
दुष्ट डायर बाग़ में, किस्से गोलियाँ से करो॥

शैर-आज दिन भी आप काटने, बान कारागार में।
अर्पण किये निज प्राण भी हैं, देश के उद्धार में॥

लेखक व प्रकाशक :—

बिहारीलाल अग्रवाल

प्रथमबार २०००] सर्वाधिकार रक्षित [मूल्य है आना

बाल शहीद : 13 वर्षीय मदन मोहन ने भी जलियाँवाला बाग़ में अपने प्राणों की आहुति दी थी।

सांगीत : जलियानवाला-बाग़

भारतीय जनता की पीड़ा का साक्ष्य

सांगीत एक लोकप्रिय लोकनाट्य रूप है। इसे सांग भी कहा जाता है। यह संज्ञा स्वांग से निकली है जिसका मतलब है किसी का वेश धारण करना या नक़ल करना अर्थात नाटक करना। सांगीत या सांग में संगीत, नाटक और नृत्य तीनों विधाओं का मेल होता है। मौजूदा अत्युन्नत तकनीकी साधनों के आने से पहले तक, सांगीत और इसके जैसे अन्य लोकनाट्य जन-संवाद और जन-संचार के अत्यन्त प्रभावी माध्यम हुआ करते थे; काफ़ी-कुछ आजकल के ऑनलाइन सोशल मीडिया जैसे। इसलिए यह समझना मुश्किल नहीं है कि स्वतंत्रता आन्दोलन के दौरान औपनिवेशिक ब्रिटिश-शासन के विरुद्ध जन-जागरण के लिए सांगीत क्यों लिखे गए?

'सांगीत : जलियानवाला-बाग़' 1921 में प्रकाशित हुआ था। इस सांगीत के लेखक थे बिहारीलाल अग्रवाल। पुस्तक का प्रकाशन भी उन्होंने स्वयं किया था। इतिहास जातीय स्मृति को सँजोने का एक माध्यम है लेकिन इतिहास-लेखन का अपना अनुशासन और कौशल है जो जन-सामान्य के पास नहीं होता। जन-सामान्य जातीय स्मृतियों को अपने तरीक़े से सँजोता है। 'जलियानवाला-बाग़' के लेखन का तात्कालिक उद्देश्य राष्ट्रीय स्वतंत्रता आन्दोलन के अनुरूप था। लेकिन आज एक सदी से भी अधिक समय बाद, यह सांगीत एक ऐसा महत्त्वपूर्ण साक्ष्य बन गया है, जिसमें आधिकारिक इतिहास-लेखन से इतर एक तत्कालीन रचनाकार द्वारा औपनिवेशिक शासन की बर्बरता और भारतीय जनता की पीड़ा की ऐतिहासिक स्मृति दर्ज है। इस बात की पुष्टि पुस्तक के आवरण पर प्रकाशित दो शेरों से भी होती है :

जलियानवाले बाग़, डायर ने सींचा ख़ून से।
बे गुनाह मारे हज़ारों, आह ज़ुल्म जनून से॥

दोहे, चौबोले व छन्दों में, लिखी सब दास्ताँ।
ज़ुल्म डायर बाग़ जलियाँ, हिस्से ओव्वल में बयाँ॥

इस सांगीत में वर्णित घटनाएँ और पात्र ऐतिहासिक रूप से प्रामाणिक हैं। गांधी, सत्यपाल और किचलू जैसे ख्यात नेताओं के साथ-साथ इस सांगीत में तेरह-चौदह साल के किशोर 'मदन' का भी प्रमुखता से उल्लेख है। अपने माता-पिता की इकलौती सन्तान मदन भी जलियाँवाला बाग़ की गोलीबारी में शहीद होने वालों में शामिल था। ब्रिटिश-शासन की बर्बरता के साक्ष्य के रूप में उसका नाम तत्कालीन साहित्य में बार-बार दोहराया गया है। कुल मिलाकर, यह सांगीत पराधीन राष्ट्र की बेबसी, आक्रोश और त्रासदी का जीवन्त प्रमाण है।

सांगीत : जलियानवाला-बाग़

बिहारीलाल अग्रवाल

मंगलाचरण

दोहा— भारत माता खड्ग ले, कीजे मेरी सहाय।
हंस वाहिनी माता तू, बैठ कंठ में आय॥

बैठ कंठ में आए संगीत मदन मोहन को गाऊँ।
जलियाँवाले बाग़ की हालत सुध अनुसार दिखाऊँ॥
जो कुछ गुजरी उसी का दिग्दर्शन करवाऊँ।
भूल चूक हो माफ बड़े छोटे सबको सिर नाऊँ॥
हक़ीक़त वहाँ की सारी। कहे है दास बिहारी।
करो रसना पर बासा।
श्री सरस्वती मातु हमारी करदे पूरण आशा।।

अमृतसर के बीच में, जलियाँवाला बाग़।
गोली चला डायर जहाँ खेली ख़ून की फाग॥

खेली ख़ून की फाग हज़ारों बेकसूर थे हारे।
बालक बूढ़े नौजवान सब ढूँढ़ ढूँढ़ कर मारे॥
मेले बैसाखी में आए देहाती बेचारे।
गोली आकर लगी प्राण तज सीधे स्वर्ग सिधारे॥

न यह गम दूर होगा दो चाहे लाखों सफ़ाई है।
शहादत बेगुनाहों की अब अपना रंग लाई है॥
हुआ है पेश रौलेट बिल जब इंपीरियल कौंसिल में।
सभी प्रान्तों ने सभाएँ कर मचाई भी दुहाई है॥

न इसको पास करिएगा हतक इससे है भारत की।
भला नक्कारखाने में कब तूती की सुनाई है॥
सुनी ना एक भी फरियाद आख़िर पास कर डाला।
इसी बुनियाद पर हुई सत्याग्रह की लड़ाई है॥
मुख़्तसर में कथा गाऊँ। न ज़्यादा तूल बढ़ाऊँ।
सब्र कर गया किनारा।
लिखूँ हक़ीक़त वही जिस तरह मदन गया था मारा॥

दूसरा

दोहा— रौलेट एक्ट जब से हुआ इंपीरियल में पास।
भारतीय जनता बड़ी इससे हुई निराश॥

इससे हुई निराश शोर सब मुल्कों मुल्कों छाया।
तन, मन, धन, सब दिया युद्ध में उसका ये फल पाया॥
अटलांटिक सागर पार जाय जर्मन को मार भगाया।
क्या? अच्छा बदला दिया गला घोटू क़ानून बनाया॥
प्रजा भारत की सारी। विनय कर करके हारी।
हुई ना एक सुनाई।
श्री गांधी महाराज दियो तब सत्याग्रह चलाई॥

गांधी जी का

दोहा— रौलेट बिल को पास कर, किया बड़ा अन्याय।
सत्याग्रह की ले शरण, माने इसको नाय॥

क़ानून ये माने नहीं चाहे हज़ारों हों जतन।
हिन्दू मुस्लिम भाई भाई, हिन्दुस्तान है सब का वतन॥
सब बैर भाव भुलाय आपस में गले लग जाइये।
क़ानून भंग कर शान्तिपूर्वक सत्याग्रह मनाइये॥

नेता अगर जावें पकड़े मत शोर कोई मचावना।
शान्तिपूर्वक तोड़ एक्ट जेल खाने जावना॥
छ अप्रैल को बिल पास हो, सर्वत्र कर हड़ताल दो।
अन्यायकारी एक्ट को कर सत्य से पामाल दो॥

चौबीस घंटों तक बरत भारत के नर-नारी करें।
होवें सभाएँ हर जगह यह रूल हम जारी करें॥

दोहा—हुक्म गांधी से हुई, देश देश हड़ताल।
मिलता नहीं बाजार में धेले का भी माल॥

मिलता नहीं कोई माल सारी बन्द दुकानें हुईं।
पहले चली देहली में गोली तलफ बहु जानें हुईं॥
शासन ओडायर के करों था उन दिनों पंजाब का।
जनरल डायर हो रहा था हाथ दाहिना आपका॥

जिस दम ख़बर सत्याग्रह की पड़ी ओडायर के कान में।
एक और चिल्ल चढ़ गया लोहे की कड़ी कमान में॥
हुकूमत के सरूर में। चूर होकर गरूर में।
क़लम निजी हाथ उठाई।
सर ओडायर लिखें पुलिस अफ़सर को ऐसे भाई॥

ओडायर का

अदब ख़ौफ़ सब उठ गया, कर दिन्हीं हड़ताल।
गिरफ़्तार फौरन करो किचलू औ सत्यपाल॥

किचलू और सत्यपाल कसूर दोनों का हैगा भारी।
लेक्चर दे दे कर इन्हें है सारी प्रजा बिगारी॥
इनकी इनकी सुनें बात कोई सुनता नहीं हमारी।
गिरफ़्तार दोनों को करना करके ख़ूब होशियारी॥
कमिश्नर जल्दी जाओ। पकड़ दोनों को लाओ।
भेद मत जरा बताना।
और करके उन्हें असीर शहर के बाहर बाहर लाना॥

पुलिस कमिश्नर का

अफ़सर का पाकर हुकुम खुफिया पुलिस लिवाय।
सत्यपाल जी को गरह घेर लिया झट जाय॥

घेर लिया झट जाय नम्रता से यो सखुन सुनाया।
मिस्टर किचलू और आपको साहेब ने बुलवाया॥
बहुत ज़रूरी काम बुलाने इसीलिए मैं आया।
चलिए जल्द हुजूर सवारी को मोटर हूँ लाया॥
बुला किचलू को लीजे। चलन की त्यारी कीजे।
हो रही पल पल की देरी।
साहिब देखें राह आपकी बात मानिये मेरी॥

सत्यपाल जी का

संग तुम्हारे चलन को, हैंगे हम तैयार।
किचलू को ले चलने के हो तुम ख़ुद मुख्तार॥

हो तुम ख़ुद मुख्तार नहीं अब बातें बहुत बनाओ।
काम जरा ज़रूरी ख़ूब समझते क्या? तुम हमें समझाओ॥
नहीं दुधमुँहे बच्चे हैं जो बातों में भिरमाओ।
हम चलने को त्यार आप नाहक दहलाए जाओ॥

वक्त बर्बाद करते आप किचलू को बुलाने में।
नतीजा कुछ नहीं निकलेगा उनके वहाँ जाने में॥
चलो हम हर तरह से त्यार होकर साथ चलते हैं।
बुरा होगा यहाँ साहब देर ज़्यादा लगाने में॥

गिरफ़्तारी को आए आप गर पब्लिक को मालूम हो।
तो घंटो बीत जाएँगे उन्हें धीरज दिलाने में॥
मानो या ना मानो आपको अख्तियार है इसका।
फर्ज अपना समझते हैं बुरा अच्छा बताने में॥
पास साहब ले जाओ। जेल में या पहुँचाओ।
नहीं कुछ उज्र हमारे।
सत्यपाल तैयार हर तरह चलता साथ तुम्हारे॥

कमिश्नर का

टालूँ हुकम मैं आपका ना इतना मकदूर।
ख़ैर आप ही संग में चलिए जल्द हुजूर॥

चलिए जल्द हजूर प्रथम आपही को लेकर जाऊँ।
अगर बुलावे किचलू को तो फिर वापस जाऊँ॥
गिरफ़्तारी का कोई जिकर ना सच सच बतलाऊँ।
आप मानते झूठ यकीन किस सूरत से दिलवाऊँ॥
आइए देर न कीजे। बैठ मोटर में लीजे।
न करिये कुछ अंदेशा।
झूठ बोलने का साहब है नहीं हमारा पेशा॥

सत्यपाल जी सुन वचन मोटर बैठे जाय।
पुलिस कमिश्नर तुरन्त ही दी हथकड़ी लगाय॥

दी हथकड़ी लगाय तुरन्त ही मोटर दई चलाकर।
चंद मिनट के बीच गया मिस्टर किचलू घर आकर॥
लिए खोल किवाड़ पहुँच गया बैठक अन्दर जाकर।
बैठे मिस्टर किचलू पाए चश्मा रहे लगाकर॥
प्रथम आदाब बजाया। नाम फिर अपना बताया।
सबब आने का खोला।
पुलिस कमिश्नर मिस्टर किचलू से है ऐसे बोला॥

कमिश्नर का

आया पास हजूर के इस लिए मैं जनाब।
जिला कमिश्नर आपको करते याद शिताब॥

करते याद शिताब जल्द तशरीफ़ ले चलो साहब।
बाहर खड़े सतपाल जी आके देख लो साहब॥
सब कुछ दिया बताय आप उनसे ही पूछ लो साहब।
जिला कमिश्नर है बँगले पर चलकर मिल लो साहब॥
होय तकलीफ़ जरूरी। काम से है मजबूरी।
नहीं अब देर लगावें।
सबको दो समझाय लौट कर जल्दी वापस आवें॥

मिस्टर किचलू

इसी जरा सी बात को आए बन सार्जेंट।
जा सकता है मैं नहीं बिन देखे वारंट॥

वारंट को देखे बिना हरगिज़ न जाऊँगा कभी।
ले चलना है अगर आपको वारंट दिखलावें अभी॥
नौकरी करता नहीं जो हुकम पर तैयार हूँ।
साथ जाऊँ आपके बैठा नहीं बेकार हूँ॥

जाओ हमारी तरफ़ से साहिब से कह दो जायकर।
गर पूछनी है कुछ बात है मिललें यहीं पर आयकर॥
करना है अगर असीर तो फिर हुकम दस्ती लाइये।
फुरसत हमें ज़्यादा नहीं बस अब यहाँ से जाइये॥

सत्यपाल जी बाहर खड़े बिल्कुल यकीं आता नहीं।
हमारे उनके बीच में तकल्लुफ का कोई नाता नहीं॥
रोकता है कौन उनको जो यहाँ नहीं आवते।
इस तरह बाहर खड़े होकर न हमें बुलावते॥
तर्ज गुफ्तगू का जानें। आपको ख़ूब पहचानें।
करो बकबक मत ज़्यादा।
अगर तुम्हें ले चलना है तो वारंट लाओ बाकायदा॥

कमिश्नर का

कुछ वारंट की काम न है प्राइवेट कुछ बात।
पास आपके इस घड़ी बैठी बड़ी जमात॥

बैठी है बड़ी जमात इसलिए कहने से लाचार हूँ।
आकर इधर सुन लीजिए बतलाने को तैयार हूँ॥
किस्सा है दूजा ना कोई सत्याग्रह की बात है।
चलना न चलना हर तरह से आपके ही हाथ है॥

समझी मुनासिब राय लेनी इसलिए आप बुलावते।
वरना बुलाने के लिए हरगिज न हम यहाँ आवते॥

सत्यपाल जी बाहर खड़े आता यकीं गर है नहीं।
तो लाँघ चौखट झाँककर ही देख क्यों लेते नहीं॥

गर पास में वारंट होता डालते झट हथकड़ी।
कह न सकते थे आप हमको बात फिर इतनी कड़ी॥
जाना कहीं न दूर है दो क़दम बाहर आइये।
सतपाल जी को देखिये और बात भी कर जाइये॥
कह चुका किस्सा सारा। मेहर कर चलो खुदारा।
सभी बेसूद फिक्र है।
देता तुरन्त दिखाय तहरीर होता हुकुम अगर है॥

सुनत कमिश्नर के बचन, हुआ नेक विश्वास।
मिस्टर किचलू देखते, आ मोटर के पास।।

आ मोटर के पास न देता कोई वहाँ दिखाई।
सत्यपाल जी नहीं, नहीं कोई हैगा खड़ा सिपाही॥
परदेदार बन्द है मोटर ,रहे सोच में छाई।
पुलिस कमिश्नर पीछे से झट हथकड़ी लगाई॥
खोल मोटर बैठाला। एकदम वहाँ से चला।
न फूला अंग समावे।
पुलिस कमिश्नर फिर दोनों को ऐसे वचन सुनावे॥

कमिश्नर का

दे लेक्चर नेता बने, छाया बड़ा गुरूर।
राज इंडिया का करें बेशक आप हुजूर॥

बेशक आप हजूर बग़ावत का झंडा फहरावें।
भीतर भीतर चला छुरी ऊपर से सत्य दिखावें॥
काट की ले किरपान, गिराना गिर सुमेर का चावें।
राय लेने के लिए मकाँ पर, सर ओडायर आवें॥
आप मत हों रंजीदा। मैं ज़्यादा दिल शर्मिंदा।
सोच दो सभी बिसारी।
होकर दिल खुरशंद कीजिए जेल चलन की तैयारी॥

पुलिस कमिश्नर जा रहा करता ऐसी बात।
बैठे इते मरीज सब, देरी से घबरात॥

एक मरीज

दरद कान में जोर का निकली जाती जान।
डॉक्टर साहब जाने कहाँ गए मेरे भगवान॥

गए मेरे भगवान कान का परदा फाटा जाता।
लहू पीब के साथ बराबर बाहर को है आता॥
बरछी सी भुक रही दर्द यह बेहद हमें सताता।
डॉक्टर साहब नहीं, नहीं तो नुक्सा अभी लिखाता॥
चले गए डॉक्टर साहब। हुए कंपाउंडर गायब।
मरूँ मैं दरद को मारो
इये साहेबवा आप कहाँ से गयो हाय बज मारो॥

दूसरे का

आता मेरे बाप को, भैया बड़ा बुखार।
लाया उन्हें दिखावने कर गाड़ी असवार॥

कर गाड़ी असवार नहीं दिन चार से दाना खाइन।
रात रात भर खोंखों करके सारे घर को जगाइन॥
तरस खायकर टोला वाले किचलू कर नाम बताइन।
कहाँ तक करें बखान, उन्हें ले बड़ी मुश्किल से आइन॥
पुन्न कुछ तुमह पै हो। सिफारिश जो करि दैहो।
बाप अच्छे हो जावें।
दिन और रात डॉक्टर साहिब के घर बैठे गुण गावें॥

तीसरे का

उल्टी उल्टी बात यह क्या? बकता है गंवार।
तपेदिक का आर्जा मेरी औरत को यार॥

मेरी औरत को यार जान उसकी नाहक जाती है।
नहीं मांस का नाम एक एक हड्डी दिखलाती है॥

सात सात दिन तक भाई, नहीं अन्न जरा खाती है।
एक घड़ी को भी बुखार से नहीं फुर्सत पाती है॥
थूक कर घर भर देती। चैन ना पल भर लेती।
ना ऐसी जोरू पाऊँ।
अगर कहीं मर जाय हाय मैं रंडुआ हो जाऊँ॥

सब मरीज यों कर रहे आपस में गुफ्तार।
नौकर डॉक्टर साहिब के, करते इधर विचार॥

कम्पौंडर

खानसामा जी दीखता हमको रंग कुरंग।
डॉक्टर साहब कहाँगे इस साहब के संग॥

इस साहब के संग प्रथम सोचो यह कैसे आया।
दोयम वारंट माँगा साहब ने उसने नहीं दिखाया॥
बातों में बिलमाय ले गया भेद न जरा बताया।
बाहर जाते देखा उनको, देख न मैं फिर पाया॥
ढूँढ़ लिया सब मकान है। बगीचा औ दलान है।
ना जाने कहाँ गए हैं?
तुम्हें होय मालूम बताओ हम तो आए नये हैं॥

खानसामा का

तले नीम के एक ठौ, खड़ी थी मोटर कार।
मैं जानूँ आयो कोई, परदे नशीं बीमार॥

परदे नशीं बीमार यहाँ पर आई लेन दवाई।
साहब आकर यहाँ डॉक्टर को ले गया लिवाई॥
गजब बड़ा उन किया हथकड़ी पीछे सेती लगाई।
मैं देखत ही रहो, झट मोटर में लियो चढ़ाई॥
हमारे बाबूजी ने। बन्द मोटर में कीन्हों।
इधर से गया भगाके।
जो कुछ देखा हाल आपसे अर्ज किया है आके॥

कम्पौंडर

खानसामा के बचन सुन हुआ बड़ा हैरान
गिरफ़्तार मालिक हुए, गया बख़ूबी जान॥

गया बख़ूबी जन तुरत डाला दुकान में ताला।
रुखसत सबको किया जो बैठे थे वह आदम आला॥
जाते ना कुछ लोग बड़ी मुश्किल से उन्हें निकाला।
घर में ख़बर कराय पास में सत्यपाल के चाला॥
हाल सब उन्हें सुनाएं। भेद सारा बतलाएँ।
अक्ल का काम करे हैं।
आह ये यां पुलिस वाले कुछ ये मायूस खड़े हैं॥

क्म्पौंडर यों सोचता जाता दिल दरमियान।
अब आगे की दास्ताँ सुनो मित्र धर ध्यान॥

गिरफ़्तार नेता हुए हुई शहर में धूम।
गई दुकानें बन्द हो हुआ जमा हुजूम॥

हुआ जमा हुजूम शोकाकुल हुए सकल नर-नारी।
अनारकली और माल रोड पर भीड़ हुई है भारी॥
बेकल अति हो रहे अश्क चश्मों से हैगा जारी।
जिला कमिश्नर पास जाने की सबने करी तैयारी॥
आपसरी में बतलाते। कमिश्नर पास है जाते।
कहेंगे अर्ज यही है।
देउ छोड़ नेताओं को साहब जो माँग कही है॥

जुल्म दोनों का

नौकरशाहों का न्याय साब होता सकल मसाल।
बे कसूर पकड़े गए किचलू और सत्यपाल॥

किचलू और सत्यपाल हमारे नेता आए यहाँ हैं।
बेकसूर बे खता हाय क्यों? हुए क़ैद बेचारे॥
जलता जाता न्याय दिनोंदिन जुल्म हरफ से आए।
चलकर अर्ज़ करें आज फिर हिन्दू मुस्लिम सारे॥

क्या हुई थी खता जरा दीजे बता, कर कृपा उनकी सूरत दिखादो हमें।
प्राण प्यारे हमारे हैं नेता दोउ, कर रहम दिल में उनसे मिलादो हमें॥
आप ख़ुशी से रहो राज सुबस बसो, एक दफा उनके दर्शन करादो हमें।
गर न अर्जी हमारी यह मंजूर हो, कर मिहिर जेल खाने पहुँचादो हमें॥

चले बसर सब कौम के, जिला कमिश्नर पास।
सुनकर अर्जी छोड़ दें, है पूरा विश्वास॥

विश्वास है सबको बड़ा, हम अर्ज करें जो जायकर।
सन्देह है इसमें नहीं दोनों को लावें छुड़ाय कर॥
खाते सों मनमोदक चले, जाते हैं करते जुस्तजू।
पड़ गई पुलिस के कान में, इन सबकी सारी गुफ्तगू॥

घेरी अगाड़ी आय झट से ले ले बन्दूक़ें हाथ में।
फ़ौज के भी जवान वह लाए लिवा कर साथ में॥
जनता हटे पीछे नहीं, और नहीं पुलिस वाले हटें।
वह कहें हम मार डालें, यह कहें हम मर मिटें॥

हुल्लड़ की सुन सुन कर ख़बर, गण्यमान नेता आ रहे।
शान्ति का सुपदेश देकर भीड़ को लौटा रहे॥
राय गोकुल चंद के सुपदेश सुन सत के भरे।
जनता हुई कुछ शान्त लौट जाने को फिरे॥

सत्य से रूठे हुए अधिकारी यह कब मानते।
जुल्म औ ताक़त से चलाना, सल्तनत को जानते॥
सुनता न कोई उनकी कही, पब्लिक हुई है बे कही।
बरदाश्त की ताक़त नहीं, अधिकारियों बाकी रही॥

एकदम से हल्ला बोलकर, करने लगे दन दन फयर।
घबरा उठी पब्लिक कि टूटा, यकबयक ही क्या कहर॥
आए बहुत से काम और बहु भाग निज निज घर गए।
सर ओडायर से रिपोर्टर हाल सब कहते भये॥

जनता का सुनकर जोश ओडायर गया घबराय कर।
रिपोर्टर से कहने लगा लीन्हा पास बिठाय कर॥

ओडायर का

अरे रिपोर्टर दे मुझे, बतला भेद तमाम।
सत्याग्रह कोई बशर या जानवर का नाम॥

या जानवर का नाम भेद यह सारा हमें बताना।
पूरा पूरा हाल शुरू से आख़िर तक समझाना॥
कहाँ मकान है इसका और क्या खाता है यह खाना।
है किसका फरजंद बता दे पूरा पूरा ठिकाना॥
हिन्दू या मुसलमीन है। या कोई नया दीन है।
कौन मजहब है इसका।
हमसे ज़्यादा हुक्म इंडियन मानें आज दिन जिसका॥

रिपोर्टर

नहीं बशर ना जानवर, ना कोई शैतान।
एक्ट गांधी कोर्ट का लें हजूर सच मान॥

लें हजूर सच मान पास अफ्रीका में हुई धारा।
सब बल थक्यो लगाय आख़िर जनरल स्टेम्स हारा॥
खेड़े के अधिकारी वर्ग का मान इसी ने मारा।
जुबा हिलाने की देर फतह कर लेगा इंडिया सारा॥

कव्वाली— माई लॉर्ड यह क़ानून गांधी ने बनाया है।
रौलेट बिल रद्द करने के लिए इसको चलाया है॥
गिजा इसकी है सच्चाई, नहीं कुछ और खाता है।
यह हर जानो-जवानों के दिलों में डेरा जमाता है॥

न हिन्दू है न मुस्लिम है न ईसाई न मूसाई।
सदाकत न्याय पर चलने का यह डंका बजाता है।।
मगर एक ऐब भारी है हुकूमत का हैगा दुश्मन।
न मानो रौलेट बिल कोई फिरे सबको सिखाता है॥

गजब तासीर है बस नाम के दो ही हरूफों में।
जिधर देखो उधर ही रंग इसका नजर आता है॥
अब सारे एक्ट आवें काम पुड़ियों के बनाने में।
जहाँ हर एक बशर हो-हो ख़ुशी जेल जाता है॥

भला गर चाहते हो अपना करो इन्तज़ाम जल्द इसका।
हमें तो राज अब साहब ये जाता ही दिखाता है॥
आप ख़ुद होशियार हैं। गवर्नर समझदार हैं।
मैं अपना नाम कटाऊँ।
इस्तीफा दे जान बचाकर वतन अपने जाऊँ॥

ओडायर का

एक्ट गांधी कोर्ट का है गरचे संगीन।
मैंने भी इसके लिए सोचा यत्न नवीन॥

सोचा यत्न नवीन नहीं हथियार यहाँ कोई कम है।
जनरल स्टेम्स ने अफ्रीका में खाई इसकी गम है॥
गांधी शेर हो गया समझता कोई न मेरे सम है।
सब घमंड दूँ तोड़ अगर जो मेरे दम में दम है॥

कव्वाली— जवाबी एक्ट मार्शल लॉ का मैं जारी कराऊँगा।
दिखा वह सब चुका अपनी, अब मैं अपनी दिखाऊँगा॥
मजा ऐसा चखाऊँ यह भी रखें याद सदियों तक।
रगड़वा नाक इनकी अदब करना सिखाऊँगा॥

मनाने चले सत्याग्रह हुए मगरूर हैं ऐसे।
हैं जितने इसमें शामिल सबों को फाँसी चढ़ाऊँगा॥
नशा ऐसा चढ़ा जो भूल गए है सर ओडायर को।
निशाँ और नाग इनका सफ़ह दुनिया से मिटाऊँगा॥
न काटूँ नाम तुम्हारा। देख इन्तज़ाम हमारा॥
नाम मेरा ओडायर।
हवाई जहाजों मशीनगनों से करवाऊँगा फायर॥

यों कह ओडायर तुरन्त टेलीफ़ोन उठाय।
वायसराय हिन्द को पट्टी रह्यो पढ़ाय॥

ओडायर

सुनो अर्ज सरकार पंजाबी बाग़ी हुए।
दीजे मुझे अख्तियार मार्शल लॉ जारी करूँ॥

चेम्सफोर्ड

देता हूँ अख्तियार मिस्टर माइकल तुम्हें।
करो न सोच विचार मन भावे सो करो॥

सर ओडायर हुकम पा होकर अति खुरशंद।
मुल्की कवानीन सब, फौरन कर दिये बन्द॥

फौरन कर दिये बन्द क्वानीन फ़ौजी किया ऐलान।
सन सत्तावन से ओडायर सत्याग्रह का किया मिलान॥
मशीनगन और जहाज हवाई गोलाबारी त्यार सामान।
हा निर्बल भारती प्रजा पर कर जुल्म समझता शान॥

लावणी—डुगी वाला बुला ओडायर दी डुगडुगी पिटाय।
आठ बजे के बाद रात को कोई कही न जाय॥
महराज न होवे सभा कहीं जिनहार।
तीन आदमियों की माफी नहिं होय इकट्ठे चार॥

नहीं बाहर से आय सकें नहिं यां निकलें अख़बार।
दाखिल सब कोई कर देवें बाईसाइकिल मोटर कार॥
महराज पुस्तकें राजनीतिक दो फूँक।
दाखिल फौरन करें लायकर, हो जिन पर बन्दूक़॥

सुन नादिरशाही हुक्म रियाया घबराई।
सब काम काज कर बन्द ईस से लगन लगाई॥
महराज शहर में हुई पूरी हड़ताल।
सुनकर ख़बर गांधी जी को हुआ सख़्त मलाल॥

जनता जोश में आयकर गई कुछ सिद्धान्त प्रतिकूल।
जाकर मैं पंजाब बताऊँ उनको उनकी भूल॥
महराज सोच यों दिल ही दिल दरम्यान।
चले गांधीजी पंजाब को करते रंज महान॥

इत डिटेक्टिव ने दिया तार कर बेअर आफ वायसराय।
बिन नंबर का माल मेल से अमृतसर को जाय॥
डबल घर पर तार दिये सुन लेफ्टिनेंट चेम्सफोर्ड।
जाने गरचे नहीं वहाँ है जारी मार्शल कोर्ट॥

महाराज कियो रास्ते ही में उन्हें असीर।
पैदा किया फसाद तमाम ख्वाह अधिकारी बेपीर॥
बिजली के मानिंद ख़बर यह फैली हिन्दुस्तान।
नौकरशाही की नियत जानता अच्छी तरह जहान॥

महराज कियो पुनि ओडायर यह काम।
जनरल डायर को सौंप दिये फ़ौजी अधिकार तमाम॥
कुछ लोगों ने करी कमेटी सारे शहर में क़री पुकार।
जलियाँवाले बाग़ सभा हो आज शाम के बजते चार॥

महराज सभा की सुन मदन मोहन लाल।
जाए मात डिग कहे जोड़कर ग्यारह बरस को बाल॥

मदनमोहन

कर जोरूँ विनती करूँ, श्रवण करो मम बात।
जलियाँवाला जान की, दो इजाजत मात॥

माता मुझे दो आज्ञा जलियाँवाला जाऊँ मैं।
नहीं देर ज़्यादा होयगी यहाँ लौट जल्दी आऊँ मैं॥
छह बजने के पहले ही पहले वापस आ जाऊँगा।
कहता मदन माता नहीं मैं देर वहाँ लगाऊँगा॥

माता

बेटा छौना लाडले, मेरे प्राणाधार।
जलियाँवाले जान का दे तू छोड़ विचार॥

बेटा दे छोड़ विचार तू वहाँ भीड़भाड़ होवेगी।
लग जाए चोट चपेट कहुँ, दूजे बहिन तेरी रोवेगी॥
तीजे हैं डायर का हुक्म घर से नहीं जाओ कहीं।
ले मान तू बेटा मदन हो मुदित मन खेलो यहीं॥

मदन का

माता तेरे हुक्म से मुझे नहीं इनकार।
साथी सारे जा रहे मेरे बाग़ मंझार॥

साथी हमारे मात सारे सभा देखन जा रहे।
कुछ गए हों वहाँ पर पहुँच, बाकी घरों से आ रहे॥
डायर के डर से मत डरै, रखियो बहन समझाय कर।
कहता मदन घंटे भर में जाऊँगा मैं आयकर॥

बिना आज्ञा जाऊँ नहीं आज्ञा तुझे देनी पड़े।
जा देख आ बेटा सभा ये बात तो कहनी पड़े॥
गरचे इजाजत दे नहीं तो मैं नहीं वहाँ जाऊँगा।
खाकर कसम तेरी कहूँ माता न रोटी खाऊँगा॥

माता

जलियाँवाला जान की, गर ऐसी ही उमंग।
तो बेटा दरबान को, लेजा अपने संग॥

ले जा अपने संग देख आ तू भी जाके तमाशा।
देती आज्ञा तुझे न बेटा हो दिल मांहि निराशा॥
मुझे बताना आन हुआ क्या रौलेट एक्ट का रासा।
बेटा मदन तेरे से मुझको बहुत बड़ी है आशा॥
देर मत बहुत लगाना। लौट सुत जल्दी आना।
पिता आते ही तेरे।
जब तक आवे नहीं पुत्र लगी चिन्ता रहेगी मेरे॥

माता की ले आज्ञा, ले संग में दरबान।
मदनमोहन होता ख़ुशी, गया बाग़ दरमियान।।

गया बाग़ दरम्यान न शोभा जहाँ की बरनी जावै।
शीतल मंद सुगंध पवन चौतरफ़ा सेती आवै॥
न्यारी न्यारी बनी क्यारी ऋतु बसन्त सरसावै।
बीचोबीच भीड़ भारी है होती सभा दिखावै॥

प्यारे जी गयो बाग़ में मदन घूमतो चहुँदिशी डोलै।
मिल्या बनारसी यार पकड़ के कर ऐसे बोलै॥
ग़ुस्से से आँखें लाल हुई और प्रेम भी उमड़ा आता है।
मित्र बनारसी को मनमोहन ऐसे वचन सुनाता है॥

मदनमोहन का

अव्वल दर्जे का बड़ा झूठा और मक्कार।
जान गया अच्छी तरह तुझे बनारसी यार॥

तुझे बनारसी यार अकेला चला यहाँ पर आया।
पूछी भी थी मैंने न तैने मुतलक भेद बताया॥
तेरे आसरे रहा मगर ना तूने मुझे बुलाया।
बदला लूँ चुकाय पकड़ अब तुझे यहाँ पर पाया॥

कव्वाली— बता दे प्राण प्यारे मित्र लिवा गर मुझको लाता तू।
मैं अपने पैरों से आता नहीं गोदी उठाता तू॥
लेकिन तूने तो पहिले ही करी ऐसी सफ़ाई थी।
पूछी बहुत कुछ मैंने न तैने कुछ बताई थी॥
न घबरा तू भी दिल में अब कभी मेरी भी बारी हो।
आज से तो मदन की हर जगह एकलेहि त्यारी हो॥

बनारसी

गजब जरा सी बात पर, हुए आप नाराज़।
भाई मदन इसमें छिपा, बहुत बड़ा है राज॥

बहुत बड़ा है राज करी ग़लती जो यहाँ पर आए।
मात पिता ने भी भैया क्या तोय नहीं समझाये॥
क्यों होती है सभा सबब क्या? तुमको नहीं बताये।
डायर रहा है बिगड़ इसलिए तुम्हें नहीं हम लाए॥

मेरे भाई हुआ जारी मार्शल लॉ है इसलिए ही तुझे यहाँ लाया नहीं।
तू है जिद्दी बड़ा एक मानै नहीं भेद इससे ही तुझको बताया नहीं॥
यह है रौलेट एक्ट की विरोधी सभा हुकम डायर का मैंने सुनाया नहीं।
बदला नेकी का दिया जारी एक्ट किया, वह बशर कौन जिसको रुलाया नहीं॥

मदन का

क्या है ये मार्शल लॉ और क्यों ये जारी हुआ किस्सा सारे का सारा सुनादे मुझे।
क्यों गए हैं पकड़े गांधी मान्यवर नेक दर्शन तो उनके करादे मुझे॥
कौन डायर है और वह है रहता कहाँ कर कृपा मेरे भैया बतादे मुझे।
मैं भी अपने वतन का बनूं हमदर्द सीख ऐसी बनारसी सिखादे मुझे॥

बनारसी

प्राण प्यारे मदन तुम सुनो चित लगा, किस्सा मार्शल लॉ का मैं सुनाऊँ तुम्हें।
जारी जब से हुआ छीन आज़ादी ली, जुल्म इसके कहाँ तक गिनाऊँ तुम्हें॥
पूज्यवर गांधी आ रहे थे यहाँ गए पकड़े कैसे दर्शन कराऊँ तुम्हें।
अभी बच्चे हो कमअक्ल नादान हो कुछ दिनों बाद सब कुछ सिखाऊँ तुम्हें॥

मदन का

न हुई है तसल्ली अभी तक मेरी मुझे बातों ही बातों में उड़ाते हो तुम।
मुझे नादान कम अक्ल बच्चा समझ बात कोई नहीं हा बताते हो तुम॥
मोहे पल पल बरस के सदृश्य बीतती, झगड़ा छोटे बड़े का लगाते हो तुम।
क्या है डायर बला चीज मार्शल लॉ क्या? किस्सा इसका न पूरा सुनाते हो तुम॥

बनारसी

डायर अफ़सर फ़ौज का, मार्शल लॉ क़ानून।
बतलाऊँ तुमको मदन, मैं सारा मजमून॥

मैं सारा मजमून बड़ा डायर ये सख़्त जिगर है।
फौलादी है बदन रहम का नाम न करे असर है॥
उसका सानी ब्रिटिश फ़ौज में नहीं दूसरा नर है।
उसका ही हुकम न जाओ कहीं छोड़कर घर है॥
कवानीन जितने जारी। सभों से मार्शल लॉ भारी।
दाँत अति पैन्ना इसका।
लेता फौरन काट, न खाता बिल्कुल रहम किसी का॥

मदन का

जनरल डायर है अगर, ऐसा ही रण रंग।
तो जर्मनी से जायके, क्यों ना मचाई जंग॥

क्यों न मचाई जंग बुलाए क्यों भारतीय जुझारे।
रूस, फ्रांस, बेल्जियम अकेले लड़ जर्मन से हारे॥
भारतवर्ष के योद्धा जाकर जब रण बीच दहाड़े।
भाग ऑस्ट्रिया गया मान सारे जर्मन के मारे॥
शेर गर होता डायर। न घर रहता बन कायर।
जाय वहाँ जंग मचाता।
अगर बहादुर होता तो नहीं ऐसा हुक्म सुनाता॥

बनारसी

मदन तुम्हारी बात में, नहीं बाल भर फर्क।
आओ चल देखें सभा, फिर करेंगे तर्क॥

दोनों मित्र सलाह कर गए सभा के बीच।
हंसराज खुफिया पुलिस दे रहा था स्पीच॥

दे रहा था स्पीच इधर डायर ने यह सुन पाया।
सत्याग्रहियों का भारी मजमा जलियाँवाले में छाया॥
नामी नामी अफ़सरों को ले, फौरन वहाँ पर आया।
एक किनारे जाय आपसरी में मशविरा मिलाया॥
बुलाया लारेंसन को। बर्ड और जॉनसन को।
हुक्म ऐसा फरमाता।
कौन संगदिल, कौन रहम दिल यह डायर आजमाता॥

डायर

कर्नल लारेंसन सुनो, हुकम मेरा धर ध्यान।
चौतरफ़ा से बाग़ को, घेरो ले सामान॥

घेरो ले सामान किले से तोपे अभी मँगाओ।
बरकंदाज घाघरिया पलटन पूरी त्यार कराओ॥
चारों नाके बाग़ के घेरो पहरा सख़्त बैठाओ।
दन दन फायर करो एकदम मारा मार मचाओ॥
समर के शस्त्र उठाओ। मार ही मार मचाओ।
तलब बढ़वा दूँ तेरी।
पूरा ऑर्डर तुझे है सारी जिम्मेदारी मेरी॥

लारेंसन का

हुक्म आपके से मुझे जरा नहीं इंकार।
ऊँच-नीच का मेहरबाँ करिये जरा विचार॥

करिये जरा विचार हज़ारों जवान मरेंगे क्षण में।
बीस हज़ार से ज़्यादा आलम है इस दम बाग़न में॥
अहैं निहत्थे शस्त्र न इन पर सोच लीजिए मन में।
एक एक गोली कई जवानों के निकल जाएगी तन में॥
आप क्या? फल पावेंगे। हज़ारों मर जावेंगे।
होयेगी लोग हँसाई।
लन्दन में सब कहें करी डायर ने ख़ूब चढ़ाई॥

डायर का

कब से हुआ बुजदिला, अरे लारेंसन जवान।
करता है इन पर रहम, क्या हो गया खफगान॥

क्या हो गया खफगान तेरी क्या अक्ल गई है मारी।
बैठे मशविरा करें बाग़ में जुड़ रही खिलकत सारी॥
अदब ख़ौफ़ उठ गया किया इत सत्याग्रह है जारी।
मानें ना क़ानून कर रहे बलबे की तैयारी॥

मजा ख़ूब इन्हें चखाओ। मार ही मार मचाओ।
लाश पर लाशें धर दो।
ज़िन्दा बचे न एक चिता इन सब की यहीं पर कर दो॥

लारेंसन

अगर भीड़ बलवाह हो, करें बराबर फैर।
मार मार गोली अभी, करें लाशो के ढेर॥

करें लाशों के ढेर अभी हम गन मशीन चलवावें।
होय तलब जवाब आप फिर कहिए कहा बतलावें॥
ख़ाली हाथ छड़ी तक ना है कैसे गदर मचावैं।
फैर हवाई हुए अभी सब भाग यहाँ से जावें॥

निहत्थे भी भला साहेब कहीं बलवा मचाते हैं।
न छोटे दूधमुँहे बच्चे कभी लड़ने को जाते हैं॥
हुआ है पास रौलेट बिल वही मातम मनाते हैं।
नहीं मंजूर है हमको सभा कर यह दिखाते हैं॥
मानिए कहन हमारी। भीड़ हट जावे सारी।
फैर गर होये हवाई।
सगरे जावें भाग न फिर कोई देवे यहाँ दिखाई॥

डायर का

सर ओडायर का रहा यह परवाना खास।
पढ़कर इसको देखलो होय न गर विश्वास॥

होय न गर विश्वास शुरू से आख़िर तक पढ़ जाओ।
जिम्मेदारी रही हमारी फिर कैसे बतलाओ॥
ज़्यादा करो ना बात मोर्चा जाकर अभी लगाओ।
करो बाग़ को फतह फेर घर बैठे पेन्शन पाओ॥

यह काले कुली हब्शी हैं फकत बोझा उठाने को।
हमारे ऐश औ आराम का सामान जुटाने को॥

इनकी जान की कीमत न उन चिड़ियों से ज़्यादा है।
जो लाता हैगा बावर्ची सुबह खाना पकाने को॥
न इससे कुछ हमें मतलब यह बलवाई या शहरी हैं।
एकदम इनके सीने पर लगाओ तुम निशानों को॥
नहीं कुछ काम है इससे ये बूढ़े हों या बच्चे हों।
अफ़सरों ने हमें भेजा रौब इन पर जमाने को॥
नहीं कुछ नामवरी होगी अगर फैर हवाई हों।
सिखाता सीख तू उल्टी हँसी मेरी कराने को॥
शान से ही मिटा दो। इन्हें नीचा दिखादो।
अगर जो देर लगाओ।
हुक्म अदूली करो सज़ा तुम पूरी इसकी पाओ॥

लारेंसन के हुक्म सुन, खता हुए अवसान।
कर्नल बर्ड बोला तुरत, एकदम त्योरी तान॥

बर्ड का

लारेंसन से कुछ नहीं, होना है सरकार।
हुक् बर्ड को दीजिए करूँ बाग़ मिसमार॥

करूँ बाग़ मिसमार, अभी मैं लाशों पर लाश बिछाऊँ।
मशीनगनों से गोले ओले के सदृश बरसाऊँ॥
ऐरीप्लेन और जेप्लेन से इन पर बम्ब गिराऊँ।
ज़िन्दा रहे न एक सबों का नामोनिशान मिटाऊँ॥
आज रन इन से डाटूँ। बाग़ लाशों से पाटूँ।
न मुतलक देर लगाऊँ।
हुकम दीजिए, हुकम दीजिए, गनमशीन जलवाऊँ॥

डायर का

शाबाश शाबाश केहरी मेरे कर्नल शूर।
जलियाँवाले बाग़ को मार मिला दे धूर॥

मार मिला दे धूर बाग़ का नामोनिशान मिटा दे।
ब्रिटिश फ़ौज की जंग बानगी कालों को दिखला दे॥

सत्याग्रह सभा करने का पूरा मजा चखा दे।
धर दे बत्ती तोपों पर और सारी सभा उड़ा दे॥
देर अब मती लगाओ। शिताबी फ़ौज सजाओ।
किसी से नहीं डरो तुम।
देता हूँ मैं हुकम आज मनमाने फैर करो तुम॥

हुकम पाए मन मुदित हो कर्नल बर्ड फिलहाल।
नामी नामी फ़ौज सब बुलवाई तत्काल॥

बुलवाई तत्काल मोर्चा आकर बाग़ जमाया।
मशीन गनें और जहाज हवाई गोले गोली लाया॥
जगह जगह पर नाकेबन्दी पहरा सख़्त बिठाया।
उधर सभा हो रही निशाना इसने इधर लगाया॥

उड़ान मशीनगन चाहता लेजाना पर वह अन्दर नहीं जाती।
है छोटा बाग़ का फाटक उसी में अड़ के रह जाती॥
कहे यों आयकर डायर हटाओ गनमशीनों को।
भरो बन्दूक़ और उन पर चढ़ा लो झट संगीनों को॥
भरो खुर्जी में अपने सब छर्रे बारूद और गोली।
चलो चुपचाप जल्दी से न निकले किसी की बोली॥

जनरल डायर फ़ौज ले अन्दर गया शिताब।
रख पत्थर दिल सब्र का आगे बढ़े जनाब॥

आगे बढ़े जनाब फ़ौज ने ली बन्दूक़ सुधारी।
आती देख सिपह जनता ने की भागन की त्यारी॥
उठके बोला 'हंस' न देना हरगिज क़दम पिछारी।
फायरिंग करने का डायर कभी नहीं अधिकारी॥

लेकिन था सुनता कौन पड़ गई सब में ऐसी खलबली।
जनता सिरों पर पैर रखकर भाग के वहाँ से चली॥
जो थे वहाँ मौजूद उन को जान के लाले पड़े।
ज्यों फाँसी चढ़ने को कोई जल्लाद के पाले पड़े॥

डायर के सूरत देखते जनता में हुई अति बेकली।
भागने लगी चारों तरफ़ पर राह नहिं कोई मिली॥
था एक फाटक बाग़ में सो भी घिरा डायर लिया।
जुल्म हा उन बेकसों पर फिर सितमगर ने किया॥

देता हुकुम यों जफौं को बचकर कोई जावे नहीं।
बाहर से भी बाग़ के अन्दर कोई आवे नहीं॥
फौरन बिगल बजाय कर दी फायरिंग करवाय कर।
घायल हो जनता गिरी भृत्राहि-त्राहि मचाय कर॥

हाँ इस तरफ़ हाँ इस तरफ़ कहता फिरे हर बार है।
हाय निर्बलों का सहायक तू ही अब करतार है॥
हुई फायरिंग शुरू बाग़ में पब्लिक भाग जान बचाये।
नहीं सूझता है कुछ भी रह्यो धुआँ आसमान में जाए॥

डायर करता फायर दना दन फ़ौज के निकल रहे अरमान।
हो हो घायल गिरे धरा पर जाते निकर तुरन्त ही प्रान॥
कुर्सी मेजें उलट गईं टूट गया सब सभा का तार।
कहाँ तक करूँ बयान किये डायर ने जो जो अत्याचार॥

खुफिया हती जो बाग़ के अन्दर अपना बिल्ला दिया दिखाय।
रस्ता छोड़ दिया फ़ौजों ने भागे अपनी जान बचाय॥
फांद फांद कर चार दिवारी धर धर लाशन ऊपर पाँव।
बहुतेक भागे हैं पंजाबी ले ले अपनी ईश को नाम॥

कई हज़ार हुए हैं घायल और बहु पड़े पड़े चिल्लाएँ।
नौ नौ गोली खाए जिगर पर बहुतिक दीन्हें प्राण गवाएँ।
सारे बाग़ में बिछी लाशें और बहि चली रक्त की धार।
शाबाश शाबाश डायर सूरमा गोली चलाई बेशुमार॥

उड़ उड़ छाल गई पेड़न की औ लग गई पत्तिअन आग।
मार मार कर लाल भारती डायर खेल रह्यो रण भाग॥
पिचकारी बन्दूक़ बनाईं औ बारूद को रंग बनाय।
जिधर भागता देखे किसी को उधर फायर रह्यो कराय॥

चंद मिनट के पहिले जलियाँ बना हुआ था राजस्थान।
हाय-हाय पापी डायर ने बना दिया उसको श्मशान॥
भागे-भागे फिरें पंजाबी देई देवता रहे मनाय।
पूजा करें जन्म भर तुम्हारी अब गाढ़ेमा होउ सहाय॥

बहुतेक लेट गए धरती पर बहुतेक पेड़न गए लुकाय।
सब उपाय कर हार गए हैं बचती नहीं जान बचाय॥
देखके हालत जलियाँवाले की दरबानी मन कियो विचार।
मदन बनारसी पीछे कर लिये आप हो गया खड़ा अगार॥

यह मेरे मालिक का लड़का है इनकी रक्षा करो करतार।
नहीं जान की हमको परवाह चाहे गोली लगे हज़ार॥
मिनट भर की भई न देरी गोली लगी तड़ाका आय।
हाय हाय दरबान मदन को गिरो धरनी पर चक्कर खाय॥

मरते-मरते यों चिल्लायो भागो कुँवर जी जान बचाय।
किसी बात का करो न अंदेशा हमारी करो नहीं परवाय॥
भागो भागो बाबू बनारसी मानो मानो कही हमार।
नहीं दया है इकरे जी में इहु डायर यम के अवतार॥

चार दिवारी बाग़ के नीचे लाशों की है ढेरी लाग।
चढ़कै ऊपर कुँवर मदन जी जल्दी जाओ यहाँ से भाग॥
ये गति देखी दरबानी की रोवे मदन जार बे जार।
दरबानी ने प्राण छोड़ दिये मुख से राम राम उच्चार॥

करा दुनिया से किनारा। विमान चढ़ स्वर्ग सिधारा।
नीर नयनों से बहावै।
मनमोहन को हाथ पकड़ कर बनारसीदास समझावै॥

बनारसी

नहीं गित्र ये वक्त है करने का सन्ताप।
जानों के लाले पड़े सोच लीजिए आप॥

नहीं रंज करने का पर बत मानो हमारी मतु मदन।
बच जाएँ जिससे प्राण अब आओ करें ऐसा जतन॥
लाशें पड़ी हैं जा बजा इनमें ही छिपना चाहिए।
नहीं और दूजा उपाय है जिससे कि जान बचाइये॥

मदन का

सुन सुन कर तुम्हारे बचन होता शोक महान।
लाशों में कभी ना छिपें बेशक जावे जान॥

लेकर के मेरी जान को गर प्यास डायर की बुझे।
होके ख़ुशी दे दूँ अभी इनकार कुछ ना है मुझे॥
मम देश वासी यों मरें और हम बचाते जान फिरें।
इससे तो बेहतर है यही ख़ुद मारकर खंजर मरें॥

इत पिता तुल दरबान इत है भ्रात सम अब्दुलगनी।
भारत सपूतों की पड़ी हैं लाशें लोहू से सनी॥
इनमें नहीं छिपकर कभी हम अपनी जान बचाएँगे।
कुरबान होकर के वतन पर स्वर्ग सीधे जाएँगे॥
आज़ादी लेने के लिए गर जान की दरकार है।
तो मदन देने को सिर हर तरह से तैयार है॥

बनारसी

मानो मेरी सलाह प्राण प्यारे मदन जान देने से कुछ हाथ आना नहीं।
काम पूरा हमारा नहीं कुछ हुआ जान चाहिए अभी से गंवाना नहीं॥
झट से लाशों में छिप जा प्यारे मदन तू समझदार है कुछ दीवाना नहीं।
है कुशल आड़ पेड़ों में हम तुम खड़े वरना अब तक तो लगता ठिकाना नहीं॥

मदन का

जो गई एक दफे हाथ से शै निकल मित्र मिलनी वो होती सुखारी नहीं।
नहिं मिले राज्य अपना वो स्वराज्य हो गर करें हम अदम को तैयारी नहीं॥
एक भाई मरे दूजा छिपता फिरे आत्मा नीच इतनी हमारी नहीं।
मैं यही मर मिटूँ नहीं यां से हटूँ जान हमको हमारी प्यारी नहीं॥

बनारसी

मान ले मान ले अब भी कहना मदन देख आधे से ज़्यादा सफ़ाई हुई।
किस तरह पर सजा बाग़ जलियाँ था हाय! उसकी ही ऐसी तबाही हुई॥
एक नजर देख ऊपर को प्यारे मदन है घटा धुंएँ की कोसों छाई हुई।
छोड़कर सारे हठ लेट चुपचाप जाकर तरकीब मेरी बताई हुई॥

मदन

सैकड़ों बरसों से सोता भारतवर्ष फायरिंग एक इसकी दवाई हुई।
हज़ारों बशर आज यहाँ मर मिटें परन कीरत मिटेगी मिटाई हुई॥
हिन्द का बच्चा बच्चा न भूले इसे आग डायर की यह है लगाई हुई।
कुछ नहीं है फिकर गर मरें हम यहाँ आत्मा है हमारी सताई हुई॥

दोनों यार सलाह आपस में करते इधर।
पड़ी डायर की निगाह ग़ुस्सा हो कहे बर्ड से॥

डायर का

कर्नल बर्ड तेरी फ़ौज का था मुल्कों में शोर।
आज बाग़ जलियान में कहाँ गए सब जोर॥

कहाँ गए सब जोर हाथ रुक रुक के उठा रहे हो।
हमें दिखाने ही को क्या? तुम गोली चला रहे हो॥
या रिश्वत खा गए इस लिये इन्हें बचाय रहे हो।
सीधा पड़े न एक निशाना कैसा लगा रहे हो॥
शान सब आज गंवाई। बहादुरी ख़ूब दिखाई।
सुस्त सब साथी तेरे।
कर देता मैं ठीक अगर जो होते मातहत मेरे॥

बर्ड का

असल बिन्द अंग्रेज़ का, साकिन इंग्लिस्तान।
माफी माँगो और लो अपना वापस अपना ब्यान॥

वापिस अपना ब्यान सखुन अति तुमने सख़्त निकाला।
हिन्दुस्तानी नहीं समझ अफ़सर दे जाऊँ टाला॥

रिश्वत खोर सुस्त हम सब हैं तुम्ही बहादुर आला।
बस डोयल के लिए त्यार हो पड़ा बर्ड से पाला॥
आप अफ़सर हो हमारे। हम हैं मातहत तुम्हारे।
न कलमा सख़्त सुनेंगे।
माफ़ी लो झट माँग नहीं तो मारें और मरेंगे॥

डायर का

डियर फ्रेंड नेक बात पर, हुए आप नाराज़।
रौब जमाने का मिला अच्छा मौक़ा आज॥

मौक़ा है जैसा आज ऐसा फिर है मिलने का नहीं।
अपने से छोटा जानकर कुछ बात मैं कड़ी कही॥
इतने तुम तुनक मिज़ाज हो गर जानता मैं पेश्तर।
खाकर कसम तेरी कहूँ कहता नहीं जेरो जबर॥

ख़ून औ जोशों में भरा फजले इलाही जवान हो।
लेकिन तजुर्बेकार मैं और तुम अभी नादान हो॥
अच्छे बुरे को सोचना ही काम है इनसान का।
बे बात ही ग़ुस्सा को शेवा यह है हैवान का॥

करनैल ग़ुस्सा छोड़कर अब मार मार मचाय दो।
जितने रहे बाकी उन्हें भी मार धरनी गिराय दो॥
देखें जरा बाई तरफ़ जो आड़ पेड़ों की खड़े।
मालूम होता है हम थे दोनों शर कश बड़े॥

जारी है कब से फायरिंग मारे गए ये क्यों? नहीं।
इससे ही ग़ुस्सा हो बर्ड कुछ बात मैं कड़ी कही॥
अब बन्द होगी फायरिंग होने को आई शाम है।
दो-चार मिनटों में करो इन सबका काम तमाम है।।

जरनल ग़ुस्सा छोड़कर, करूँ हुकुम मंजूर।
लेकिन अब ऐसे सुखन कहना मती हजूर॥

कहना मती हजूर बात अति कड़ी आप कही है।
दिल के टुकड़े हुए कलेजे अब तक कसक रही है॥
बन कर बड़े लगाया मरहम मगर न पीर गई है।
बोली गोली के सदृश सीने से पार भई है॥
आपसे लईन लड़ाई। बड़ी गम हमने खाई।
चंद मिनटों के अन्दर।
बाकी का काम तमाम करूँ फिर देउ फायरिंग बन्द कर॥

करो इशारा फ़ौज को दूने जोश में आय।
ओले के सम गोलियाँ बर्ड रह्यो बरसाय॥

अफ़सर की देखी सैन फ़ौज शय पाई।
जलियाँवाले बाग़ गोलियों की छड़ी लगाई॥
महाराज गिरें बशर पंजाबी हाय!
सिवा धुएँ के और वहाँ कुछ पड़ता नहीं दिखाय॥

जितनी नाली बनी बाग़ में फूलन सींचन काज।
उन्हीं नालियों ख़ून बह रहा भारतीयों का आज॥
महाराज मेघ सी लग रही झड़ी अपार।
हाय! हाय! और त्राहि!त्राहि! की चहुँ दिसि मची पुकार॥
सुनि त्राहि त्राहि को बचन ख़ुशी अति डायर।
देता है शाबाश करो ख़ूब फायर॥

महराज फूल फल के जो छोटे पेड़।
रौंद खौंन्द हो गए बराबर टूटी क्यारी मेंढ॥
अमेरिका की बनी बन्दूकें चलती मिनट में चालीस बार।
ढेरी लग रही है मुर्दों की और घायलों का नहीं शुमार॥
महराज जरा सा घोड़ा दें दबाय।
चाहे जैसा होय बहादुर गिरे धरनी पर आय॥

जो पेड़ भारी बाग़ में उड़ गई सबों की छाल है।
जल गई बहुतिक पत्तियाँ टूटी बहुत सी डाल हैं॥
मैना तथा कोयल सुआ जो बोलते मृदु बोलियाँ।
मर मर कर धरती पर गिरे डायर की खाकर गोलियाँ॥

कुछ गायें भैसें भी वहाँ चरने के लिए थी गई।
गोली लगी वह भी मरीं चरती की चरती रह गई॥

इत पब्लिक रही ईश्वर से लगन लगाई।
अब कठिन समय है करो तुम्हीं हे ईश सहाई॥
महाराज मुख से निकल न पावे नाम।
गोली लगे आयकर पहले होवे काम तमाम॥
रहे भारती भाग मगर कोई राह न पाते।
गोली लगती आन स्वर्ग ही सीधे जाते॥

महाराज जरैं साफे और छिदैं कपार।
वर्णन कैसे करूँ किये जो डायर अत्याचार॥
डायर पै ख़ून सवार मार ही मार पुकारै।
बर्ड लिए बन्दूक़ सिपह अपनी ललकारै॥
महराज कसम दोनों ने रखी खाय।
आज बाग़ जलियाँवाले से ज़िन्दा कोई ना जाय॥

बहुतेक लेटे धरनी पर लाशों में मुंड छिपाय कर।
जब जायगो डायर चलो ले जाएँ जान बचाय कर॥
डायर बर्ड को इत रह्यो उँगली से यों बतलाय कर।
देखो छिपे ज़िन्दा इधर मारो इन्हें तड़फ़ाय कर॥

महाराज कर रह्यो बर्ड नीचे को फैर।
छाती पीठ तोड़ती गोली निकली कई बैर॥
रह गए पड़े के पड़े ख़त्म हुई ज़िन्दगानी।
बहु प्यास प्यास चिल्लाएँ मगर न मिलता पानी॥

महाराज बहुत से छिपे पेड़ों की आड़।
तिरछी फैर कराई डायर तोड़ दिये सब हाड़॥
देहाती जो आए सभा में उन कियो ये काम।
नजर बचा चढ गए पेड़ पर डारन लियो विश्राम॥
महाराज करी ऊपर को डायर फैर।
खाय कुलांच गिरे धरनी पर हुए मांस के ढेर॥

हाथों से कलेजा थाम कर आगे का पढ़िए हाल है।
पत्थर सा कर कर जिगर लिखता बिहारी लाल है॥
दनदन दनादन बर्ड फायर कर रहा घनघोर था।
बाप मैया हाय! दैया का मचा अति शोर था॥
तब निशाना गोली मारी फिर मदन मोहन जिगर।
तोड़कर बाईं भुजा पेड़ों में गई समाय कर॥

महाराज ये कही एक ही सेकंड के दरमियान
गोली लगी आयकर दूजी मदन के दाहिनी रान।
दाहिना कर ऊपर उठा मदन ईश्वर से लग्न लगाई है।
ज़ख़्मों से लाचार धरनी पर गिर गयो चक्कर खाई है॥

महाराज बनारसी मदन की दशा निहार।
गोदी लिया उठाय रोवता खड़ा जार बे जार॥
तब तक हुई दूजी फायर गोली गई उदर समाई।
बनारसी मदन को लिए गिरयो धरनी भहराई॥

महराज रह्यो मुख मदन मदन उच्चार।
मत घबराना मित्र आवता मैं भी तेरे पिछार॥
एक गोली पुनि आए बनारसी को तोड़ी कलाई।
दूजी गोली आए कान ले गई उड़ाई॥
महराज चढ़ रह्यो डायर को अति जोश।
मदन बनारसी गए दोऊ हो ज़ख़्मों से बेहोश॥

बेहोश दोनों हो गए ऐसा लगा कारी ज़ख़्म।
जलियाँवाला बाग़ में डायर किया बेहद जुल्म॥
दिनकर छिपे जा ओट में देखा गया न अन्याय ये।
करके सबों का खात्मा फिर बर्ड डायर से कहे॥

बर्ड का

बाकी सब मारे गए हुई फिक्र सब दूर।
अब क्या करना चाहिए दीजे हुक्म हजूर॥

दीजे हुक्म हजूर कहिए तो डोली कहार बुलावें।
जितने ज़ख़्मी पड़े सबों को अस्पताल पहुँचावें॥
मुर्दे हैं जो पड़े हैं इन्हें भी यहीं पर दफन करावें।
या हो दूजा हुक्म बजा हम फौरन उसको लावें॥
और कहीं की हो त्यारी। फायरिंग हो वहाँ जारी।
गोलियाँ लूँ मँगवा के।
डिअर सर क्या? फिक्र हुई जो रखा शीश झुका के॥

बर्ड का

बेशक बलवाई मरे, पूरा हुआ काम।
अफ़सरों से कर मशविरा दिलवाऊँ ईनाम॥

दिलवाऊँ ईनाम मती मन में अपने घबराओ।
न कुछ अटकी गरज घायलों को अस्पताल पहुँचाओ॥
पड़े रहिन दो मुर्दों को भी कहीं न दफन कराओ।
ये झगड़े दो छोड़ फ्रेंड तुम साथ हमारे आओ॥
चल के आराम करेंगे। फिर कल फिर काम करेंगे।
चलो तुम साथ हमारे।
दो नाकों पर भेज सिपह जो आई संग तुम्हारे॥

फ़ौजें नाकों पर गईं, दोनों किया प्रस्थान।
अब आगे की दास्ताँ सुनिए मेहरबान॥

सुनिए मेहरबान मदन की मात इतै घबरावै।
शाम हुई दिन छिपा कुँवर को कौन बुलाकर लावै॥
अशगुन होय अनेक नीर भरि भरि नयनों में आवै।
मोहन आवे लौट देवता पितर खड़ी मनावै॥
गाय के तुल्य रंभाती। चेतना पल भर पाती।
घूमती चहुँ दिशि डोलै।
मनीराम जी पास जाय के जोर बचन यों बोले॥

मदन की माता का

चार बजे मोहन गया जलियाँवाला बाग़।
अभी तलक आया नहीं पीतम जले चिराग॥

जल गए है चिराग पर मोहन अभी आया नहीं।
जल्दी मचा याँ से गया खाना तलक खाया नहीं॥
दाईं फड़कती आँख अरु हिचकी भरी मम आवती।
होवे बुरा कुछ लाल का भावी ये हमें बतावती॥

मदन के पिता का

सुन तेरे गुफ्तार को, सब्र गया सब छूट।
हाय विधाता क्या मेरा गया नसीबा फूट॥

गया नसीबा फूट हाय यह तैने कहा बिचारी।
एकला दीन्हों भेज बाग़ में मोहन कुँवर हज़ारी॥
जुल्मों पर तुल रहे प्रान्त पंजाब के सब अधिकारी।
जलियाँवाले बाग़ करी डायर ने फायरिंग भारी॥
गोली अनगिनती चलाईं। लाशों पर लाश बिछाईं।
वहीं पर गया मदन है।
सुनकर तेरा सखुन हमारा थर्रा उठा बदन है॥

मदन की माता का

प्राण पति धीरज धरो, क्यों होते दिलगीर।
रक्षा मोहन कुँवर की, करें श्री रघुबीर॥

करें श्री रघुवीर संग में सरजू सिंह गया है।
बहुत पुराना नौकर अपना नौकर नहीं नया है॥
अधिकारी बच्चों को गारे ऐसा कहीं भया है।
सुन सुन तुम्हारी बात हमारा दहला हाय हिया है॥
प्राण पति मत दहाओ। किसी को बाग़ पठाओ।
बुला मोहन को लावै।
शायद वहाँ से आय बनारसी के घर रह जावै॥

मदन के पिता का

आह बाग़ जलियाँ में बहे रक्त की धार।
कह नहीं सकती है जबाँ हुए जो अत्याचार॥

हुए जो अत्याचार जुल्म डायर ने बड़े गुजारे।
इनसान की क्या चली पशु पक्षी तक उसने मारे॥
मदन बनारसी गए हों दोनों लखते जिगर हमारे।
या तो मारे गए हों या ज़ख़्मी बेचारे॥
बाग़ में किसे पठाऊँ। ख़बर जो उसकी मँगाऊँ।
फटा जाता है सीना।
मनमोहन के बिना हमारा मुश्किल होगा जीना॥

मदन की माता का

सरजू सिंह संग में गया, पीतम चतुर सुजान।
दोयम बनारसी लाल भी है पूरा विद्वान॥

विद्वान पूरा बनारसी सारे पढ़ा इल्मो हुनर।
होता अगर कुछ मदन को देता हमें फ़ौरन ख़बर॥
होगा न बाँका बाल गर ईश्वर की है उन पर मेहर।
भेजो किसी को बाग़ में लावें जो उन्हें बुलाय कर॥
हिम्मत न छोड़ो प्राणपति कुछ कीजिए दिल में सबर।
जलियाँ में गोली चली किसने कही यह आयकर॥

मदन के पिता का

प्रबल वेग गोली चली, डायर किया प्रहार।
अरे नार क्या तैं रखी, कानों में रूई डार॥

कानों में रूई डाल ली या आज बहरी हो गई।
या मदन के जाने से सुध बुध तुम्हारी खो गई॥
खूँ से धरती तर इधर ले देख आँखें खोल कर।
जलियाँवाले का हाल एक ज़ख़्मी गया बतलाय कर॥

बनारसी व सरजू सिंह गरचे उस तरह होशियार हैं।
जालिम के पाले पड़ कर बस चलता नहीं लाचार हैं॥
कुछ देर रास्ता देख फिर मैं ही बुलाने जाऊँगा।
बच जाऊँगा ज़िन्दा अगर तो ढूँढ़ उनको लाऊँगा॥

मदन की माता का

किसी लार्ड महराज की, रहे सलामी उतार।
या अंग्रेज़ों का कोई है भारी त्यौहार॥

भारी है कोई त्यौहार यही सोच थी मैं बे फिकर।
हाय क्या मालूम होगा लख्ते जिगरों पर फायर॥
घर रहो प्यारे प्राण पति दो रास्ता बतलाय कर।
आपने मदन को ढूँढ़ लाऊँ बाग़ जलियाँ जाय कर॥
आप जावें ढूँढ़ने शायद पकड़े जावें कहीं।
मोये समझ अबला नारी कुई मेरे से बोलेगा नहीं॥

मदन के पिता का

मती तेरी मारी गई, दिखे मोंको आज।
जावे जलियाँ बाग़ में सारी छोड़ लिहाज॥

कुल कानि सारी छोड़कर बाग़ जलियाँ जाएगी।
मोहन मदन मिलना नहीं तू जाय कर पछताएगी॥
मानो हमारी सलाह इसमें ही भला हो कामिनी।
मैं ढूँढ़ लाऊँ मदन को घर बैठ चुप हो भामिनी॥
होगा जहाँ तक जल्द आ जाऊँगा तेरे तीर है।
सौंपूँ तुझे भगवान को मालिक तेरा रघुवीर है॥

समझा-बुझाकर नार मनीराम चलने लगे।
आयो खोल किवाड़ रामदास नौकर मदन॥

रामदास का

सुनो अर्ज सरकार देरी हुई इसलिए।
सारे शहर मंझार गौरों के पहरे लगे॥

मदन के पिता

रामदास होशियार, घर की निगाह रखियो।
शायद होय अबार जाऊँ मदन को ढूँढ़ने॥

रामदास का

गजब न करो सरकार, जाओ कहीं बाहर नहीं।
नाके गली बाजार गोरे फिरें बन्दूकें ले॥

मदन के पिता

कहा करूँ लाचार जाना तो निश्चय पड़े।
मोहन प्राण आधार अभी तक आया नहीं॥

रामदास का

भूलि न दीजे पाँव, बाहर को मालिक मेरे।
मुझे बताओ ठाँव, कहाँ गए हैं कंवर जी॥

मदन के पिता

सरजू, मोहनलाल, जलियाँ वाले को गए।
ना मालूम कुछ हाल, वही रहे या अंत कहुँ॥

रामदास का

देरी नहीं पल की करी, मालिक को सिरनाय।
जलियाँ वाले को चला, गौरी गणेश मनाय॥

गौरी गणेश मनाय बाग़ जलियाँ वाले को धाया।
गली कूचे तय किये जब सामने चौराहा आया॥
कई सिपाहियों के साथ टहलता सार्जेंट को पाया।
अब बचने का नहीं सोच कर नीर नैन में लाया॥
इधर मालिक घबरावें। इधर हम पकड़े जावें।
लौट जो जाऊँ घर है।
दे गोली से मार सार्जेंट की पड़ गई नजर है॥

रामदास यों सोचता, दिल ही दिल दरम्यान।
कई सिपाहियों ने तुरत, गिरफ़्तार कियो आन॥

गिरफ़्तार कियो आन हथकड़ी हाथों बीच लगाई।
डाल गले में तोक पैर में दी बेड़ी पहनाई॥
बहुतक किये उजर न हुई लेकिन एक सुनाई।
हवालात ले गए मार कोड़ों से खाल उड़ाई॥
मार कोड़ों से मारी। तोड़ दी नस नस सारी।
बन्द कर डाला ताला।
जलियाँवाले बाग़ की हालत सुनिए हद की आला॥

ज़ख़्मी मारे दर्द के, रहे अति रुदन मचाय।
पत्थर दिल जावे अगर तो पानी हो बह जाय॥

एक ज़ख़्मी

देख्या अल्लाह ताला नबी, ख्वाजे रसूल।
कौन खता जिस पर सज़ा ऐसी हुई हुजूर॥

ऐसी हुई हजूर कौन सा कसूर मैं भारी कीना।
दिल के टुकड़े हुए हाय गोली ने छेदा सीना॥
तोड़ी पुस्त निकल गए बाहर बाकी कसर रही ना।
मौत इनायत करो खुदाबन्द मुश्किल हो रहा जीना॥
बड़ी तकलीफ़ जबर है। मेहर की कड़ी नजर है।
जान मेरी ले लीजे।
ऐ खालिक इस कमतरीन पर जरा नवाजिश कीजे॥

दूसरे ज़ख़्मी का

डायर तेरा हो बुरा घोर नरक तू जाय।
तोड़ दई मेरी भुजा तूने जालिम हाय॥

तूने जालिम हाय कौन सा बदला आज चुकाया।
बेकसूर बेखता निशाना गोली का हमें बनाया॥
हाय बाल बच्चों का मेरे जरा तरस नहिं आया।
ईश्वर इसकी सज़ा देंगे जैसा हमें सताया॥

न मुर्दों में हूँ दाखिल। कहहें ना ज़िन्दा आकिल।
अगर जो मारा जाता।
जाता सीधे स्वर्ग नहीं ज़ख़्मों की तकलीफ़ उठाता॥

तीसरे का

करो जरा हम पर रहम पानी देउ पिलाय।
बिनु पानी के जान मम तड़फ तड़फ के जाय॥

हाय प्यासा मरूँ जो न पानी मिले, कोई पानी जरा सा पिला दो हमें।
मैं रहा मर हा हा पानी बिन नेक, पानी पिला के बचा दो हमें॥
सभी बहरे खुदा संगदिल न बजा लाया पानी फकत यह सुना दो हमें।
एक तो प्यासा बड़ा दूजी होती जलन कर कतल सारे कष्टों से छुड़ा दो हमें॥

ज़ख़्मी तड़फें बाग़ में, जैसे जल बिन मीन।
बनारसी दास नेक होश कर तब तक करवट लीन॥

बनारसी का

नस नस रही पिराय के जरयो जात सब गात।
भाई मदन तू है कहाँ नेक बोल दे भ्रात॥
भाई मदन प्यारे मदन मोहन मदन क्या हाल है।
दृग खोलदे मुख बोलदे आयो हमारा काल है॥
कहं कहं लगे हैं ज़ख़्म ए भैया हमें दिखलाइयो।
होती कहाँ है पीर भारी मुझसे यह बतलाइयो॥
हा बालापन के मित्र तेरी देख गति छाती फटे।
रोने की ताक़त है नही हिचकी नहीं डाटी डटे॥

मदन का

नेक होश मुझको हुआ देखूँ नैन पसार।
काहे को होता विकल अरे बनारसी यार॥

प्यारे बनारसी लाल मुझको होता एक मलाल है।
माँ बाप का भैया बड़ा इस दम पर होता ख़याल है॥
गोली लगी आ बाँह में दूजी गई रान समाय कर।

ज़ख़्मी हुआ अरु गिर पड़ा धरनी पर चक्कर खाय कर॥
मैं जन्म चाहे सौ धरूँ तुम सा न मित्तर पाऊँगा।
मम खता कर दो माफ अब परलोक को मैं जाऊँगा॥

दाना हो कैसे मदन बनता है नादान।
तुमसे पहले बनारसी सुरपुर करे पयान॥
कई जगह आ गोली लगी ज़ख़्मों से बदन सब चूर है।
मिल लूँ गले मैं अंत दफे बाकी न यह मकदूर है॥

अन्न जल हमारा उठ चुका भैया मदन संसार से।
जाकर करेंगे प्रार्थना उस दयामयी करतार से॥
स्वतंत्र भारत वर्ष हो हे ईश ये वर दीजिए।
पदा दलित प्रभु अति हो चुका अब तो अनुग्रह कीजिए॥

मदन

अपने पापों से हुए पवित्र मित्र हम आज।
... ...
जलियाँवाले बाग़ में ख़ून की नदी न बहावते॥
तेरे भी कारी ज़ख़्मी और मेरे भी कारी ज़ख़्म।
यहाँ पर भी हम साथी हँसते चले मुल्के अदम॥

बनारसी

फूट फैल रही हिन्द में छई का सा रोग।
श्री गांधी ने दी दवा सत्याग्रह का योग॥

सत्याग्रह का योग जिससे दूर बीमारी गई।
जो कुछ थी बाकी आज वो बह ख़ून से सारी गई॥
कई हज़ार पब्लिक बे खता जलियाँ में मारी गई।
हिन्दू मुस्लिम एकता पर मोहर लग भारी गई॥
धोले मुख्य इंसाफ पर हत्या की लग कारी गई।
फरियाद मज़लूमों की ईश्वर पास बेचारी गई॥

मदन

जो होते ना यहाँ पर नर इतने बलिदान।
नौकरशाही की नियत जान न सकत जहान॥

जानोगे सकल जहान हो गई जुल्म की हद इंतहा।
इंसाफ क्या बाकी रहा भाई हमें दो कोई बता॥
मारा हमें बेशक बनाकर हाय डायर ने सता।
हम तो मरें निज जान से रो रो मरें माता पिता॥
शहीदान जलियाँ बाग़ की सुन लीजिए भाई सदा।
खूँखार हाथों से न लेना वस्तु कोई बहरे खुदा॥

बनारसी

मार गोली यहाँ से रवाना हुआ हाय! डायर ने ऐसा किया है सितम।
फटें छाती हमारी न हलकी डटें गिरें चश्मों से आँसू मेरे दम बदम॥
माँ निपूती हो गई रांड औरत हुई हाय! डायर अधर्मी यह जुल्म।
है जलन जोर की गोली जहं जहं लगी भैया तेरी कसम भैया तेरी कसम॥

मदन

कर सबर भैया दिल में न गमगीन हो मर्जी ईश्वर से चलता नचारा बीरन।
उसकी मर्जी इसी तौर से थी सखा ख़ून बहे मिलकर मेरा तुम्हारा बीरन॥
अपने मरने से होगा भला देश का बेजा आँसू बहा ना हमारा बीरन।
मत घबराओ दिल में तसल्ली रखो माता पिता को वही दे सहारा बीरन॥

बनारसी

करूँ कहाँ तक सबर अपने दिल पर जबर सब्र करने का कोई ठिकाना नहीं।
वह जगह कौन सी तन में बाकी रही जहाँ लगाया हो डायर निशाना नहीं॥
क्या यही अब हमारी करें मुंसिफी कष्ट दूसरे का जिसने हा! जाना नहीं।
फेर दी आज हड़ताल इस बात पर कहीं ईसा किसी को सताना नहीं॥

मदन का

वह गई बात ईसा के ही साथ में जो कही दिल किसी का दुखाना नहीं।
गरचे मारे तुम्हें कोई थप्पड़ अगर तुम भी थप्पड़ से बदला चुकाना नहीं॥

क्यों? यह डायर ओडायर खुशामद करें अब लड़ाई का हैगा जमाना नहीं।
करें सत्याग्रह मर मिटें सत्य पर रीति इनकी हमें है चलाना नहीं॥

बनारसी

किये ज़ुल्म मुगलों ने भारी यहाँ ये तारीख इंग्लिश रही है बता।
फिर कमर बाँधी ज़ुल्मों पर ईस्ट इंडिया हाथ से राज उनके भी हिन्द का गया॥
वही जर्मन जो था शक्तिशाली गहा मारा लाखों को दमदम की गोली चला।
आज नामो निशाँ सरकशें का मिटा ज़ुल्मी डायर का भी हो कदे ना भला॥

मदन

मर मिटे मेरे भाई वतन के लिए हिन्द के कोने कोने से आवे सदा।
धन्य भाग्य हमारे जो मारे गए तन पवित्र हुआ हो वतन पर फिदा॥
बने कौमी इमारत न बलिदान बिन सारी सृष्टि का यही बना कायदा।
हो खता मम अता कहता हूँ सिर झुका होता तुमसे मदन अब तुम्हारा विदा॥

सुनो बनारसी यार अंत समय आयो निकट।
सुमरें श्री करतार हो स्वतंत्र भारतवर्ष॥

बनारसी

अच्छा किया विचार मनमोहन तुम इस घड़ी।
दशरथ राज कुमार पूरण करि हैं आज सब॥

अव्वल हिस्से में जलियाँ का बयान है किये डायर ने जो जो सितम।
ज़ुल्म फ़ौजी अदालत व मार्शल लॉ का हिस्सा दूजे में साहब करेंगे रकम॥
नहीं शायर हूँ ना जानता शायरी है कमला प्रसाद की इनायत करम।
कुछ दिन बाद फिर आ मिलूँ आपसे जय शहीदों की होता है किस्सा ख़त्म॥

माघ सुदी तिथि पंचमी अठहत्तर को साल।
कमलापति को ध्यान धर लिखी बिहारी लाल॥

॥ वन्देमातरम् ॥

उस्ताद शिवशंकर कृत संगीत—

बागे-जलियान ।

लेखक व प्रकाशक—

बा० रामस्वरूप गुप्त, लाला बेनीराम ।

हाथरस ।

सुदर्शनलाल जैन के सुदर्शन प्रेस हाथरस में

रामप्रसाद गुप्त के प्रबन्ध से मुद्रित ।

सन् १९२१

जलियाँवाला बाज़ार, 1919

सांगीत : बागे-जलियान

भीषण यथार्थ का सम्पूर्ण चित्रण

जलियाँवाला बाग़ हत्याकांड पर रचित तत्कालीन साहित्य से गुज़रते हुए पराधीन भारत के इतिहास और समाज के ऐसे कई पहलू उजागर होते हैं जो बड़े इतिहासकारों और साहित्यकारों की दृष्टि से ओझल रहे हैं। मार्च 1919 में इंपीरियल लेजिस्लेटिव काउंसिल द्वारा रॉलेट एक्ट के पारित किये जाने की राष्ट्रव्यापी प्रतिक्रिया हुई। रॉलेट सत्याग्रह के दौरान सरकारी इमारतों पर प्रदर्शन, टेलीफ़ोन लाइनों की तोड़फोड़ और अन्य गड़बड़ियों की अंग्रेज़ी रिपोर्टें सरकारी अभिलेखागारों में मिल जाती हैं, परन्तु उस दौर का सम्पूर्ण यथार्थ विवरण प्राय: अनजान-से रचनाकारों की रचनाओं में ही मिलता है। ब्रिटिश-शासन के भीषण अत्याचार; जन-सामान्य के दु:ख-दर्द और उसकी दयनीय दशा का आँखों देखा यथार्थ ऐसी रचनाओं में अत्यन्त मार्मिक तरीक़े से व्यक्त हुआ है।

ऐसी ही एक अल्पज्ञात रचना है उस्ताद शिवशंकर रचित सांगीत 'बागे-जलियान' जिसका प्रकाशन 1923 में हुआ था। इसके प्रकाशक थे बाबू रामस्वरूप गुप्त और लाला बैनीराम; मुद्रक थे सुदर्शन प्रेस, हाथरस के सुदर्शनलाल जैन तथा प्रकाशन का प्रबन्ध किया था रामप्रसाद गुप्त ने। लेखक ने स्वयं लिखा है : 'असली सांगीत जलियानवाला बाग़ लिख्यते!'—

कर बन्द दुकानें चले गए हलवाई।
कुछ दिनों ना किनी पैदा कच्ची पाई॥

...

धोबिन ने किनी वा दिन बन्द धुलाई।
नहीं बाल बनाने आया कोई नाई॥
ठेकेदारन ठेका दये बन्द कराई।
बिन मदक पिये दिन गए मदकी घबराई॥

...

महाराज मिले नहीं चूरा शराब न भंग।
खाई नहीं अफीम अफीमी जीने से भए तंग॥
दिनभर भर घुमत साहब के फिरें सिपाई।
नहीं मिलो दूध कहूँ जिन्हें चाह के ताईं॥
महाराज मिले बिस्कुट न डबल रोटी।
कहे पादरी यार आज तकदीर भई खोटी॥
इस तरह कहने लागे वह गिटपिट वारे।
रहे कूद पेट में चूहे भूख के मारे॥

पाठकों को इस उद्धृत अंश से एक सदी पहले की लोक-वृत्ति, लोकाचार और जन-दशा के साथ-साथ जन-भाषा का आस्वाद भी मिलता है। इन प्रतिबन्धित रचनाओं को लगभग मूल रूप में पढ़ते हुए पाठक जलियाँवाला बाग़ की त्रासदी के एक-एक मानवीय पहलू का सच्चा और प्रामाणिक विवरण पा सकेंगे। साथ ही पराधीनता से त्रस्त उस समय का हिन्दुस्तान; उसका सामाजिक ताना-बाना; भाषा-साहित्य के सरोकार; पराधीनता के विरुद्ध संघर्ष आदि विभिन्न आयामों का दर्शन कर पाएँगे।

सांगीत : बागे-जलियान

उस्ताद शिवशंकर

दोहा— ओम परम भू स्वयम्भू जगपत जगदा धार।
भारत की सुनिये प्रभो आरत भरी पुकार॥

चौ०— आरत भरी पुकार दयानिधि हो प्रभु घट घट वासी।
अलख अगोचर अजर अमर अंतर्यामी अविनाशी॥
घट घट जानन हारे आप प्रभु दीनन के सुख राशि।
माया अगम अनन्त बसा रक्खी त्रिशूल पर काशी॥

चरण शरण है हम दीन सेवक दया करो हे दयालु भगवन।
खड़े भिखारी तुम्हारे दर पर दया करो हे दयालु भगवन॥
हमारी माता जो मातृभूमि सो भार कितना उठा रही है।
किसी तरह से हटाओ इसको दया करो हे दयालु भगवन॥

हमारी करुणा है आप ही से सुने बिना अब गुजर नहीं है।
जमाने ने कैसा रंग बदला दया करो हे दयालु भगवन॥
न जन को दुख में निहारा तुमने क्या भूल ऐसी हुई है हमसे।
जो देखते भी नहीं हो हम को दया करो हे दयालु भगवन॥

वो कौन सा बल था आप में प्रभु हटाया जो भार था पृथ्वी से।
क्या सारे पौरुष गमा दिये अब दया करो हे दयालु भगवन॥
ये होते हैं अत्याचार हम पर न खोल दृग शंकर देखते तुम।
पुकारे देवी कर जोर कर अब दया करो हे दयालु भगवान॥
दुखित दुख में अति भारत। करो करुणा कर आरत।

जगतपति अंतर्यामी।
कहते बेनीराम गुप्त दुख हरो प्रजा के स्वामी॥

दोहा—कुल अदना आला सुनो अरज मेरी कर गौर।
गरज पड़े कुछ और है गरज पड़े कुछ और॥

आन जिन दिनों रुपी लड़ाई जरमन अंग्रेजन की
पब्लिक ने हर तौर मदद की तन मन धन से जिनकी॥
कटे हज़ारों भारतवासी सलाह न करी हटन की।
देख विकट संग्राम अक्ल उड़ गई केसर जर्मन की॥

गरज कीनी मदत हड़ताल तन मन धन लगा करके।
हज़ारों वीर रण बाँके मरे रण सर कटा करके॥
हज़ारों ही मुसीबत आफतों को झेलते हुए।
हटा बिल्कुल लड़ाई से दिया जर्मन भगा करके॥
उसी एहसान में इन आमलों ये हिन्द को दीना।
कि करके पास रौलेट बिल दिया जारी करा करके॥

अन्याय ये कीना भारी। किया रौलेट बिल जारी।
प्रजा सुनकर घबराई।
देख हाल ये दिया गांधी ने निज हुकम सुनाई।

गांधी
दोहा—क्यों घबराते हृदय में कितने भारत वीर।
सत्याग्रह कर दो शुरू धरो हृदय में धीर॥

धरो हृदय में धीर वीर मत ना कोई घबराओ।
असहयोग पर सभी कमर कस तुरत खड़े हो जाओ॥
कार बार सब बन्द करो पूरी हड़ताल मनाओ।
अहिंसात्मक बनो जेल जाने से मत दहलाओ॥

करके सत्याग्रह जारी क़दम आगे बढ़ा दीजे।
ख़ूब मिल करके हड़तालों पै हड़ताल करा दीजे॥
न घबराओ जरा दिल में खड़े होओ कमर कस कर।
रद्द इसको करा देंगे वचन ये सच समझ लीजे॥

त्याग सब संशय दीजे। भजन भगवत का कीजे।
अशान्ति जरा न करना।
सत्याग्रह कर शुरू न हटकर पैर पिछारी धरना॥

दोहा—सुनत गांधी के वचन कर दीनी हड़ताल।
सभा सुमति होने लगी सभी जगह फिलहाल॥

सब जगह हुई हड़ताल हिन्द के अन्दर।
कर सभा सब जगह होने लगे लेक्चर॥
महाराजे सुनो सज्जन सब हित चित धार।
सबने बन्द कर दिये एकदम निज-निज कारोबार॥

हो गए वीर सब खड़े कमर को कस कर।
नहीं जरा जेल जाने का है दिल में डर॥
इस कदर शोहरत गई छाय कर घर घर।
दिये बन्द सभी ने निज निज कारोबार कर॥

महाराज करूँ कुछ जरा मुख़्तसर बयान।
उस दिन हुए सुनो हज़ारों लाखों के नुकसान॥
कर बन्द दुकानें चले गए हलवाई।
उस दिनां ना कीनी पैदा कच्ची पाई॥

कर दई बन्द नजिहाओं ने नजिहाई।
रूई आई और है गई बन्द घीआई॥
महाराज सराफा लोहट का बाजार।
सभी दुकाने बन्द जिस तरफ़ देखें निगाह पसार॥

हो गई बन्द गुड़ियाई और नुनियाई।
सब रे पसरट्टे बन्द भई चकलाई॥
दीन बिसांयतिन तारें बन्द कराई।
साऐ वारेंन ने लई न वा दिन सोई॥

महाराज भई आढत की बन्द दुकान।
हुंडी वाले ने किया न वा दिन हुंडिन के भुगतान॥

नहीं कोई कारखानों भी चलने पाए।
कारीगर घर कूं गए न कोई आए॥

महाराज बन्द भई परचूनी सारी।
और चीज की कहा कछिनियाँ देई न तरकारी॥
धोबिन ने किनी वा दिन बन्द धुलाई।
नहीं बाल बनाने आया कोई नाई॥

ठेकेदारन ठेका दये बन्द कराई।
बिन मदक पिये दिन गए मदकी घबराई॥
महाराज मिले नहीं चूरा शराब न भंग।
खाई नहीं अफीम अफीमी जीने से भये तंग॥

दिनभर भर घुमत साहब के फिरें सिपाई।
नहीं मिलो दूध कहूँ जिन्हें चाह के ताईं॥
महाराज मिले बिस्कुट न डबल रोटी।
कहे पादरी यार आज तकदीर भई खोटी॥

इस तरह कहने लागे वह गिटपिट वारे।
रहे कूद पेट में चूहे भूख के मारे॥
उस दिना तमोलिन ने नहीं बेचे पाने।
रंडिया हुड़क में छाली लगी चबाने॥

महाराज कहूँ कहाँ तलक बयान उच्चार।
उस दिन कीने बन्द सबों ने निज निज कारोबार॥
था जोर उन दिनों भारी अमृतसर में।
बस सत्याग्रह की चर्चा थी घर घर में॥

पब्लिक ने निकारी उस दिन एक सवारी।
हिन्दू मुस्लिम सब भीड़ संग में भारी॥
महाराज कमिश्नर ने ये लख ढंग चार।
मन ही मन इस तरह कहै बैनी यों करै विचार॥

डिप्टी कमिश्नर

दोहा—इस समय हिन्दुस्तान ने उधम रखा उठाय।
करना चाहिए अब कोई इसका शीघ्र उपाय॥

इसका शीघ्र उपाय करें यह असमंजस मन भारे।
ऑल इंडिया अब नहीं डरती डर से जरा हमारे॥
हिन्दू मुस्लिम करी सफाकत एक हो गए सारे।
करें हर जगह सभा गांधी के बोलें जयकारे॥

जमा न ख़ौफ़ दिल रियाया बड़ा उधम उठाया है।
मिले हैं हिन्दू और मुस्लिम क्या सत्याग्रह चलाया है॥
हमारी दाल है इस हाल में मुतलक न गलने की।
न अंग्रेज़ों का दिल अन्दर जरा भी ख़ौफ़ खाया है॥
खड़ा कीना बवाल ये यहाँ किचलू सत्यपाल ने।
ये है इसकी जड़ जाना।
किचलू सत्यपाल को चाहिए गिरफ़्तार करवाना॥

दोहा—इस विचार ही में दई सारी रात बिताय।
सार्जेंट होते फजर फौरन लिया बुलाय॥

डिप्टी कमिश्नर

इधर ध्यान देकर सुनो, सार्जेंट तुम जाओ।
किचलू और सत्यपाल को, गिरफ़्तार कर लाओ॥

गिरफ़्तार कर लाओ इरादा ये दिल अन्दर का है।
इन लोगों ने लीडर बन सबको बहकाय रखा है॥
गवर्नमेंट के डर से डर माने परण पक्का है।
राज समझ रखा इन लोगों ने अपने घर का है॥
लो यह वारंट लीजिए। न मुतलक देर कीजिए॥
पकड़ कर इनको लाओ।
मानो मेरा हुकुम अभी फौरन ही यहाँ से जाओ॥

सार्जेंट

दोहा— माय डियर बस हुक्म है आज का बहाल।
गिरफ़्तार करना मगर इनका बहुत मुहाल॥

इनका बहुत मुहाल पकड़ना ख़याल न दिल में लाओ।
करने दो जो कुछ करते हैं क्यों इतने घबराओ॥
हिन्दू मुस्लिम एक हो गए जरा ख़याल दौड़ाओ।
बिगड़ गए ये अगर समझ लो फिर पीछे पछताओ॥
न दीजेगा ऐसी सीख। है संग उनके में पब्लिक॥
मान लो सही हमारी।
गिरफ़्तार गर करें उन्हें बलवा हो जावे भारी॥

डिप्टी कमिश्नर

दोहा— बन कर के यूरोपियन डरने लगे जनाब।
हाँ साहब क्या ईट का पत्थर दिया जवाब॥

कर कर के तारीफ़ हमें पब्लिक की लगे सुनाने।
राज हमारा है कहिए हम फिर किसका भय माने॥
सार्जेंट क्या अकिल आपकी रही न जरा ठिकाने।
हैं जो काले कुली उन्हीं से लगे आप डरवाने॥
और तारीफ़ सुनाओ। हमारा जिगर जलाओ।
प्रजा की अगर चलेगी।
तो कैसे आपकी हमारी कहिये दाल गलेगी॥

सार्जेंट

दोहा— बेशक साहब ठीक हैं ये आपका विचार।
लाऊँ दोनों को पकड़ जरा न करूँ अबार॥

कहकर इतनी ले लिया कर दस्ती वारंट।
लगा सोचने इस तरह फिर दिल में सार्जेंट॥

सार्जेंट

दोहा—दोनों को लामें पकड़ करके कोई विचार।
हमको डिप्टी कमिश्नर हुक्म दिया सरकार॥

ग़ज़ल—ऐ दिल है इस घड़ी पर कैसा विचार तेरा।
चाहिए ठिकाने होना सब्रो करार तेरा॥

अब हुक्म तो कमिश्नर फौरन ही दे चुके हैं।
तुझ पर ही अब अगारी है अख्तियार तेरा॥

लेकर के साथ मोटर धोखे से उन्हें लाऊँ।
बस ठीक है अरे दिल ये ही विचार तेरा॥

क्यों भूलता है रब को बेकस को नहीं सताना।
तेरे न ठीक हक़ में हो अत्याचार तेरा॥

दोहा—यह दिल ही दिल सोचके फौरन ही सार्जेंट।
लेकर मोटर चल दिया पॉकेट रख वारंट॥

मोटर को झट दोनी भगा कर मन मगन हरषाइके।
कुछ देर में सतपाल के बँगले पर पहुँचा जाइके॥
जाकर के अन्दर तुरन्त ही बा अदब से आदाब कर।
पूछी कुशल सार्जेंट से सत्यपाल हाथ मिलाइके॥

सत्यपाल

दोहा—साहब कहिये आपका हाल मिज़ाज शरीफ़।
कैसे किस लिए यहाँ लाएहो तशरीफ़॥

सार्जेंट

दोहा—सत्यपाल सुन लीजिए आप मेरा इरशाद।
किया आपको इस घड़ी है साहब ने याद॥

साहब ने इस वक्त मेहरबान चलो बुलाया तुमको।
मुझे आपके पास लिवाने हेत पठाया तुमको॥
सुन सरकारी हुक्म मैं लेने फौरन आया तुमको।
और न कुछ भी कहा कहा सो हाल सुनाया तुमको॥

देर मत पल की कीजे। संग मेरे चल दीजे।
आपके ही दवारे पर।
चलो संग सरकार खड़ी कर दई लाइकर मोटर॥

सत्यपाल

दोहा—मेहरबान जो चाल है दीजे बता ज़रूर।
नहीं इस तरह इस घड़ी जाना है मंजूर॥

जाना ना मंजूर बुलाने गर हुजूर आए हो।
चाल पड़े मालूम हमें कुछ जाल बना लाए हो॥
रहे बुला आप को कमिश्नर ऐसे फरमाये हो।
मेरे नाम का आप वारंट कोई लाए हो॥
यों चलना हमें हमारा। नहीं सरकार गवारा।
आज क्यों हमें बुलाए।
कल थे कुछ नाराज़ कमिश्नर साहब हम को पाए॥

सार्जेंट

दोहा—गर दस्ती वारंट को, देखो तुम सरकार।
तो लो यह मौजूद है, चलो करो मत बार॥

दोहा—देख दस्त वारंट को, तैयार हुए फिलहाल।
सार्जेंट से इस तरह, कहने लगे सत्यपाल॥

सत्यपाल

दोहा—अरज मेरी सुन लीजिए सार्जेंट एक बात।
मैं चलने को तैयार हूँ चलूँ आपके साथ॥

ग़ज़ल—एक अर्ज ये सार्जेंट तुम जाना बिसर नहीं।
चलने में अब जरा भी है मुझको उजर नहीं॥
लेकिन न किसी तौर से पब्लिक के वास्ते।
पाए हजूर होने जरा सी ख़बर नहीं॥
सुन करके गिरफ़्तार मुझे आए कुल यहाँ।
फिर उनके दिल को होगा जरा भी सबर नहीं॥
ऐसा न हो कि उठानी पड़े कुछ तुम्हें आफत।
मुझ को डर है ये ही और कोई डर नहीं॥

दोहा—सुन कर के इतने वचन सार्जेंट हरषाय।
मोटर के चौतरफ़ से पर्दा दिये गिराय॥

सत्यपाल मोटर के अन्दर तुरन्त बैठ गए आके।
सार्जेंट ने दई चला मोटर मानिंद हवाके॥
बस्ती के बाहर बाहर जाता है लिए भगाके।
कुछ अर्से में किचलू के भी खड़ी द्वार पर जाके॥
उतर के फौरन धाया। पास किचलू के आया।
जरा ना विलम्ब लगाया।
सार्जेंट ने इस प्रकार किचलू को वचन सुनाया॥

सार्जेंट

दोहा—वचन मेरे सुन लीजिए ये किचलू चित लाए।
सत्यपाल तुमको रहे मिलने हेतु बुलाए॥

किचलू

ग़ज़ल—साहब बताओ हमको कहाँ यार हमारे।
होता है कुछ सुबा सा सुनकर बचन तुम्हारे॥

सार्जेंट

मोटर खड़ी हुई है वो आपके द्वारे।
मिलने बुला रहे हैं तुम्हें यार वो तुम्हारे॥

किचलू

साहब न बात आती कुछ हमारे ध्यान में है।
उनको न कोई पर्दा मेरे मकान में है॥

सार्जेंट

इस वक्त वो मिलने को साहब से जा रहे हैं।
कुछ काम है ज़रूरी हमसे बुला रहे हैं॥

किचलू

मुतलक न वार किनी फौरन चला मैं धाके।
देखा खड़ी है मोटर मिलने चला सिहाके॥

सार्जेंट

वारंट आपका ये लो इसको देख लीजे।
मोटर में बैठ लीजिए साहेब न वार कीजे॥

दोहा—देखत ही वारंट को, किचलू मन हरषाये।
मोटर में निज यार डिग फौरन बैठे आए॥

मोटर में बैठे किचलू सार्जेंट हृदय हरषाके।
दोनों को ले साथ चले फौरन ही वहाँ से धाके॥
बस्ती के बाहर बाहर अन्दर थोड़े अरसा के।
खड़ी कमिश्नर के बँगले पर मोटर कीनी जाके॥
खड़ी किनी जा मोटर। चले हैं तुरत उतर कर।
पास अपने बिठला के।
साहब किचलू सत्यपाल से कहें वचन समझा के॥

डिप्टी कमिश्नर

दोहा—मेहरबान गन आइये, लीडरान पंजाब।
पब्लिक को बहका रखा तुमने ख़ूब जनाब॥

ख़ूब जनाब आपने पब्लिक को बहकाय रखा है।
लीडर बनकर रियाया को अच्छा भड़काय रखा है॥

हम लोगों का तो डर बिल्कुल ही तुम त्याग दिया है।
क्यों साहिब क्या राज आपने समझा घर का है॥

इस घड़ी आपने अच्छा रौब अपना जमाया है।
हुकूमत मानना तो सबके दिल से ही हटाया है॥
कहा सब आपका करते माने न हुक्म सरकारी।
वाह शाबाश है तुमको जाल अच्छा बिछाया है॥
आपको हुकुम है ये वास तुम अज्ञात का कीजे।
हुकुम जो लार्ड का आया सो बस तुमको सुनाया है॥

ख़ूब बन बैठे लीडर। न कुछ कीना दिल में डर।
सब जगह सभा जुड़ा कर। देउ मनमाने लेक्चर।
हुक्म आपको यही वास अज्ञात करो तुम जाकर॥

किचलू

दोहा— वास करन अज्ञात को जाना हमें ज़रूर।
साहब बेशक हुकुम ये है हमको मंजूर॥

सब कुछ है मंजूर है जो कुछ हुकुम का फरमाना।
लेकिन जेबा न ये आपको है बेजा धमकाना॥
अच्छा नहीं हमारी साहब है दिल्लगी उड़ाना।
शेरों को चाहो गीदड़ भभकी से धमकाना॥

ग़ज़ल— कब हमें इंकार है अज्ञात जाने के लिए।
यह सुखन कहत भला हम को डराने के लिए॥

यह तो क्या है मामला कुछ और कर दीजे हुक्म।
ख़ुद-ब-ख़ुद तैयार है हम जेल खाने के लिए॥

सैकड़ों झेलें मुसीबत होकर कुर्बान हिन्द पर।
कुछ नहीं डर है जरा भी जान जाने के लिए॥

जेल में हम चक्कियाँ पीसें बनाएँ रस्सियाँ।
है न कुछ इंकार सदमों के उठाने के लिए॥

साफ़ लफ्जों में है ये क़ानून कुदरत का बयान।
ख़ुद मिटें आएँ जो औरों को मिटाने के लिए॥
न यह अल्फाज सुनाओ। हमें अज्ञात पठाओ।
ये दम हरदम भरना है
देकर मुंड ओखली में फिर न रामन से डरना है।।

दोनों को दिया भेजकर, इधर कहीं फिलहाल।
पब्लिक ने पाई ख़बर, छाया रंज मलाल॥

छाया रंज मलाल हाल ये सुन पब्लिक घबराई।
किचलू और सत्यपाल दये दोनों को कहीं पठाई॥
कूचा गली बाजार यही घर घर में शोहरत छाई।
आगे का जो हाल सुनो सब सज्जन हित चित लाई॥

बिकल व्याकुल पुर वासी। बहुत छा रही उदासी।
रही ना अक्ल ठिकाने।
देख हाल ये एक बुजुर्ग लागे सुखन सुनाने॥

दोहा—क्यों घबराए जात हो पुरजन सुनो तमाम।
मैं बतलाऊँ आपको सो कीजे एक काम॥

सब मिलकर चल दीजे पुकारें दीनता की कीजिए।
साहब कमिश्नर के चलो बँगले पै सब चल दीजिए॥
जाकर खुशामद मिन्नतें हर तौर से समझाइ के।
सत्यपाल और किचलू को लाएँगे अभी छुड़ाइ के॥

सुनकर सखुन बुजुर्ग के जरा करी न वार।
बँगले पर हित जान सब पब्लिक भई तैयार॥

सब मिलके पुरजन चल दिये इस कदर भेष बनाय के।
सर पैर नंगे कर लिया न कोई शस्त्र उठाइके॥
बोले हैं जय गांधी की सब मिलकर चले हैं धायके।
रोका है पुल के पास इनको कुछ जनों ने आयके॥

अफ़सर था जिनके साथ में कुछ गवर्नमेंटी जवान हैं।
वो रोक पब्लिक के तईं करने लगा यूँ ब्यान है॥

अफ़सर

जाओ पीछे लौटकर सुनो वचन उर धार।
आने काने जो करी बढ़ जाए तकरार॥

बढ़ जावे तकरार मुफ़्त सब दोगे जान गवा के।
इससे जाओ लौट सबों को कहता हूँ समझा के॥
बेमतलब क्यों रहे जान को तुहमत बना बिसाके।
अगर नहीं मानो तो दूँ फ़ॉरेन गोली चलाके॥

न अरसा जरा लगाओ। लौट पीछे को जाओ।
मचाया कैसा उधम।
मानो हटो नहीं तो कर दूँ सबके अभी ख़त्म दम॥

ग़ज़ल— आप सरकार शुरू मुफ़्त मत फिसाद करो।
खुदा के ख़ौफ़ से डरो रब को जरा याद करो॥
नहीं हम लोग यहाँ आए हैं लड़ने के तईं।
खुशामद आपसे बस यह है कि इमदाद करो॥

अफ़सर

ग़ज़ल— चलो पीछे को हटो हमसे न फरियाद करो।
जाओ घर लौट सभी क्यों वृथा विवाद करो॥
अगर मानो न कही तो दूँ गोली चलवा।
ज़िन्दगी मुफ़्त में नाहक क्यों बर्बाद करो॥

प्रतिनिधि

ग़ज़ल— रहम कुछ दिल में हमारा भी तो लाओ साहिब।
अजी मंजूर यहाँ आप ही फरियाद करो॥
छुड़ा दो आप हमारे दोऊ नेताओं को।
हमारा चाहे सो बस आप इसके बाद करो॥

अफ़सर

नहीं जाते हो काले मदहोश बिलाड़ी यहाँ से,
हटो पीछे को मती जास्ती बकवास करो॥
अच्छा लो इसका नतीजा अभी देता हूँ तुम्हें,
चलाऊँ गोली लो नेताओं की इमदाद करो॥

प्रतिनिधि

ग़ज़ल— आहि अफसोस धसी गोली गजब सीने में।
हिन्द वालों अगार सीने को साल्हाद करो॥
तेरी गर्दन पै पड़े बेकसों का ख़ून जालिम।
मान लो अर्ज फना मत हमें जल्लाद करो॥
हमारे गुल को हमें दो मिला बुलबुल की तरह।
सर पर हत्या धरो मत जुर्म ये सैय्याद करो॥
मादरे हिन्द पर कुर्बान हो जाओ गुप्ता।
अड़ा सीना हो खड़े राम राम याद करो॥

इस विध दे दीना हुक्म, अफ़सर ने तत्काल।
हिन्द वीर केईन की कर दी जान हलाल॥

सुन हुक्म अफ़सर की गोली फौरन प्रजा के ऊपर चला रहे हैं।
थे वीर कट्टर सो खोल सीना मुकाबले पर अड़ा रहे हैं॥
वो गोली एकदम चली है सननन बेरहम हो के दई चलाके।
थे हिन्द वाले जो वीर बाँके खड़े हैं सीना अड़ा अड़ा के॥
लो आन गोली उन बेकसों के वो साफ़ सीने गई समा के।
ख़त्म अदम दम हुआ रवाना गिरे हैं धरनी पछाड़ खाके॥
मारे बेखता इस जहाँ से इनका ये आब दाना उठा रहे हैं॥ थे वीर कट्टर... ॥

थे बुजदिले जो कुछ उनके अन्दर सो जान अपनी हटे बचाके।
जिन्होंने सीना अड़ाया अपना गया हाल उनको काल खाके॥
वो मुख से जय बोलें गांधी की हुए हैं ज़ख़्मी पड़े रंभा के।
कितने ही वीर आज देखो स्वर्ग चले जां दई गमाके॥
मुकाबिल में सुभट हरगिज न थाके।
दिया अपना तुरन्त सीना अड़ा के॥

कलेजों में गई गोली समाके। जमीं गिर गिर के जां दीनी गमाके।
हुए हैं कुर्बान हिन्द पे झट्ट वे जान अपनी गमा रहे हैं॥ थे वीर कट्टर...॥

किसी ने जाकर शहर में कुल ये हाल दीना तुरत सुना के।
बिगाड़ा जो हुल्लड़बाज थे कुछ चले हैं एकदम ग़ुस्सा में धाके॥
चली है टोली पै टोली बन बन लूट बंक [बैंक] की लई कराके।
तार काट दिये लाइन तोड़ दई आग दफतरों में लगाके॥
गरज यहाँ तक बना जो इनसे वहीं वे कौतुक रचा रहे हैं॥ थे वीर कट्टर...॥

जल करके अफ़सरों ने फौरन ख़बर फ़ौज में दई पठाके।
सुनत ख़बर पलटन आनकर के घेर लिए चौतरफ़ सेना के॥
हंसराज एक था देशद्रोही लिया है घंटा वाला बुलाके।
अगारी की अब लड़ाई की जड़ इसी दुष्ट ने दई जमा के॥
कहते रामस्वरूप दुष्ट जन थे यह दाल अपनी गला रहे हैं।
थे वीर कट्टर जो खोल सीना मुकाबले पर अड़ा रहे हैं॥

हंसराज

दोहा— वचन मेरे सुन लीजिए इधर लगाकर ध्यान।
घंटा आओ पीटकर बस्ती के दरमियान॥

बस्ती के दरमियान आप जाओ मत बिलम लगाओ।
घंटा पीट कुल पब्लिक के तई यही समझाओ॥
सभा हुए जलियाँ बाग़ में जाकर सबै सुनाओ।
ख़ौफ़ न खाओ कोई निडर होकर सब सुनने को आओ॥

जाउ जी जल्दी जाओ। पीट घंटे को आओ।
समय सब को बतलाओ
चार बजे शाम के सभी लेक्चर सुनने को आओ॥

बेशक साहब आपकी, मानी हमने बात।
पब्लिक में कर दूँ ख़बर घंटा लेकर हाथ॥

लेकर के घंटा चल दिया पब्लिक को करने हित ख़बर।
घबराओ मत कोई हृदय अन्दर सभी रखो सबर॥

लीडर तो पकड़े गए दोउ नजदीक पुल गोली चली।
नहीं काम घबराने का कुछ ईश्वर करेंगे सब भली॥
आओ सभी हो बेफिक्र क्या खता देश और राग में।
गुप्त सभा हो शाम को जलिया वाले बाग़ में॥

दोहा—इस विध सों पीटत फिरें, बस्ती में घड़ियाल।
सभा सुनन हित तैयार कुल भई पब्लिक तत्काल॥

आज सुनो जलियाँ बाग़ में क्या भीड़ पब्लिक की छा रही है।
सभा सुनो चलकर हिन्दू मुस्लिम सदा ये हरजां से आ रही है।
चली है टोली पर टोली बन समय सुहावन दिखा रहा है।
उस वक्त बाग़े जलियाँ अन्दर जलूस क्या अच्छा आ रहा है।
हज़ारों बूढ़े जवान बच्चों का देखो दम पर दम जा रहा है।
जय बोलता जाता है कोई कोई गीत गांधी के गा रहा है।
असहयोग की धुन सबके मुँह से क्या देशभक्ति दिखा रही है
सभा सुनों चल कर हिन्दू मुस्लिम सदा ये हरजां से आ रही है।
दिया हुकम फौरन प्रतिनिधियों ने निहारो सब कार्यकर्ता जाके।
बद ख़याल कोई किसी तरह का न देवे उधम यहाँ मचाके।
हाथ जोड़ देते धीर सबको रहे हैं उपदेश किया सुनाके।
उधर मदन घर तैयार होकर चला है जलियाँ बाग़ आके।
पास बुलाकर के मात उस की सखुन इस तरह सुना रही है।
सभा सुनो चलकर हिन्दू मुस्लिम सदा ये हरजां से आ रही है॥

मदन की माँ

दोहा—बेटा छौना लाडले, दे सच मुझे बताइ।
सुनी मैंने तू सभा को, बाग़े जलियाँ जाइ॥

जाता है बाग़े जलियाँ तू कुमर पुत्र सुत मेरे।
मोकूं दे बतलाइ पुत्र क्या बसी हृदय में तेरे॥
मैंने सुनी चली है गोली पुल के पास सवेरे।
घायल पड़े मौत वहाँ पर और मारे गए घनेरे॥

वचन मेरे चित्तलाओ। बाग़ जलियाँ मत जाओ।
मेरे तू एकलो छौना।
मान कहीं मत जाय बाग़ जलियाँ को लाल पिरौना॥

मदन का माँ से

दोहा— सुबह मात गोली चली, बेशक पुल के पास।
न कुछ वहाँ डर बाग़ में, रख दिल में विश्वास॥

रख दिल में विश्वास सत्य ले जान मात तू भोली।
जो कुछ भी होनी थी मय्या सुबह सोई होली॥
वहाँ होवेगी सभा जाइ पब्लिक टोली पर टोली।
देशभक्त जब सतपथ पर तब चले मात क्यों गोली॥

तेरे दिल कहा समाई। जाने की करे मनाई।
न मानूँ मैं तो जाऊँ।
अगर न जाने देइ जननी तो खाने को नहीं खाऊँ॥

माता

ठुमरी— मानो मानो पुत्र हमारे मत ना जाउ बाग़ जलियान।
सुबह चल चुकी है जब गोली पुल पर पिशर हज़ारी॥
मालूम मुझको पड़ी मचे बाग़ में उपद्रव भारी॥
तजो हठ तुम मत ठानो ठान।
मानो मानो पुत्र हमारे मत ना जाओ बाग़ जलियान॥

ठुमरी— मय्या जाऊँगा जाऊँगा देखने सभा बाग़ जलियान।
क्या परवाह है अगर गए हैं देशभक्त कुछ मारे॥
मरे नहीं वह अमर भये। सीधे सुरलोक सिधार।
खोई भारत के हित जान।
मय्या जाऊँगा जाऊँगा देख सभा बाग़ जलियान॥

ठुमरी— मानो मानो पुत्र हमारे मत ना जाउ बाग़ जलियान।
सात पाँच तारे हैं जिनके डाहन दिल में होना॥
है सुत एकलो डार मेरे तू ही इकलौता छौना।
इस दम मत सुत करो पयान। मानो मानो पुत्र हमारे।
मत ना जाउ बाग़ जलियान॥

मदन का माँ से

ठुमरी— मय्या जाऊँगा जाऊँगा देखन सभा बाग़ जलियान।
मुगलों ने सुत गोविंदसिंह को दिये दीवाल चिनाके॥
मगर न छोड़ा धर्म जमाना रहा सुयश यश गाके।
जिनको लगे न प्यारे प्रान॥
मय्या जाऊँगा जाऊँगा देखन सभा बाग़ जलियान॥

माता का पुत्र से

ठुमरी— मानो मानो पुत्र हमारे। मत ना जाउ बाग़े जलियान॥
छोड़ो ऐसा धर्म भाड़ में पटको ऐसी शान।
एक संग भैराय परे जो आग सरासर जान॥
हैं वे नर मूर्ख अज्ञान।
मानो मानो पुत्र हमारे मत ना जाउ बाग़ जलियान॥

मदन का माँ से

ठुमरी— अव्वल तो वहाँ चले न गोली हम पर सब फरमावें।
चल भी जावे तो फिर कब हम मरने से दहलावें॥
देश पर जा मैं कुर्बान।
मय्या जाऊँगा जाऊँगा देखन सभा बाग़े जलियान॥

माता का

ठुमरी— मानो मानो पुत्र हमारे मत ना जाउ बाग़ जलियान।
छोड़ो हठ को कुमर न गरचे तुम्हें वहाँ है जाना।
जाना तो सुत देख उपद्रव कहीं तरह दे जाना।
लो कहना गुप्ता का मान।
मानो मानो पुत्र हमारे मत ना जाउ बाग़ जलियान॥

मदन का

ठुमरी— मय्या जाऊँगा जाऊँगा देखन सभा बाग़ जलियान।
क्या मतलब है हमें उपद्रव से जो कोई उठामें।
मगर जो है भट्ट धर्म वीर मरने से दहलामें॥
तजे न अपनी आन।
मय्या जाऊँगा जाऊँगा देखन सभा बाग़ जलियान॥

दोहा—इस तरह दोनों रहे माँ बेटा बतराइ।
हुकम पाय कर चल दिया गया बाग़ में आइ॥

गया बाग़ में आय यार संग लिए हुए मदन है।
हंसराज दे रहे लेक्चर सुने सकल पुरजन है॥
वे ढंग देख वहाँ के ओडायर के ग़ुस्सा मन है।
संग मशीन गन मय डायर के बुला लई पलटन है॥

न अरसा मुतलक कीना। हुकम फौरन दे दीना।
सुनत डायर हरसाया।
पास बुला कर्नल तुरन्त डायर यू हुकम सुनाया॥

डायर का

दोहा—ओ कर्नल माय डियर सुनो हमारा बैन।
रहा बहुत बलवा मचा यहाँ ये यू दिस रैन॥

अभी फ़ौज को सुना हुकम दीजे चौतरफ़ लगा के।
हुकुम हमारा मानो दो जल्दी से फैर कराके॥
डैम फूल काले कुलियों ने उधम रखा मचाके।
मय रियाया जलियाँ बाग़ दो ज़मीनदोज करवाके॥
हुक्म दे दो योद्धन को। लायकर मशीन गन को।
नाम नहीं यहाँ डर का है।
इन लोगों ने राज समझ रखा अपने घर का है॥

कर्नल का

दोहा—बेशक साहब आपका हुक्म हमें मंजूर।
मगर ने ऐसा चाहिए करना तुम्हें हजूर॥

इस दम ऐसा नहीं चाहिए सोच लेउ दिल अन्दर।
करने दो जो कुछ करते हैं इसमें क्या कुछ है डर॥
पब्लिक सारी जमा बाग़ में उपदेशार्थ रहे कर।
गर रियाया को मार देउ तो राज करोगे किस पर॥

अजी साहब हुक्म ऐसा सुनाने में मजा क्या है।
खामखा के उपद्रव को उठाने में मजा क्या है॥
बातें शास्त्र से और नीति से क़ानून से देखो।
निहत्थों पर भला शस्त्र उठाने मैं मजा क्या है॥

कहो तो फैर कर ख़ाली भगा देवें अभी सबको।
मगर ये नीम रासे की जमाने में मजा क्या है॥
सिवा जिनमें कि आत्माबल के और कुछ भी नहीं बल है।
बेकसूर को भला गुप्ता सताने में मजा क्या है॥

अगर तुम इन्हें सताओ। नतीजा फिर क्या पाओ।
होये भारी बदनामी।
साहब रोज़ हश्र के जाकर बनो नर्क के गामी॥

डायर

अजी अच्छी सुनाई ये बतियाँ चलो वाह वाह वाह।
सुनाते हो हम को नसीहत क्या आप।
हमें क्या गरज पुन्न हो या पाप।
इसी तौर इन पर पड़ेगा दबाव॥
जमेगा हमारा जबी तो रूआब।
अजी अच्छी सुनाई ये बतियाँ चलो वाह वाह वाह॥

कर्नल

क्या ये दिल में तुम्हारे समाई अजी वाह वाह वाह।
निहत्थों पर शस्त्रों का करना प्रहार।
है लिखा कहाँ पर बतलाओ सरकार॥
यहाँ तो जमा लोगे माना रुआब।
क्या रोजे हश्र दो खुदा को जवाब॥
क्या दिल में तुम्हारे समाई अजी वाह वाह वाह॥

डायर

ओडायर ने दीना ये हमको हुक्म।
सो मानो अभी तुम माय डियर कम॥
मशीनगन चलाओ करो ख़ूब वार।
न हुज्जत तुम्हारी चलेगी जिनहार॥
अजी अच्छी सुनाई ये बतियाँ अजी वाह वाह वाह॥

कर्नल

न मानें तुम्हारा हम हुकम अबके।
ले खूँ अपनी गर्दन सो क्या है मतलब॥
चले जाएँगे बस अभी इस घड़ी।
खुदा का है डर बैनी कहते खरी॥
क्या ये दिल में तुम्हारे समाई अजी वाह वाह वाह॥

डायर

तुमने करके है अफसोस क्यों डर गया।
जो बल था सो तेरा कहाँ वह गया॥
लगाता है बट्‌ट तू क्यों बात में।
ये सुहाता नहीं शेरों के भी साथ में॥
अजी अच्छी सुनाई ये बतियाँ चलो वाह वाह वाह॥

दोहा—इधर इस तरह हो रही दोनों में गुफ्तार।
उधर दूसरा कह रहा कर्नल यों ललकार॥

दूसरा कर्नल

दोहा—क्या साहब बे बात की रहे उपाधि मचाय।
आप कहो सो मैं करूँ दीजे हुकम सुनाय॥

डायर

दोहा—ये जितने पुरजन खड़े करो सबों पर फैर।
मार सबों को दो यहाँ बहा ख़ून की नैर॥

दोहा—सुनकर डायर का हुक्म कर्नल मन हरसाय।
ले मशीन गन फ़ौज को दीना हुक्म सुनाय॥

दिया हुक्म फ़ौज को उसी दम बन्दूक़ में कारतूस पटक रहा है।
ख़ुश होके डायर कराए फायर खड़ा एक तरफ़ मटक रहा है॥
घिरी चौतरफ़ा पब्लिक बाग़ के लिए हैं झट मोर्चे दबाके।
हुक्म सुनाया न देर कीनी दिये फैर फौरन ही कराके॥
आवाज़ सुनकर खड़ी जो पब्लिक भगी एकदम संसा के।
मगर कहाँ जाइ निकलके कोई घेरे हैं कुल सब रास्ता के॥

सुन सुन के इत उत भगी पब्लिक सारी।
कहाँ जाती और क्या करती बिचारी॥
लगी तभी गोलियों को बौछार पड़ने।
हाल ये देख हिम्मत सबने हारी॥
कहाँ भाग करके जाती पब्लिक चौतरफ़ा डर कुल कटक रहा है।
ख़ुश होकर डायर कराए फायर खड़ा एक तरफ़ मटक रहा है॥

किसी के गोली लगी है सिर में, किसी के मुख गर्दनों में आके।
किसी की नाक को फायर फोड़ा किसी के सीने गई समाके॥
चलती बन्दूक़ें मिसल मेह के झड़ी गोलियों की लगाके।
निहत्थे हा हिन्दू मुस्लिम फँसे हैं ये किस बला में आके॥

बिचारे देखिए यह हिन्द वाले,पड़े हैं जालिमों के आन पाले।
हरेक खुदा से बस कलमा यही था इस बार हमें ईश्वर बचाले॥
बुरा हो तेरा क्यों मार डायर इन बेकसों को झटक रहा है।
ख़ुश होकर डायर कराए फायर सब खड़ा एक तरफ़ मटक रहा है॥

दुनाली बन्दूक़ कारतूसों की गोली जिस दम लगे हैं आके।
बेताब होकर कहीं बशर गिरे ज़मीन पर पछाड़ खाके॥
शरीर अन्दर समाये छर्रे हुए हैं घायल गिरे रंभाके।
मगर नहीं मुतलक रहम कीना फँसे हैं शय्याद हाय आके॥

छर्रे गोलियों के लागते हैं, गिरे हैं और फिर उठ भागते हैं।
बहुत से सो गए उस नींद अफसोस, नहीं जिस नींद से फिर जागते हैं॥
जो ख़ून का प्यासा था हिन्द का सो ख़ून आज ख़ुश हो चटक रहा है।
ख़ुश होकर डायर कराए फायर खड़ा एक तरफ़ मटक रहा है॥

क़लम बन्द होती है हमारी गिरे हैं आँसू लिखते बयाँ के।
अच्छा है सब कुछ करें जो जालिम इंसाफ हुए बरू खुदा के॥
कितने ही भट्ट शहर पहुँचे एक संग हलचल दई मचा के।
कितने ही बच्चे जवान बूढ़े दिये बे खता अदम पठाके॥

बेरहम इस कदर जान निकारते हैं न करते रहम मारे मारते हैं।
रहे ज़िन्दे जो रोते पीट के सर पुकारें त्राहि आँसू डारते हैं॥
लो हिन्द वालों का आज यहाँ पर मझधार में डोंगा अटक रहा है।
ख़ुश होकर डायर कराए फायर खड़ा एक तरफ़ है मटक रहा है॥

जो वीर गोली चलाने में करता है देर उसको हटक कर रहा है।
कुछ रहम माना है जिसने दिल में वह दाव देकर सटक रहा है॥
कितने ही वीरों को खाके गोली हा प्राण घट घट घटक रहा है।
या कोई घायल पिलासा देखी कहें हाय पानी भटक रहा है॥
कहता है रामस्वरूप मास्टर ख़ुश होकर डायर मटक रहा है॥
इस कदर भारत बीता। कर लिया सठ मन चीता।
हाल लिखते नहीं आवै।
इधर मदन इस तरह तड़पता पड़ा सखुन फरमावै॥

मदन

ऐ सितमगर सितम इस कदर क्यों किया, हाय डायर किया ये तैं खोटा करम।
तेरी गर्दन पै ख़ून बेकसों का है सब नहीं ख़ौफ़े खुदा किया दिया हुकम॥
हम निहत्थों पै करते हुए वार अरे पापी न आई जरा भी शरम।
सुनो भारत के वासी मैं मरता हूँ तुम छोड़ना ना धरम॥ छोड़ना ना धरम॥

यार इस वक्त अपना यहाँ पर कोई आता भाई बिरादर नजर ही नहीं।
ऐसे जालिम के हाथों से आकर मरे मौत कुकुर की दिल को सब्र ही नहीं॥
मारे जाएँगे गोली से इस बाग़ में थी ये पहले से कुछ भी ख़बर ही नहीं।
जो कि माता पिता से कहें हाल जा ऐसा हमदर्द कोई बचा ही नहीं॥

यार अफसोस कच्चे जिगर का है तू ऐसे फिकरे जुबाँ से सुनाने लगा।
ऐसा मरना हो जिस पर हो महरे खुदा मौत कुकुर की बेजां बताने लगा॥

याद रब को करो और हरि को रटो या घड़ी दम हमारा खो जाने लगा।
कुल जमाने से रिश्ता दिया तोड़ धर्म हित प्राण लो मेरा जाने लगा॥

मदन इस तरह कह तुरत दिने छोड़ प्रान।
दम निकला संग यार का सुनो सुजन सुज्ञान॥

दई तैं ये कृपा रच दई मेरे गोली से घुट घुट निकलता है दम।
कोई ऐसा न पानी जो लादे मुझे, मुझे ये ही है गम॥
लगा छर्रा मेरे जला जाता है ये कुल हमारा जिस्म, कुल हमारा जिस्म।
कहते रामस्वरूप इसी बाग़ जलियाँ में मरना लाएथे गोली से लिखवा करम॥

दूसरा घायल

मेरे इश्वर ये क्या हो गई यहाँ गती मेरा बन्दूक़ के छर्रों से जले जिस्म।
एक कतरा न पानी कहीं है रहा निकला जाता है दम, निकला जाता है दम॥
कोई थोड़ा सा पानी पिलादे मुझे फेर मर के पहुँचें धुर अदम।
कहै बैनी न यहाँ पर है कोई बस हा सितम हा सितम हा सितम॥

घायल तड़फें नीर बिन रहे बहुत घबराए।
बहुतन कोतो उसी दम कालबली गया खाए॥

इस दम आगे मजमून साफ़ भरता हूँ।
मैं मगर खुलासा लिखने में डरता हूँ॥
महाराज किये जो कुछ भी अत्याचार।
लिखने में क्या भार सुजन ख़ुद ही कर लेउ विचार॥
यह हाल मदन की माता से सुन पाया।
गया पुत्र न माना बहुतेरा समझाया॥
महाराज धरन पर खाकर गिरी पछार।
सुनो मदन के माता पिता दोनों रोवे छाती फार॥

उनका क्या रोना सभी शहर रोता था।
निज जनों की कर कर याद विकल होता था॥
महाराज जुबान को लेइ अगर हम थाम।
तो पाठकगण कहें लिखा नहिं कीना खोटा काम॥

बस यही आप से कहना साफ़ हमारा।
है अकल मंद को काफ़ी एक इशारा॥
महाराज शहर अमृतसर में जलियान।
यहाँ तलक घर घर के अन्दर हो रहा रूद्र महान॥
अब और अगारी दऊँ क्या समझा के।
पहले वाले चौतरफ़ा दिये लगा के॥
महाराज निकल कर जाइ कोई इनसान।
मार-पीट कर उसके संग हो अत्याचार महान॥

यहाँ एक शख्स का नाम पदम लाला था।
अमृतसर ही का वह रहने वाला था॥
महाराज गया वह इसी जाल में आइ।
था वहाँ पर मौजूद हुआ घायल वो गोली खाइ॥
उसकी स्त्री थी रत्न पति व्रत धारी।
सुन्दर शशी मदनी बाल वेश सुकुमारी॥
महाराज पति अपने को घायल जान।
निश आधी के समय ढूँढ़ने चली बाग़ जलियान॥

थी गर्भवती पति आग मगर भटकाई।
बाग़ को जान द्वारे पर अपने आई॥
महाराज पुलिस का देखा अत्याचार
जान न देवें कहीं किसी को मारें पहरेदार।
इसने देखो कैसी तरकीब करी है।
पेट बल त्रिया धरनी पर आन पड़ी है।
महाराज सरकती सहती कष्ट महान।
चार बजे गई पहुँच सुबह बाग़े जलियाँ दरम्यान।

इन धर्म पति व्रत की क्या ओट गही है।
शहर से बाग़ तक सरकत भई गई है।
महाराज जब सोऊ औंधी पड़के वो बाल।
देखा पति को पड़ा वहीं पर हुआ हाल बेहाल।
एक संग नार हो गई मूर्छा आके।
कुछ होश हुआ तब उठी चौक लड़खड़ा के।

महाराज रही कई गोली बदन समाय।
मगर नब्ज मौजूद देख पति सों कहे रुदन मचाय।

रत्न का

दोहा—किस गफलत की नींद में पड़े पिया बेचैन।
प्राण नाथ निज नार को, उठो सुनाओ बैन॥

म्हारे प्रीतम प्राण आधार उठ कर बोलो तो सही।
थे सोए सुख नींद में प्रीतम पग फैलाइ।
कहाँ तन में लगी मोइ सच सच देऊ बताइ॥ उठ कर...

तुम बिन मेरी कौन है नैय्या खेवनहार।
वही जात चौकन्न से मेरी नाव पड़ी मझधार॥
कठिन कष्ट पाई के आई तुमरे पास।
आशा टूटी तुम बिना गुप्ता बैनी दास॥ उठ कर...

बेहोशी के दशा में मुख सौ कढ़े न बैन।
मगर पदम व्याकुल विकल पड़ा हुआ बेचैन॥

रत्न का

मेरी नया खेवैया पिया प्राणनिध उठ के बोली अमोली सुनाओ जरा।
आप के बिन मैं किसके सहारे जिऊँ मेरे सैया मुझे सो बताओ जरा॥
कहाँ कसक आपके तन में होती बलम कहाँ गोली लगी सो दिखाओ जरा।
तुम अनाथों की तरियाँ ज़मीन पर पड़े मेरी छाती फटै बैठ जाओ जरा॥

देख विकल निज नार को, अत अधीर बेचैन।
टूटे फूटे शब्द कुछ लगो पदम यूँ कहन॥

ऐ प्रिये धीर धर दिल में रोवे मती मुझे करवट इधर को दिला दे जरा।
मेरे मरने में कोई रही ना कसर अपना कर मेरे तन से लगा दे जरा॥
रात बीती है सारी तड़फते कहे बैनी पानी तू जल्दी से ला दे जरा।
मेरा सूखा हलक नहीं बोली कढे मुझे थोड़ा सा पानी पिला दे जरा॥

दोहा— सुनकर खाविंद के वचन, चली तुरत उठ नार।
चार बजे था अँधेरा, पड़े न सूझ अगार॥

कुछ नहीं जिसे सूझे चली मन में महा अकुलाइ के।
कुछ था अँधेरा दृगन में आँसू रहे घूमड़ाइ के॥
रस्ता की थी कुछ थकावट सरकन से दुखे था बदन।
पति शोक चौथे पाँचमें नहीं था ठिकाने जिसका मन॥

ढूँढ़त फिरे पानी चहू लंग बाग़ में जाती फिरे।
गिर गिर पड़े फिर उठ चले लाशों पर ठुकराती फिरे॥
पानी नहीं पाया कहीं कुए पे पहुँची जाइके।
नहीं पास लोटा डोर जो पानी पिलावे लाइके॥

खुड्डी मे सामिल कीच के गदला था कुछ पानी भरा।
उस पति व्रता ने ओढ़नी का झट अचक पल्ला धरा॥
पल्ला भिगो कर चल दई पति पास पहुँची आन है।
इससे ही कुछ पहले पदम ने त्याग दीने प्रान है॥
पल्ले से जल मुख में निचोड़ा नब्ज पकड़ी हाथ है।
बैनी कहे लख दम ख़त्म करती रुदन धुन माथ है॥

रत्न का

दोहा— आहि पिया किस पर चले मुझको आप बिसार।
दृग खोलो मुख से जरा बोलो तो भरतार॥

प्राणों प्यारे हमारे तुम्हारे बिना किस तरह हों गुजारे बताओ पिया।
मुझ अभागी के ताईं समझ कम्बख्त क्यों छुड़ा हाथ तुम छोड़े जाओ पिया॥
लेने पानी गई औ तुम्हारे तईं न थी मालूम ये चालें बताओ पिया।
मेरा छोड़ो न कर तुम बहोरौ चुरी मती रंजो अलम मे फसाओ पिया॥

रत्न इस कदर रोवती मार मार किलकार।
आया एक कांस्टेबल सुन गम भरी पुकार॥

कांस्टेबल का

क्यों बे काहे तू हल्ला मचाती यहाँ,
ऐसा करती रुदन बड़ी होके निडर।
यहाँ न चलती किसी की भी फरहाद है,
क्यों बहाती है आँसूओं को चिल्लायकर॥

ले के सामत तेरी आई तुझको यहाँ,
इतनी कहकर उठा ली झपट कर पकड़।
मारे धक्के दिये फेर धक्के निकल,
चल तू बाहर यहाँ से तू जल्दी निकल॥

बाग़ जलियाँ का मामला यहाँ तलक
एकमन बना करके कीना रकम।
इस धर्म और अधर्म को ख़ुद छान लो
हाल आगे का अब लिख न सकते हैं हम॥

दृढ़ से विश्वास से कार्य होते हैं सब
अब यहीं पै रुकी बस हमारी क़लम।
बैनी गुप्ता की मिन्नत धरो ध्यान सब
जय अटलक्षत्र की हुआ किस्सा ख़त्म॥

॥ वन्देमातरम् ॥

पंजाब का

॥ हत्याकांड ॥

यानी—

बेकसों की आह

लेखक और प्रकाशकः—

लाला रतनलाल "ज़मर्रुद"

सिकन्द्राबाद (ज़िला) बुलन्दशहर

प्रथम बार २०००] १९२१ [मूल्य -)

ख़ूनी बैशाखी : 13 अप्रैल, 1919 को जलियाँवाला बाग़, एक चित्रकार की नज़र में।

पंजाब का हत्याकांड यानी बेकसों की आह

बलिदान का बदला

जिन सच्चाइयों को इतिहास के आधिकारिक स्रोत दर्ज नहीं करते उन्हें क़िस्से-कहानियाँ, किंवदन्तियाँ, कहावतें मौखिक माध्यम से सदियों की यात्राएँ करा देती हैं। पिछले कुछ दशकों में ये पारम्परिक ज्ञानवाहक स्रोत लोक इतिहास को जानने का सशक्त माध्यम रहे हैं। लोक भाषा में रचा गया साहित्य भी औपनिवेशिक कालखंड में अभिजात स्रोतों से भिन्न ऐतिहासिक दृष्टिकोण रखता है। इसलिए इसका योगदान अत्यन्त महत्त्वपूर्ण है। यह अभिव्यक्ति ही दरअसल 'लोक' का इतिहास होता है। इस विशेष कालखंड के आधिकारिक रिकॉर्ड 1919-1920 की पंजाब डिस्ट्रबेंसेस रिपोर्टों के बड़े बड़े खंडों में भारत के अभिलेखागारों और विभिन्न राज्यों के अभिलेखागारों में उपलब्ध हैं। परन्तु यह सरकारी रुख को ही अधिक सम्प्रेषित करते हैं। इनका अध्ययन करते हुए यह अहसास सहज ही हो जाता है।

इसके विपरीत इसी कालखंड के कवि-रचनाकार जनमानस की वेदनाओं, संवेदनाओं, ज़ुल्म व सितम और 'लोक' की बात करते हैं और इसी आशय में काव्य की सार्थकता निहित है।

खेद की बात तो यह भी है कि जलियाँवाला बाग़ के सौ साल से अधिक समय बाद भी हम उन लेखकों और साहित्यकारों के बारे में जानकारी नहीं जुटा पाए जिन्होंने देश के स्वतंत्रता आन्दोलन की दशा और दिशा को मोड़ने वाली हृदयभेदी घटना पर ऐसा बेशक़ीमती और प्रामाणिक साहित्य रचा जिसने ब्रितानी हुकूमत को बेचैन कर दिया। अभिव्यक्ति के हर माध्यम पर पाबन्दी और सख़्ती से दमन के बावजूद इन रचनाकारों ने उस यथार्थ की बयाँ किया जो अन्यत्र नहीं मिलता। मेरे लिए बेशक यह जानकारी जुटाना दुस्साध्य रहा हो परन्तु मैं इसे पावन कर्तव्य समझती हूँ।

लाला रतनलाल 'ज़मर्रुद' जिनके बारे में कोई समुचित जानकारी नहीं मिल सकी उन्होंने 1921 में जलियाँवाला बाग़ के नरसंहार पर 'पंजाब का हत्याकांड यानी बेकसों की आह' पुस्तक लिखी जिसे सिकन्दराबाद, जिला बुलन्दशहर की

बद्री प्रिंटिंग वर्क्स से छपवाकर प्रकाशित किया। यह पुस्तक मुझे इंडिया ऑफ़िस लाइब्रेरी, लन्दन के प्रतिबन्धित साहित्य संग्रह से प्राप्त हुई। इसको पढ़ते हुए एक तरफ़ कवि की तत्कालीन सामाजिक-राजनीतिक परिदृश्य की गहरी समझ चकित करती है तो दूसरी तरफ़ वह निर्भीकता जो अंग्रेज़ी हुकूमत की कारगुज़ारियों का बेलाग खुलासा करती है।

पंजाब का हत्याकांड यानी बेकसों की आह

लाला रतनलाल 'ज़मर्रुद'

दोहा—गुरु अपने को सुमरि के, पंचों को सिर नाय।
दुखड़ा मैं पंजाब का तुमको रहा सुनाय॥

शहजादा जब आस्ट्रिया का सर्बिया गया था सैर करन।
बदमाश की एक शरारत से हो गया था उसका प्राण हरण॥
आस्ट्रिया वालों ने ये कहा मुजरिम से बदला लेंगे।
ये जिद थी सर्बिया वालों को मुजरिम को ख़ुद ही सज़ा देंगे॥

दुश्मनी हो गई दोनों में जानी दुश्मन हर एक हुआ।
फिर तो हर दो जानिब से ही सामाने जंग तैयार हुआ॥
इमदाद इस तरह ब्रिटिश ने सर्बिया के राजा की की थी।
उस तरह मदद जर्मनी ने आस्ट्रिया वालों की की थी॥
इस तरफ़ जर्मनी ब्रिटिश में जंगे अजीम अब शुरू हुई।
सामाने हर्व तैयार हुआ खन खनन खनन खन खनन हुई॥

दोहा—ब्रिटिश का जब से हुआ जर्मन से संग्राम।
यूरोप में भी मच गया उस दिन से कोहराम॥

रोजाना ख़बरें आती थीं जर्मन ने लन्दन घेर लिया।
थोड़े ही दिन के अन्दर अब अंग्रेज़ों को बस ज़ेर किया॥
सुनते थे हवाई जहाजों से जर्मन का गोला चलता है।
ये हालत अब लन्दन की है नहीं चिराग तक भी जलता है॥

जंगे जर्मन की ख़बरें जब यूरोप के अन्दर जाती थीं।
ये हालत थी अंग्रेज़ों की नहीं नींदें तक भी आती थीं॥

सबको यकीन ये कामिल था जर्मनी फ़ौज जब जाएगी।
जो कुछ भी शानो शौकत है सब मिट्टी में मिल जाएगी॥
आख़िर सबने येही सोचा तेतीस करोड़ भारतवासी।
गर मदद हमारी कर देंगे तो फतह हमारी है खासी॥

दोहा—भारत वीरों से कहा दीजिएगा इमदाद।
फतह पाएँ गर जंग में करें तुम्हें आज़ाद॥

जागीरें तुमको बतला दें जिस तरह कहो ख़ुश कर देंगे।
भारत है बन्दे गुलामी में इसको भी रिहा हम कर देंगे॥

जब फतह हमें जर्मन करले तुम पर भी मुसीबत आएगी।
बे वजह ये सोने की चिड़िया गैरों के हाथों जाएगी॥
भारत वासी भोले भाले इनकी चालों को क्या जानें।
मक्कार हैं या ये सच्चे हैं वह इन राजों को क्या जानें॥

बोले कि प्रजा का धर्म है ये तन मन धन अर्पण कर देंगे।
जहाँ गिरे पसीना राजा का ख़ून की नदियाँ भर देंगे॥
हम वह ही भारतवासी हैं जो कह देंगे बस कर देंगे।
प्रण पूरा करने के लिए हम जान निछावर कर देंगे॥

तन मन और धन तीनों से ही ब्रिटिश की सेवा की हमने।
तलवार बर्छियों की सख़्ती अपने ऊपर सब ली हमने॥

तन सेवा

ख़ुद खड़े मोर्चे पै जाकर लाखों की गर्दन कटवा दीं।
हर कौम में हर घर के अन्दर माँ बहनें विधवा बिठला दीं॥
माता भग्नि और पुत्र पिता से सारा नाता छोड़ दिया।
हम लड़े जर्मनी से जाकर भारत का मोहता छोड़ दिया॥

मन सेवा

मन्दिर और मस्जिद के अन्दर जब सिजदा करने जाते थे।
फतह इसमें अंग्रेज़ की हो ये ही दुआ मनाते थे॥

विद्यार्थी जितने पढ़ते थे हर रोज़ सुबह को उठते थे।
हो फतह हमारे राजा की ईश्वर से विनती करते थे॥

धन सेवा

जो धनी पुरुष थे भारत के बेशुमार धन दौलत दे दी।
मुद्दत की जुड़ी कमाई की इनको सारी बरकत दे दी॥
जो ग़रीब भाई थे अपने मुश्किल से गुजारा करते थे।
बर्तन भांडे गिरवी रखकर इमदाद का चारा करते थे॥

स्त्रियाँ और विद्यार्थी तक भी इनको चंदा करते थे।
सैकड़ों इन्हीं की खातिर ही झोली ले माँगते फिरते थे॥
गर मदद न हम इनकी करते जर्मन से ये मुँह की खाते।
क्या मजाल थी अंग्रेज़ों की जो फतह जर्मनी से पाते॥

ईश्वर की कृपा हुई वह दिन पहुँचा आय।
फतह हुई सरकार की ख़ुशियाँ रहे मनाय॥

हर एक को ख़ुशी अपार हुई घी के चिराग हर घर में जले।
हर एक को ख़ुशी इस तरह थी जिस तरह भक्त ईश्वर से मिले॥
सबको यकीन ये कामिल था स्वराज्य हमें मिल जाएगा।
जो जाँ सोजी हमने की थी उसका बदला मिल जाएगा॥

जब ब्रिटिश से हमने ये कहा स्वराज हमें अब दे दीजे।
बोले स्वराज क्या चिड़िया है ये साफ़-साफ़ बतला दीजे॥
क़ाबिल स्वराज के हो जाओ तुमको स्वराज्य हम दे देंगे।
दो चार साल के अन्दर ही जो कहा है वह हम कर देंगे॥

फिर ब्रिटिश से हम ने यह कहा ये राज हमें बतला दीजे।
ना काबिल स्वराज के क्यों हैं ये जरा हमें समझा दीजे॥
ना काबिल अगर स्वराज के हैं तो भी तुम दिल में शरमाओ।
डेढ़ सौ साल में भी काबिल नहीं बना सके क्यों बतलाओ॥
तैरना किस तरह सीखेंगे जब तलक तालाब नहीं दोगे।
काबिल स्वराज के कैसे हों जब तलक स्वराज्य नहीं दोगे॥

दोहा—ब्रिटिश के दिल में कहाँ चेते भारत वीर।
गफलत में ही ये रहें करो कोई तदबीर॥

गर चेत गए भारतवासी भारत से हमें निकालेंगे।
रोजी अपनी छिन जाएगी मन चीता फल ये पाएँगे॥
आख़िर सबने ये ही सोचा सख़्ती इन पर दो चंद करो।
मुँह से ये कुछ भी कह न सकें इनकी जुबान को बन्द करो॥

कर दिया पास रौलेट बिल को जिससे न जुबाँ हम खोल सकें।
नहीं पाँच आदमी से ज़्यादा हम बैठ सकें हँस बोल सकें॥
शादी भी बिना इजाजत के हरगिज हरगिज नहीं कर सकते।
फिर अगर इजाजत मिल जाए नहीं पाँच से ज़्यादा जा सकते॥

घर में हो मुरदा पड़ा हुआ उसको भी नहीं उठा सकते।
नहीं आठ बजे के बाद रात को घर से बाहर जा सकते॥
मजबूर हर तरह से करके बन्धन में हमको डाला था।
मानो कोठरी में बन्द किया बाहर से ताला डाला था॥

हर एक का दिल बेचैन हुआ हर एक ने कहा बला आई।
इनसे हमदर्दी करने की ये अच्छी तरह सजा पाई॥
तन मन धन तर्पण करने का ये बदला हमने पाया है।
मासूम बेगुनाह विधवाओं का श्राप रंग ले आया है॥

ग़ज़ल—सुनाएँ तो सुनाएँ हम किसे राज़े निहाँ अपना।
नहीं गमख्वार है कोई हुआ दुश्मन जहाँ अपना॥

तेरी रहमत का है यारब भरोसा एक फकत मुझको।
वगरना गर्क होना चाहता है कारवाँ अपना॥

किया पर कैंच बुलबुल को मनाही चहचहाने की।
तुझे कुछ आकबत का ध्यान भी है बाग़बाँ अपना॥

लड़े थे मोर्चे पै जा मुकाबिल जर्मनी के हम।
नहीं सोचा था कुछ हमने वहाँ सूद व जियाँ अपना॥

वफाओं के सिले में अब जफ़ाएँ हम पै होती हैं।
बना है आज जुल्म व जोर का घर आशियाँ अपना॥

'ज़मर्रुद' तुम न इनकी संगतियों से दिल में घबराना।
खुदा का सर पै साया है वही है मेहरबान अपना॥

सबकी यह मर्जी हुई जलसा दो करवाय।
अपना दुखड़ा हम सभी देंगे वहाँ बताय॥
बाग़े जलियाँ में तुरन्त जलसा दिया कराय।
अपनी अपनी राय सब वहाँ पर रहे सुनाय॥

हर एक की जुबाँ पै लफ्ज थे ये लो काम शान्ति से भाई।
हैं पुत्र पिता परजा राजा मुद्दत से रस्म चली आई॥
गर खफा पिता हो जाते हैं आजजी से उन्हें मनाते हैं।
नुकसान नफा सारा अपना आजजी सहित बतलाते हैं॥

अंग्रेज़ हमारे प्यारे हैं वह हमसे मुँह नहीं मोड़ेंगे।
आजजी खुशामद से ये बिल मंसूख कर कर छोड़ेंगे॥
लाखों सर हमने कटवाये क्या इतनी बात न मानेंगे।
रूठे हैं पिता हमारे क्यों हम फिर से उन्हें मना लेंगे॥

इधर शान्ति से यहाँ जलसा रहे कराय।
उधर ख़बर सुन कर डायर गए रिसाय॥
संग में गोरे सिक्ख ले डायर पहुँचा आय।
दरवाज़ों पर बाग़ के दी मशीन लगाय॥

सिक्खों गोरों को हुक्म दिया डायर ने फायर करवाये।
बेवजह बे खता जालिम ने सैकड़ों हज़ारों मरवाये॥
अमृतसर के बूढ़े जवान जो जलसा सुनने आए थे।
सीधे स्वभाव नन्हे बच्चे गोदियों में यह ले आए थे॥

डायर के फायर ने उनको भी अपना शिकार बनाया।
इस पर भी फिर तुर्रा है ये बच्चों को बागी बतलाया॥
जो जलसा सुनने आए थे वह जिस जानिब से भगते थे।
होते थे फैर उसी जानिब मूली गाजर से कटते थे॥

जो शहीद लथपथ ख़ून में थे मिसले तलाब जो नहाते थे।
मध्यम सुर मीठे शब्दों में वह कुछ गाते भी जाते थे॥

ग़ज़ल—जुल्म व सितम के दरिया में गर्क हो रहे हैं।
आहो बुकां से अपने हम मुँह को धो रहे हैं॥

बदले में अब वफ़ा के होती हैं यों जफ़ायें।
हिन्दुस्तान वाले क्यों फिर भी सो रहे हैं॥

ईमान अपना खोया अस्मत भी अपनी खोई।
जो कुछ रहा है बाकी क्यों उसको खो रहे हैं॥

उम्मीद अब वफा की हरगिज न इनसे करना।
देदे के तुमको थपकी दुनिया से खो रहे हैं॥

सैयाद के बने ख़ुद नखचीर किस लिए हो।
किस वास्ते 'ज़मर्रुद' गफलत में सो रहे हैं॥

अब आगे की दास्ताँ तुमको रहा सुनाय।
डायर के करतूत कुछ तुमको रहा बताय॥

नन्हे-नन्हे बच्चों को भी टिकटिकी से ये बन्धवाता था।
नंगे करवा के जिस्मों पर कोड़े उनके लगवाता था॥
बेहोश अगर हो जाते थे मुँह में पानी डलवाता था।
फिर अगर होश में आते थे कोड़ों से फिर पिटवाता था॥

तादाद मुअयन से वह गर कम कोड़ों में मर जाता था।
फिर मरे हुए के ऊपर भी बाकी कोड़े लगवाता था॥
लगती है शर्म हमें कहते औरतों को नंगी करवाईं।
पोशीदा मुकाम में उनके ये खतर लकड़ियाँ चलवाईं॥

गर शर्म शान की है कुछ भी ये मरने से भी बदतर है।
जिल्लत के ज़िन्दा रहने से इज्जत का मरना बेहतर है॥
एक गली के अन्दर तो हमको पेटों के बल चलवाया था।
सीना उठने पर बन्दूक़ों के कुन्दों से पिटवाया था॥

नल भी पानी के बन्द किये बिन पानी के मरवाया था।
रोशनी सारी बन्द करके बिना चिराग के तरसाया था॥
इन जुल्मों से हद से ज़्यादा भारतवासी बेजार हुए।
फिर तिलक लाजपत गांधी से पैदा उनके गमख्वार हुए॥

तिलक गांधी ने हमें आकर लिया बचाय।
स्वतंत्र होने का हमें नुस्खा दिया बताय॥

भजन

टेक—चेतो! चेतो! भारत वीर तुम किस गफलत में सोते हो॥ चेतो
खोकर सारा धन और माल अब तुम हो बैठे कंगाल।
लो अब बिगड़ा हुआ सँभाल क्यों तुम पड़े पड़े रोते हो॥ चेतो
होनी हो सो अवश्य होय नहीं रोने से कुछ भी होय।
इज्जत धर्म रहे क्यों खोय क्यों आँसू पीके मुँह धोते हो॥ चेतो
अब देसी से प्रेम बढाओ, हरगिज नहीं कौंसिल में जाओ।
इंग्लिश पढ़ नहीं धर्म घटाओ क्यों ऐसे कांटे बोते हो॥ चेतो
जितने भर हों पास ख़िताब उनको वापिस करो शिताब।
छोड़ो गांजा भांग शराब क्यों अपनी दौलत खोते हो॥ चेतो
हिन्दू मुस्लिम जितने भाई लो आपस में प्रेम बढ़ाई।
स्वतंत्रता का नुस्खा भाई तुम क्यों हाथों से खोते हो॥ चेतो
कहे 'जमर्रुद' बारम्बार है यह पराधीनता गार।
गांधी जिससे रहा उभार फिर तुम खाते क्यों गोते हो॥ चेतो

जुल्मों से बेदार के हुए हैं हम बे जार।
जेलों से ज़्यादा हमें हुए हैं अब घरबार॥

शान्ति सहित अपना दुखड़ा लोगों को अगर समझाते हैं।
होती है बन्द जबाँ अपनी बेवजह जेल में जाते हैं॥
गमख्वार बने जो पब्लिक का वह जेल के अन्दर जाता है।
देखो न्यायपाल ये कैसा है सच्चा मुजरिम कहलाता है॥
लेकिन हमने ये समझा है यह जेल नहीं है मन्दिर है।
है कृष्ण जन्म स्थान ये ही यह आज़ादी का मन्दिर है॥

ग़ज़ल—हिन्द में स्वराज का डंका बजेगा एक दिन।
शौक से दौरे मय उलफ़त चलेगा एक दिन॥

जुल्म जालिम से न घबराएँगे हरगिज दोस्त हम।
है यकीं स्वराज का डंका बजेगा एक दिन॥

गर करेंगे जंग जर्मन की तरह दिल जां फिदा।
बाग़े जलियाँ की तरह फिर खूँ बहेगा एक दिन॥

चंद रोजा ज़िन्दगी है जुल्म की गठरी न बाँध।
सामने हक़ के तुझे जाना पड़ेगा एक दिन॥

ऐ गुलामों की सभा के मेंबरों! दिल में डरो।
रोजे महशर जुल्म का बदला मिलेगा एक दिन॥

अपने भाई एक तियाही भूख से बेजार हैं।
हिन्द फिर जन्नत निशाँ अपना बनेगा एक दिन॥

खिदमत ए कौम से हरगिज हम न भटकेंगे कभी।
गो कोई वहशी वह दीवाना कहेगा एक दिन॥

इत्तफाके हिन्दू व मुस्लिम भी रंग ले आएगा।
अपना फिर सिक्का खिलाफत का चलेगा एक दिन॥

बन गया गांधी चमन का बाग़बाँ क्या फिक्र है।
गुंचये दिल है यकीं अपना खिलेगा एक दिन॥

चर्खा है बन्दूक़ अपनी है ये ही मशीन गन।
हमको तो स्वराज चर्खे से मिलेगा एक दिन॥

जंगे जर्मन में तेरी इमदाद हम करते नहीं।
गर समझते मूँग छाती पर दलेगा एक दिन॥

बेकसों की आह ख़ाली जा नहीं सकती कभी।
हस्ती ए इंग्लैंड क्या गरदूँ तू हिलेगा एक दिन॥

कौन से दिन कृष्ण जन्म स्थान में जाऊँगा मैं।
लोग कहते हैं 'ज़मरुद' भी लड़ेगा एक दिन॥

अंग्रेज़ी बर्बरता की गवाह : जलियाँवाला बाग़ की दीवार पर गोलियों के निशान

ओडायर शाही यानी मज़लूम-ए-पंजाब

जब अमृतसर बना रक्तसर

अमृतसर में हुए 1919 के नरसंहार की घटनाओं पर साहित्यकारों ने अनेक ज़ुल्म और ज़्यादतियों के बावजूद अपनी क़लम चलाई। पिछले सात अध्यायों में कुछ ऐसी ही प्रतिबन्धित साहित्यिक कृतियों को अंशत: या अक्षरश: सम्मिलित किया गया है। वस्तुत: इस नरसंहार ने देश के लोगों को अत्यधिक व्यथित-विचलित कर दिया था और देश के अलग-अलग शहरों यथा जबलपुर, बनारस, हाथरस, बुलन्दशहर, लाहौर आदि में यह जन-साहित्य रचित प्रकाशित हुआ। राजनीतिक नेताओं से लेकर साहित्यकारों ने अपने-अपने ढंग से अपना रोष प्रकट किया। गांधी से लेकर चित्तरंजन दास तक और रवीन्द्रनाथ टैगोर से लेकर सुभद्रा कुमारी चौहान तक ने अपनी प्रतिक्रियाएँ व्यक्त कीं। हालाँकि लाहौर से प्रकाशित यह दुर्लभ नाटक मुझे मिल गया था लेकिन अमृतसर या इसके आस-पास रचे-छपे तत्कालीन साहित्य की लालसा बनी रही। यह कामना अपने ही राष्ट्रीय अभिलेखागार से प्राप्त पुस्तक ने पूरी कर दी।

अंग्रेज़ों के आधिकारिक दस्तावेज़ों की तरह ही अंग्रेज़ी समाचार-पत्रों ने 6 अप्रैल, 1919 के बाद हुए दंगों में मारे गए पाँच अंग्रेज़ नागरिकों की घटनाओं को बहुत गम्भीरता से लिया। अंग्रेज़ी समाचार-पत्रों में इनकी ख़बरें बहुत संजीदगी के साथ प्रकाशित हुई और अपने नागरिकों की सुरक्षा के प्रति गहरी चिन्ता और संवेदना व्यक्त की गई। भारतीयों की मौत का सिर्फ़ एक झूठा-मूठा आँकड़ा ही देखने को मिला। जबकि 'ओडायर शाही यानी मज़लूम-ए-पंजाब' पुस्तक के रचनाकार ने अमृतसर के रक्तसर बन जाने की हर घटना का तथ्यात्मक, सन्तुलित और प्रामाणिक विवरण पेश किया है। साथ ही साथ अमुक घटना के घटित होने की पृष्ठभूमि में जो कारण और कार्यवाहियाँ हुईं उनकी भी सच्ची निशानदेही की है और निष्पक्षता से सत्य को उजागर किया गया है।

ऐतिहासिक तथ्यों के आलोक में इन साहित्यिक कृतियों से गुज़रते हुए तत्कालीन साहित्यकारों की सामाजिक-राजनीतिक चेतना, सक्रियता और जानकारियाँ भी गहरे प्रभावित करती हैं। जलियाँवाला कांड के बाद हिन्दुस्तान के राजनीतिक नेताओं,

लेखकों, साहित्यकारों ने सत्याग्रह और प्रेस के माध्यम से सरकार पर दबाव बनाया कि इस त्रासदी की जाँच होनी चाहिए। फलस्वरूप हुकूमत को इंक्वायरी हेतु हंटर आयोग बैठाना पड़ा तब कहीं जाकर डायर के गुनाह उजागर हो सके। मगर फिर भी हिन्दवासियों को इस आयोग की कार्यवाही पर कम ही भरोसा था। इसलिए भारतीय राष्ट्रीय कांग्रेस ने अपने स्तर पर एक उप-समिति बनाई जिसका ज़िक्र भूमिका में किया जा चुका है। मैंने भूमिका में यह भी संकेत किया है कि जलियाँवाला बाग़ त्रासदी के कुछ नायक ऐसे रहे जिनका ज़िक्र साहित्यकारों ने बार-बार किया और दशकों तक अपनी लेखनियों में उनके कारनामों को वर्णित करते रहे। यहाँ एक अमृतसरी व्यापारी की बेवा श्रीमती रतन देवी के इक़बालिया बयान के कुछ अंश (लेखिका द्वारा अनुवादित) जो उन्होंने उक्त समिति के समक्ष दिया, प्रस्तुत करती हूँ—

> मैं जलियाँवाला बाग़ के पास ही अपने घर में लेटी हुई थी। मैंने गोलियों की आवाज़ सुनी। उत्सुकतावश मैं हड़बड़ा कर उठी क्योंकि मेरा पति जलियाँवाला बाग़ की सभा में गया हुआ था...। मैंने रोना शुरू कर दिया। पड़ोस की दो महिलाएँ मेरे पास आ गईं...हम बाग़ में जाने को दौड़े। हम आठ बजे से पहले ही पहुँच गई थीं...मैंने वहाँ लाशों के ढेर ही ढेर देखे। मैं अपने पति को खोज रही थी जो मुझे एक ढेर में दिखाई दिये...वह स्थान ख़ून और लाशों से भरा था। कुछ समय बाद लाला सुन्दरलाल के दोनों बेटे वहाँ आ गए। मैंने उन्हें लाश को ले जाने के लिए चारपाई लाने को कहा। वे चारपाई लाने घर चले गए...मैंने दोनों पड़ोसियों को भी घर भेज दिया। रात के आठ बज चुके थे और अंग्रेज़ी आदेश पर कर्फ़्यू चालू था...घर से कोई नहीं निकल सकता था। मैं रोती-सुबकती वहीं बैठी इन्तज़ार करती रही...एक सरदार जी आ गए मैं उन्हें नहीं जानती थी। लेकिन मैंने उनसे मेरे पति की लाश को सूखी जगह में रखवाने का अनुरोध किया। उसने सिर की तरफ़ से पकड़ा और मैंने उनके पाँव पकड़कर सूखे स्थान को देख कर लिटा दिया। मैंने एक लकड़ी उनके सिर के नीचे रख दी...मैं मदद के लिए इधर-उधर ताक रही थी परन्तु उन्हें बाहर लेकर जाना या किसी का मदद के लिए आना मुश्किल था...मुझे कुत्तों को लाश से दूर रखने के लिए एक डंडी मिल गई...लोगों की तड़प और दर्द भरी कराहटें थीं... साथ एक भैंस भी जीवन और मौत से जूझ रही थी। एक बारह साल का बालक गहरे सन्ताप में था। उसने मुझे छोड़कर न जाने के लिए कहा। मैंने कहा—मैं नहीं जाऊँगी। मैंने उस पर कपड़ा डाल दिया उसे ठंड लग रही थी...घंटे की आवाज़ आ रही थी। दो बज चुके थे...सुल्तान गाँव का एक जाट दीवार के साथ पड़ा था उसने मुझे पास बुलाया और उसका पैर ऊपर

उठाने को कहा। मैंने उठकर उसके ख़ून से निचुड़ते कपड़ों में उसके पैर को उठाया...सुबह छह बजे लाला सुन्दरलाल के दोनों पुत्र चारपाई लेकर आ गए। कुछ और लोग भी साथ में आ गए, मैं अपने पति की लाश घर ले आई...कुत्तों के भौंकने, गधों के रेंकने और लोगों की पीड़ायुक्त कराहटों के बीच लाशों के जंगल में बिताई उस रात को मैं कभी नहीं भूल सकती!

आगे पढ़ेंगे तो पता चलेगा कि इन साहित्यिक कृतियों और इतिहास का फ़र्क़ एक जगह आकर लगभग ख़त्म-सा हो जाता है। जो इतिहास कहता है साहित्यकार भी अपनी कृतियों में वही अभिव्यक्त करते हैं। आइए, सूरजभान मटेर राजपूत द्वारा लिखित पुस्तक 'ओडायर शाही यानी मज़लूम-ए-पंजाब' का पाठ करें।

ओडायर शाही यानी मज़लूम-ए-पंजाब

सूरजभान मटेर राजपूत

मंगलाचरण

मुझे बुद्धि और ज्ञान दो ऐ मेरे भगवान।
ओडायर के जुल्म का सच्चा करूँ बयान॥
सच्चा करूँ बयान हुआ जो था जलियाँ वाले में।
पड़े हुए हिन्दी हैं अब किस जालिम के पाले में॥
जकड़ा हुआ हिन्द बेबस है गैरों के ताले में।
गीले सूखे सभी आ रहे चक्की के गाले में॥
हाल पंजाब का मुझको यहाँ रो-रो सुनाना है।
हुआ जो जुल्म था हम पर वही सबको बताना है॥
दबाया ओडायर ने हमें किस तौर से भाई।
अयाँ उसकी सभी करतूत अब करके दिखाना है॥
जो हत्याकांड डायर ने किया पंजाब में साहब।
न उनकी बहादुरी जुरअत शुजाअत को छिपाना है॥
हमारी है भली सरकार कैसी न्यायकारी है।
आज तसवीर उसकी हूबहू यारों बताना है॥
दिये रंगरूट हमने की मदद कितनी लड़ाई में।
मिला जो फल हमें इसका सभी को वह चखाना है॥

रंगा का

मार्च अट्ठारह और सन उन्नीस सौ उन्नीस।
पास हुआ क़ानून एक दे भारत को पीस॥

दे भारत को पीस सबसे कड़ा बनाना है।
दुखी देश के सिर जालिम ने लादा भोज घना है॥

सभी छीने हक़ अब हिन्दी इनसान नहीं जागा है।
मच्छर की ज्यों मारे जाएँ जीना हुआ मना है॥

गांधी जी

हम आशा में थे लगे मिले हमें स्वराज।
लेकिन ब्रिटिश राज ने किया जुल्म का साज॥
किया जुल्म का साज मदद का यह फल मिला है।
जर और जवान दिये जिसका बस पाया यही सिला है॥
सुन काला क़ानून पास मेरा भी जिगर हिला है।
मुरझा गया हिन्द मादर का अब मुख पुष्प खिला है॥
हिन्दियों चेत कर लो अब पड़े सरकार से लड़ना।
सामना तोप बन्दूकें मशीन तलवार का करना॥
तुम्हारे पास होवे शस्त्र केवल एक खामोशी।
न परवाह हो पड़े गर जालिमों के हाथ से मरना॥
न छोड़ो सत्य को शान्ति को भाइयों हरगिज।
वीर सत्याग्रही हो तुम मशीनगन से नहीं डरना॥
कवच गाढे का पहनो और बढ़ते ही चलो आगे।
कटे सिर, धड़ से लेकिन तुम क़दम पीछे नहीं धरना॥

रंगा का

गांधी जी के हुकम से हुआ देश तैयार।
सत्याग्रह धारण किया लिया शान्ति हथियार॥

लिया शान्ति हथियार रौलेट के मानन से इनकारी।
और बुरे क़ानून तोड़ने की भी है तैयारी॥

हिंन्दू मुस्लिम एक हुए खद्दर को तन पै धारी।
दिल न दुखावें कभी किसी का की प्रतिज्ञा भारी॥

ओडायर का

छह अप्रैल को हो गई हाय गजब हड़ताल।
यह सब हालत देखकर होता मुझे मलाल॥
होता मुझे मलाल है फूट हिंन्दू मुस्लिम खोते हैं।
पहने हैं खद्दर यह अपने लिए जहर बोते हैं॥

होते हैं आज़ाद खाएँ सत्याग्रह में गोते हैं।
दूँगा मजा चखाए उन्हें यह क्या दिलेर होते हैं॥
करी हड़ताल है इसका मजा उनको चखाऊँगा।
जो गांधी की शरारत है उसे जड़ से मिटाऊँगा॥

नहीं मालूम इनको राज सर माइकल का है।
पड़े बेहोश हैं अब होश उनको मैं कराऊँगा॥
बने बागी हैं सब हिन्दू मुसलमान सिख इसाई।
जेल में भेज कर उनको खड़ी चक्की पिसाऊँगा॥

जो कहते हैं कि सत्याग्रही गांधी के चेले हैं।
सभी को क़ैद फाँसी और सूली पर चढ़ाऊँगा॥
अगर मानेंगे नहीं तो मैं क़त्लेआम करवा दूँगा।
हुकम डायर को दे मुल्के अदम सबको दिखा दूँगा॥

चपरासी का

आदाब अर्ज़ आदाब है खादिम का सरकार।
हुकुम आपका मैं बजा लाने को तैयार॥

लाने को तैयार मुझे जो आप हुकम फरमा दें।
काग़ज़ क़लम साथ लाया वारंट हजूर लिखा दें॥
और जो काम मेरे लायक हो जल्दी मुझे बता दें।
खाकसार हाजिर है जो चाहें आप करा दें॥

ओडायर का

ऐ चपरासी जल्द दो अमृतसर को जाए।
जिलाधीश के पास यह काग़ज़ दो पहुँचाए॥

रंगा का

चपरासी डर के सबब चले तेज़ रफ़्तार।
जल्दी जा पहुँचा वहाँ जहाँ भेजा सरकार॥

भेजा जहाँ सरकार ने काग़ज़ वहाँ पहुँचा दिया।
वहाँ से इजाजत पाकर लाहौर का रास्ता लिया॥
रात रहा डिप्टी कमिश्नर पुलिस ऑफ़िसर बुला।
वारंट किचलू डॉक्टर सतपाल का देना खुला॥

देनी इजाजत कि धोखे से पकड़ो आप है।
मोटर बिठाकर हथकड़ी हाथों में जकड़ो आप है॥
होशियार रहना देखना कुछ भेद खुल जाए नहीं।
ऐसा न हो छिप जाए बागी आपको पाए नहीं॥

पुलिस कोतवाल का

हुक्म दिया जो आपने है मुझको मंजूर।
उन दोनों को मैं पकड़ लाऊँ जल्द हुजूर॥

लाऊँ जल्द हजूर उन्हें कहो जहाँ पहुँचाऊँ।
पता किसी को लगे नहीं ऐसी तजवीज बनाऊँ॥
कहाँ गए सतपाल और किचलू मैं नहीं बताऊँ।
करके पूरा काम इनाम हजूर आपसे पाऊँ॥

रंगा का

पुलिस बिछाती फिर रही अमृतसर में जाल।
सर माइकल से कहे एक गोरा यह हाल॥

गोरे का

हे हजूर मैंने सुनी आज गजब की बात।
कल गांधी पंजाब में आएगा प्रभात॥

आएगा प्रभात बागियों का सरदार वही है।
झगड़े बाजों की पलटन का सिपहसालार वही है॥
सत्याग्रह जो छिड़ा हुआ उसका अवतार वही है।
फैला रहा बग़ावत भारत में सरकार वही है॥

अगर पंजाब में आया तो वह लेक्चर सुना देगा।
नहीं है फर्क इसमें वह गदर फौरन करा देगा॥
यह पंजाबी बिगड़ बैठे तो हम को मार डालेंगे।
न रहने मुल्क में देंगे पकड़ बाहर निकालेंगे॥

भलाई चाहते गर हो न याँ गांधी को आने दो।
क़दम पंजाब में उसको नहीं हरगिज बढ़ाने दो॥
राह में उसको नजरबन्द आप करवा दीजिए।
हो जाए जड़ मजबूत अपनी काम ऐसा कीजिए॥
पेश्तर यह कीजिए जल आप पीछे पीजिए।
पंजाब के पहले स्टेशन पर पकड़वा लीजिए॥

ओडायर का

अच्छा किया जो आपने ख़बर मुझे दी आन।
माय डियर मैं तेरा भूलूँ न एहसान॥

भूलूँ न एहसान करी तुमने यह बड़ी इनायत।
ख़ुश हो गया रंज में भी मैं सुनकर तेरी हिदायत॥
ऐसा ही करने की है मेरे भी दिल को भायत।
चैम्सफोर्ड भी करें हमारी ख़ूब ही यार हिमायत॥

गोरे का

तार ज़रूरी है इसे जल्दी दूँ पहुँचाए।
उत्तर आएगा अभी उसमें सुस्ती नाए॥

उसमें सुस्ती नाए स्पेशल तार जल्द भिजवाया।
दो घंटे के बाद तार का है जवाब भी आया॥
क्या लिखा है मजमून सुनन को मेरा दिल ललचाया।
इसलिए डेरा मैं ओडायर पास लगाया॥

ओडायर का

ओ सेक्रेट्री तुम लिखो जरा करो मत देर।
गर देरी हो जाएगी मौक़ा मिले ना फेर॥

मौक़ा मिले ना फिर यहाँ गांधी मिस्टर आ जाए।
मचवा देवे गदर सभी पंजाबन को भड़कावे॥

सन सत्तावन बने कहीं अंग्रेज़ न बचने पाए।
फ़ौजी अफ़सर को लिख दो कि गांधी को पकड़ावे॥
न घुसने पाएँ वह पंजाब में उनको पकड़ लीजिए।
नजरबन्दी करा कर जल्द ही वापस फिरा दीजिए॥

मंत्री का

जो हुकुम आपका हो बजा लाना मुझे कर सकूँ मैं न उसमें जरा भी उजर।
सोच लीजिए मगर काम टेढ़ा है यह अकल उसमें जरा लें लड़ा पेश्तर॥
इस ही वाक्ये की पंजाब में हो ख़बर तो पड़ेगा रियाया पर कैसा असर।
कभी ऐसा न हो आप बदनाम हों सल्तनत आपकी जाए सारी बिगड़॥

ओडायर का

तू अकलमंद होशियार फाजिल बना और हमको है पागल बनाने लगा।
जोकि सोचा बिचारा हमने तुम फर्क उस में हमें तू बताने लगा॥
मेरा इल्म व दिमाग और जौहर हुनर तू तजुर्बा भी मिट्टी में मिलाने लगा।
हिन्द सरकार का हुक्म ग़लती बता तू तो अपनी ही तूती बजाने लगा॥

मंत्री का

अरे खफा आप होते हैं ऐ मेहरबाँ मैंने पागल किसी को बताया नहीं।
और अपना हुनर जौहर व अक्ल को खाकर कहता कसम हूँ जताया नहीं॥
जो कि दिल में जचा आपसे कह दिया ख़याल अपने को मैंने छुपाया नहीं।
आपके हुक्म को जल्द पूरा करूँ मैंने उसमें उज्र कुछ उठाया नहीं॥

रंगा का

मंत्री जी वहाँ से चला पहुँचा दफ्तर जाए।
ओडायर का हुक्म फ़ौज को दिया भिजवाए॥

फ़ौजी दिया भिजवाए हुक्म है कड़ा यह ओडायर का।
पढ़ते ही कंप गया कलेजा उस फ़ौजी माहिर का॥

हुक्म बजावे तो उसको है जान जाने का धड़का।
गर करे इंकार न घर का रहे न बाहर का॥

फ़ौजी अफ़सर का

उतर आइए ट्रेन से गांधी जी एक बार।
गिरफ़्तार मैं आपको करता हूँ लाचार॥

गांधी का

अभी उतरता ट्रेन से नहीं मुझे इंकार।
चलिए ले चलते कहाँ चलने को तैयार॥

फ़ौजी अफ़सर का

पंखे नीचे बिछी इक कुर्सी आराम।
वही वेटिंग रूम में आप करें विश्राम॥

गांधी का

मगर मुझको बिठाना है तो चारपाई मँगा दीजिए।
यह पंखा है विदेशी दूर इसको भी टँगा दीजिए॥
यह गंदी है हवा मुझको नहीं पल भर सुहाती है।
यह कुर्सी भी विदेशी है मेरे मन को न भाती है॥

रंगा का

कुर्सी हटवा दी दिया पंखे को उतराए।
गांधी जी के वास्ते दी चारपाई लाए॥

लावणी

चारपाई लाकर कमरे में बिछवाई।
देसी पंखा मँगवाए हवा करवाई॥
महाराज ख़बर यह दिल्ली पहुँची जाए।
फैल गई बिजली की ज्यों है छिपी छिपाई नाए॥

कर रहे यहाँ आराम देवता गांधी।
दिल्ली से आई है हुजूम ज्यों आँधी॥
महाराज मुन्शियों के बादल से छाए।
सर से सर जुड़ गया जगह तिल भर भी नहीं दिखाए॥

फ़ौजी अफ़सर ने है तरकीब लड़ाई।
कर गई काम है उसकी तेज़ सफ़ाई॥
महाराज छिपा गांधीजी ट्रेन बिठाए।
छोड़ दिया उनको फ़ौजी ने शहर बम्बई जाए॥

ख़ाली कमरा है जब हुजूम ने पाया।
तो कहाँ गया गांधी यह शोर मचाया॥
महाराज पता कोई नहीं सका लगाए।
इसी सबब से सब के दिल में अग्नि भभके खाए॥

यह ख़बर गई भारत में जहाँ-जहाँ पर।
फौरन ही बन्द हो गए दुकानें घर दर॥
महाराज डॉक्टर किचलू और सत्यपाल।
करता हुआ तलाश लिए मोटर पहुँचा कोतवाल जाए॥

कोतवाल का

सत्यपाल जी आप को बुलवाया है आज।
सलाह करन हड़ताल की बाबत कुछ महाराज॥

बाबत कुछ महाराज बुलाते तुम्हें कमिश्नर साहब।
जल्दी चलो हुजूर रहे हैं इन्तज़ार कर साहब॥
फिक्र सवारी की न करें हाजिर है मोटर साहब।
मेहरबान आकर बैठो चलेगा दफ्तर साहब॥

सत्यपाल का

मैं तेरा मतलब सभी समझ गया कोतवाल।
लेकिन हूँ सत्याग्रही चाहे जहाँ ले चाल॥

कोतवाल का

जो कुछ है मैंने कहा सिर्फ़ वही है काम।
झूठ न बोलूँ मैं कभी मुझे दुहाई राम॥

रंगा का

सत्यपाल को झट लिया मोटर में विठलाए।
बन्द कर मोटर तभी दीनी तेज़ चलाए॥

दीनी तेज़ चलाए मकान किचलू के बाहर आकर।
कोतवाल ने फौरन ही मोटर को वही ठहरा कर॥
मोटर से उतरा मकान में जल्दी जल्दी जाकर।
कहने लगा डॉक्टर से नीचे को शीश झुकाकर॥

कोतवाल का

हाथ जोड़ खादिम करे झुक बन्दगी सलाम।
आज आपके पास मैं आया हूँ इक काम॥

मैं हूँ खिदमत में हाजिर हुआ आपके। है सवारी भी बाहर खड़ी आपके॥
मुझे भेजा कमिश्नर बहादुर यहाँ। चल के मोटर में तशरीफ़ रखिए यहाँ॥
आपको है बुलाया सलाह के लिए। कर इनायत चलें आप जल्दी वहाँ॥
सिर्फ़ हड़ताल के ही मुत्तालिक तुम्हें। राय देनी पड़ेगी वहाँ मेहरबाँ॥

डॉक्टर किचलू का

मैं समझ ही गया आपकी बात को, जाल मुझ पे सितम क्या बिछाते हो तुम।
बात सच्ची बता दो मुझे ऐ मियाँ लफ्ज़ ए शीरीं मुझे क्यों सुनाते हो तुम॥
गुफ़्तगू से मुझे है बड़ा शक हुआ गिड़गिड़ा के मुझे क्यों रिझाते हो तुम।
गर पकड़ना है मुझको पकड़ लिजिए क्यों न वारंट मुझको दिखाते हो तुम॥

जवाब कोतवाल का

माजरा जो था असली छुपाया नहीं मैंने सच-सच किया आपसे है बयाँ।
गरचे वारंट होता तो देता दिखा बात डरने की कोई नहीं थी यहाँ॥
झूठ मैंने कभी भी है बोली नहीं पूछ लीजिए मेहरबान चाहे जहाँ।
सिर्फ़ हड़ताल की ही वहाँ बात है खाकर मैं कसम सच्ची करूँ हूँ अयाँ॥

किचलू का

यह जो हैं झूठ बातें मुझे हैफ है कसम खा खा के सच्ची बनाते हो तुम।
अनपढ़ों को पढ़ाने सभी मास्टर यह सितम है पढ़ों को पढ़ाते हो तुम॥
रंग चढ़ता सफ़ेदी पे देखा सदा रंग काले पर अब तो चढ़ाते हो तुम।
जिसने लाखों मुक़दमों की की पैरवी आज उसको भी धोखे में लाते हो तुम॥

कोतवाल का

मेहरबाँ जो है शक आप को हो गया मुझ में उसके मिटाने की ताक़त नहीं।
मैं न होशियार हूँ न अकलमंद हूँ जालसाजी की मुझ में है आदत नहीं॥
न मैं अंग्रेज़ हूँ न मैं हूँ मास्टर बात झूठी कहें यह मुझे लत नहीं।
मैं तो सीधा व सादा ही खादिम हूँ इक मुझमें कोई तरह की शरारत नहीं॥

किचलू का

मैंने पहचाना तेरा कोतवाल सब हाल।
लेकिन हूँ सत्याग्रही चाहे जहाँ ले चाल॥

रंगा का

मोटर में बिठालाया किचलू को कोतवाल।
दोनों की जोड़ी मिलाई हथकड़ी डाल॥
हथकड़ी डाल कर वारंट दिखलाया उन्हें।
जहाँ था पहुँचाना बड़ी जल्दी पहुँचाया उन्हें॥
थोड़ी ही देरी बाद यह शहर में फैली ख़बर।
दौड़ी गई जनता उसी दम डॉक्टर किचलू के घर॥
पूछा तो यह उत्तर मिला कि डॉक्टर जी हैं नहीं।
उनको बुलाकर ले गया है पुलिस अफ़सर कहीं॥
यह सुनकर जवाब सारी पब्लिक घबराई।
जल्दी से दौड़ी सत्यपाल के घर आई॥
महाराज यहाँ पर उनको भी नहीं पाए।
सब ही हुए निराश और गम में गोते खाए।
जान से प्यारे लीडर पकड़े जाएँ।
तो पड़ोसन के क्यों न हृदय दुख पाएँ॥

महाराज गए सब के सब हैं घबराए।
फिरते चारों ओर चैन पल भर भी पड़ता नाए॥
याद हुई जुदाई उन्हें एकदम भारी।
जैसे बाहर जल में से है तकारी॥
महाराज लीडरों बिना हुआ हाल बेहाल।
बच्चा बच्चा यही पूछता कहाँ गए सत्यपाल॥
दोनों ही पकड़े गए हैं लीडर प्यारे।
फूटे हैं आज अचानक भाग्य हमारे॥
महाराज किया है सबने यही विचार।
प्रार्थना करने से देगी छोड़ नहीं सरकार॥
नंगे सिर नंगे पाँव चले सब जाते।
पुल के आगे हैं खड़े सिपाही पाते॥
महाराज रास्ता लिया उन्होंने रोक।
आगे नहीं जा सके सबको ही लेते हैं टोक॥

पुलिस अफ़सर का

वापस हो जाओ गर हो तुम इनसान।
आगे को आओ अगर जाए मुफ़्त में जान॥

एक इनसान का

हम दुखिया हैं जा रहे जिलाधीश के पास।
वह सुन ले फरियाद को हमें हुई यह आस॥
है आस यह हमको हुई फरियाद वह सुन लेंगे।
करके मेहर सतपाल किचलू को रिहा कर देंगे॥

इस आरजू के सबब बँगले पर जाते हैं चले।
मत रोकिये साहब हमें हम तो दुखी हैं दिलजले॥
लीडर मिलेंगे गर नहीं तज दें यहीं पर प्राण हैं।
मरना हमें है मेहरबा दें आप गोली तान हैं॥

रंगा का

एक आदमी को रहा कोतवाल समझाए।
और बढ़े आगे तभी गोली दी चलवाए॥

देनी चलाए गोलियाँ कुछ रहम वह लाया नहीं।
हाय निर्बल प्रजा पर पापी तरस खाया नहीं॥
उनके ही अत्याचार से पहुँचे अदम इनसान कई।
ज़ख़्मी पचासों हो गए पृथ्वी हुई शोक मई॥
मच गई इस जुल्म से सारी प्रजा में खलबली।
ग़ुस्से से भर वापस यहाँ से सब लीडर रियाया है चली॥
सब गए लोग अपने अपने घर आकर।
प्राणों की रक्षक लाठी नई उठाकर॥
महाराज चली फिर बड़ी भीड़ विष खाए।
यह विचार है अभी लेंगे बदला सभी चुकाए॥
फिर वही पुलिस है खड़ी वहाँ पर पाई।
सारी हुजूम को दोबारा रुकवाई॥
महाराज रहे बैरिस्टर हैं समझाए।
इतने ही में इक अफ़सर ने पिस्तौल उठाए॥
समझा बुझाने से लगी वापस रियाया जान।
कातिलों ने कर दिया इतने ही में घमासान॥
चंद भाई हो गए मिनटों ही में कुर्बान।
जालिम की गोली से हुए ज़ख़्मी कई इनसान॥
यह देख हाल सारी पब्लिक झुंझलाई।
गांधीजी पकड़े गए ख़बर सुन पाई॥
महाराज आग में घी पड़ गया अपार।
फिर उनके ग़ुस्से का रहा न पार अपार॥
जब हस्पताल आगे हुजूम आई है।
लख लाशों कोस उसी दिन बरसाई है॥
महाराज बोल से हुआ कलेजा चाक।
तुम्हें मजा मिल गया किया हिन्दू मुस्लिम इत्तेफाक॥
यह सुन बड़ा ग़ुस्सा दिलों में ठन गई यह ठान है।
आज इस्डन का पकड़ कर खींच देने कान है॥
भग गई आगे मिसेज पीछे कई शैतान है।
जा छिपी अन्दर कहीं मुश्किल बचाई जान है॥
पब्लिक की छाती ग़ुस्से से फटती है।
डाटे से भी अफसोस नहीं डटती है॥
महाराज ज़ख़्म यह जब भरने को आए।
तभी देत जालिम ऊपर से नून मिर्च बरकाय॥

फिर आग क्रोध की दूनी बढ़ जाती है।
कोई कुकर्म फौरन ही करवाती है॥
महाराज टाँसन ने दी छेड़ कराए।
दिया तमंचा दाग दोबारा दी पब्लिक भड़काए॥
एक बैंक नया वहाँ पर खुला जो नेशनल कहलावता।
गुस्से भरे अशखास की वह ही नजर में आवता॥
स्टुअर्ट मैनेजर तभी जन्नत बिठाया जावता।
स्टोक कोषाध्यक्ष कूदकर माल काल चबावता॥
कुछ लोगों ने जा माल गोदाम सँभाला।
मिस्टर रॉबिंसन करके क़त्ल पचपारा॥
महाराज टाँसन ने पिस्तौल उठाए।
जनता पे मारे शेखी के छर्रे दिये चलाए॥
वह भी फौरन ही मुल्के अदम सिधारे।
एक सार्जेंट रोलैंड गए हैं मारे॥
महाराज पोस्ट ऑफ़िस और टाउन हॉल
मिशन हॉल को कुछ लोगों ने दिया फूँक तत्काल॥
एक स्टेशन के दिया है एक हिस्सा को जला।
चार्टर बैंक का भी जा दबाया है गला॥
मिस शेरवुड अपनी रही थी तेज़ साइकिल चला।
बदमाश लोगों ने उन्हें भी पकड़ कर के हिला॥
मिस को जब नीचे साइकिल से उतारा।
तो होश हवास गया उसका उड़ सारा॥
महाराज दया एक बूढ़े ने ला कर।
करके प्रार्थना मिस को देनी है छुड़वा कर॥
विगार तो सब को समझा समझा कर।
बैरिस्टर भी है धीरज रहे बँधा कर॥
महाराज गए सब ही अपने घर द्वार।
डिप्टी कमिश्नर भेज रहे हैं ओडायर को तार॥

डिप्टी कमिश्नर अमृतसर का ओडायर को तार

दस तारीख अप्रैल की आज हुई भूचाल।
गिरफ़्तार किचलू किया और साथ सत्यपाल॥
और साथ सत्यपाल धर्मशाला उनको पहुँचाया।
थोड़ी ही देर में इसका शोर शहर में छाया॥

गिरफ़्तार गांधी सुनके बच्चा बच्चा झुंझलाया।
लाठी लेकर मुझे मारने को हुजूम है आया॥
पुलिस कप्तान ने रोका उन्हें था रास्ते में जब।
चलानी भी पड़ी गोली खड़े बागी हैं आगे तब॥
खाए ग़ुस्सा रियाया है बड़ी झुझलाई है बैंकों पर।
कई अंग्रेज़ मारे हैं बताओ क्या करूँ मैं अब॥
जलाए हॉल स्टेशन डाक गोदाम हैं सारे।
मचा यहाँ पर गदर है बन गई बागी रियाया सब॥
ख़ैर अब आप चाहें तो करें मंजूर यह अर्जी।
भेज दें फ़ौज एक जंगी यहाँ पर मेहरबान साहब॥

रंगा का

सर माइकल के कने गया पहुँच यह तार।
बुला किचन को यूँ कहे ओडायर सरदार॥

ओडायर का

तुम ही हो मिस्टर किचन सब बातें होशियार।
अमृतसर भेजूं तुम्हें आज हुआ लाचार॥
आज हुआ लाचार जल्द अमृतसर को जाओ।
बागी हुई रियाया है जा कर के उसे दबाओ॥
अगर काम पड़ जाए डरो मत गोली भी बरसाओ।
देता हूँ इख्तियार फ़ौज से जो चाहे करवाओ॥

मिस्टर किचन का

आप करें चिन्ता न कुछ ऐ मे हरबान हुजूर।
ठीक काम कर दूँ सभी दूँगा दवा ज़रूर॥

दूँगा दबा ज़रूर स्पेशल कोर्ट कई बनवाऊँ।
बागी लोगों को पकड़ूँ फौरन ही सज़ा दिलाऊँ॥
गदर करें तो मैं फौरन ही क़त्लेआम करवाऊँ।
अंग्रेज़ों का बदला सारा जाते है चुकवाऊँ॥

रंगा का

चले गए मिस्टर किचन अमृतसर तत्काल।
अब सुनिए लाहौर का जरा गौर से हाल॥

लाहौर का सुनिए जरा कर गौर सारा हाल है।
यह ख़बर पहुँची वहाँ पकड़ा गया सतपाल है॥
हमराह किचलू डॉक्टर पंजाब का सिरगौर है।
चारों तरफ़ लाहौर में छाया हुआ यह शोर है॥

श्री महाराज जी की नजरबन्दी कि जब पहुँची ख़बर।
हड़ताल फॉरेन हो गई खुला रहा है कोई दर॥
हो गए इकट्ठे कुछ पंजाबी भाई।
गांधी के छुड़वाने की विधि उपजाई॥

महाराज चले सरकारी दफ्तर जाए।
ओडायर से प्रार्थना कर गांधी ले छुड़वाए॥
जब माल रोड पर सब पहुँचे हैं जाई।
पीछे से भागी एक पार्टी आई॥

महाराज रोक उसने सब को लेने।
पहरा दिया लगाए उसे आगे ने जान देने॥
जनता बढ़ी आगे पुलिस ने दी चलाई गोलियाँ।
आह जालिम मार डाला दी सुनाई बोलियाँ॥

ख़ून से तर हो गए खेली गजब की होलियाँ।
दो-चार मरते ही भगी हैं टोलियाँ की टोलियाँ॥
लाशों पर कब्जा फौरन पुलिस ने जमाया।
घायल लोगों को थाने में पहुँचाया॥

महाराज भीड़ जुड़ गई दोबारा जाए।
हटा रही है पुलिस मगर वह हटे हटाई नाए॥
दिल सुपरिटेंडेंट पुलिस का घबराया है।
फौरन ही जिलाधीश को बुलवाया है॥

महाराज गए चौधरी रामभज आए।
जनता को वापस जाने के लिए रहे समझाए॥
आवाज़ न उनकी जनता तक जाती है।
चिल्लाते हैं पर पार न बिसयाती है॥
महाराज गए वह जिलाधीश के पास।
अर्ज करें हैं यह विचार कि पूर्ण होगी आस॥

पंडित रामभज दत्त चौधरी का

अगर इजाजत दें मुझे ए जनाब-ए-मन आप।
तो मैं दूँ वापस भिजा यह हुजूम चुपचाप॥

यह हुजूम चुपचाप इजाजत गर हो समझाने की।
धीरज सब्र और खामोशी उनको सिखलाने की॥
बैठें जा अपने मकान यह सबको बतलाने की।
सत्याग्रह का क्या मकसद है यह भी जतलाने की॥

डिप्टी कमिश्नर का

रंज मुझे होता बड़ा सुन तेरी गुफ्तार।
तू उनको भोले कहे यह बागी गद्दार॥

यह बागी गद्दार अरे सरदार तू ही है इनका।
हुआ मुझे मालूम सिपहसालार तू ही है इनका॥
लीडर है नेता है खिदमतगार तू ही है इनका।
यह तेरी है फ़ौज कैप्टन यार तू ही है इनका॥

पंडित रामभज दत्त का

इतने थोड़े वक्त में दूँ कैसे समझाए।
हे हुजूर कुछ और दें आप मियाद बढ़ाए॥

आप मियाद बढ़ाएँ बहुत ही थोड़ी देर लगाऊँ।
जो शक हुआ आपको मुझ पर उसको जल्द मिटाऊँ॥
नहीं यहाँ बागी कोई मैं कसम राम की खाऊँ।
शानदार यह शाह जार्ज की प्रजा है साफ़ बताऊँ॥

डिप्टी कमिश्नर का

बात तुम्हारी यह मुझे कभी नहीं मंजूर।
पिटे बिना मानें नहीं उनको बड़ा गुरूर॥

उनको बड़ा गुरूर बने हैं यह गांधी के चेले।
सत्याग्रह का चढ़ा नशा है सब हैं फिरे अलबेले॥
दें अंग्रेज़ों को निकाल यह करते हैं बड़े झमेले।
आकर पड़े यहाँ पर वापस जाते नहीं धकेले॥

रंगा का

चिल्ला चिल्ला कर रहे पंडित जी समझाए।
लेकिन भारी भीड़ है सोने किसी की नाए॥
सुनता किसी को है नहीं गह जोर की आवाज़ है।
सोचते हैं रामभज ईश्वर बचाये लाज है॥

ध्यान भी दो मिनट में मेरी तरफ़ जाए नहीं।
जालिम चला दें गोलियाँ दिल में रहम लाए नहीं॥
कैसे बचाऊँ मैं इन्हें मुश्किल पड़ी है जान पर।
इस काम को मैं छोड़ता हूँ सर्वशक्तिमान पर॥

कुछ असर पड़ा पब्लिक पर समझाने का।
मच गया शोर है पीछे हट जाने का॥
महाराज लगी है वापस होने हुजूम ये जान।
इतने ही में देई गोलियाँ हैं जालिम ने तान॥

हो गए कई ज़ख़्मी हैं हिन्द दुलारे।
खा करके गोली जन्नत है कई सिधारे॥
महाराज पुलिस बन गई बेरहम आज।
ज़ख़्मी लोगों का भी कुछ करवाया नहीं इलाज॥

ज़ख़्मी पे और लाशों पर जमा कब्जा लिया।
माँगती पब्लिक पुलिस ने पर नहीं उनको दिया॥

इस तरह से ख़ूने नाहक जालिमों ने है पिया।
बेगुनाहों के लहू से है ज़मीन को तर किया॥

ग्यारह अप्रैल हो गई न खोली दुकानें।
सब ही ग़ुस्से से बने सिड़ी दीवाने॥
महाराज सभा करके यह हुआ विचार।
अच्छा हो सब लग जावें गर अपने कारोबार॥

जनता नहीं माने लीडर समझाते हैं।
फिर जिलाधीश के बँगले पर जाते हैं॥
महाराज यही प्रार्थना करें पुकार।
अगर न भेजो फ़ौजी दें कर सभी खुला बाजार॥

लीडरों की कर लई दरखास्त यह मंजूर है।
शाही मस्जिद के हुई आगे सभा भरपूर है॥
बन रही पब्लिक वतन पर इस घड़ी मंसूर है।
है हुकूमत के मुंशी सरकार भी मगरूर है॥

उठ गई सभा हड़ताल न खुलने पाई।
जब जाते थे घर लोग फ़ौज वहाँ आई॥
महाराज देई हैं झट गोलियाँ चलाए।
किये हताहत कई, कई को ज़ख़्मी दिये बनाए॥

इस तरह बढ़ गई जनता की चिढ़ भारी।
अब लगी लीडरों की बातें खारी॥
महाराज खुलेगी न यहाँ अब हड़ताल।
आप सुनें अमृत के सर का सच्चा अहवाल॥

जो कभी अमृतसर मशहूर था वही मज़लूम है।
शहर में चारों तरफ़ गोरे रहे हैं घूम है॥
डायर पकड़ता फिर रहा मच रही अब धूम है।
आजकल यारों यहाँ पकड़े गए मासूम हैं॥

डायर जालिम ने डेरा यहाँ लगाया।
हाय राम बाग़ को है नापाक बनाया॥
महाराज लोग चाहें लाशों संग जाएँ।
मगर उन्हें श्मशान जान की मिली इजाजत नहीं॥

फिर हुकुम हुआ जा सकते हो जाओ।
पर है ये शर्त दो बजे वापस आओ॥
महाराज बना एक बहुत ही बड़ा हुजूम।
जो शहीद थे हुए उन्हीं के रहे क़दम सब चूम॥

लाखों ही आदम संग हैं लाशें गई श्मशान में।
गूँजती है जय शहीदों की फलक आसमान में॥
डाल दी है जान उन्होंने हिन्द बेजान में।
जान लड़ा कर मादरे हिन्दुस्तान की शान में॥

थी भीड़ बढ़ी पर लौट दो बजे आई।
डायर जालिम की पूरी शर्त कराई॥
महाराज सुनो बारह अप्रैल का हाल।
हत्याकांड करने को चलती नौकरशाही चाल॥

है हंसराज सी आई डी का अफ़सर।
उसने करके है सभा घोषणा दी कर॥
महाराज होवे कल जलसा जलियाँवाल।
उसके प्रेसिडेंट बने श्रीमान कन्हैया लाल॥

सुन लीजिए पहले जरा कसूर का हाल है।
यह ख़बर पहुँची वहाँ पकड़ा गया सतपाल है॥
गांधी गिरफ़्तार हो गए यह सुन हुई हड़ताल है।
सारी रियाया को बढा ग़ुस्सा व रंज व मलाल है॥

बनकर हुजूम स्टेशन को जाता है।
एक जगह आग का शोला चमकाता है॥
महाराज उस समय लीडर पहुँचे जाए।
जलती हुई आग जाकर फौरन ही देई बुझाए॥

फिर लोगों ने स्टेशन में जाकर।
लेना है तेल ट्रेन में से निकला कर॥
महाराज ट्रेन में थे दो गोरे जवान।
उन्होंने पब्लिक के ऊपर दिया तमंचा तान॥

गोली के चलते ही पड़े कुछ लोग हैं दर्राय कर।
गोरे मरे दोनों उसी दम लाठियाँ सर खाए कर॥
लीडरों ने और गौरों को लिया बचवाए कर।
भीड़ हटवा दी वहाँ से जल्द ही समझाए कर॥

वहाँ से हट के हैं लोग शहर को आते।
तहसील रास्ते में है वह सुलगाते॥
महाराज पुलिस ने दी गोलियाँ चलाए।
ग़ुस्से भरी रियाया को है पीछे दिया हटाए॥

अब हुई यहाँ पर प्रजा शान्त सारी है।
हड़ताल मगर नियमानुसार जारी है॥
महाराज सुनो फिर अमृतसर का हाल।
तेरह अप्रैल को वहाँ पर है रचा गया यह जाल॥

आज यूँ मुनादी डायर शहर में करवा रहा।
गर कोई मजमा बनेगा ख़ून से दूँगा नहा॥
यह सुखन है शहर के थोड़े से हिस्से में कहीं।
गोली चलाने के लिए जालिम रहा मौक़ा चहा॥

ढिंढोरा हंसराज ने भी करवाया।
जलियाँवाले में जनता को बुलवाया॥
महाराज सभा में हंसराज सरदार।
खड़ा हो बेख़ौफ़ रहा लम्बा लेक्चर फटकार॥

देखकर ऊपर को उड़ते जहाज हवाई।
भोली भाली पब्लिक दिल में घबराई॥
महाराज चली अपने अपने घर जाए।
हंसराज यूँ समझाकर है सबको रहा बिठाए॥

हंसराज का

ओए शेर पंजाबियों मत दिल में घबराए।
ऐसा जग में कौन है जो तुमको खा जाए॥
जो तुमको खा जाए किस लिए शेरो घबराते हो।
हो कर के तुम असल खत्री मन में दहलाते हो॥
जरा जरा से खतरे से भी आप चमक जाते हो।
बट्टा आज बहादुर भारत को तुम लगवाते हो॥
जो उड़ता है जहाज ऊपर तुम्हारा क्या बिगड़ेगा।
रहो तुम हो निडर कोई तुम्हारे बम न मारेगा॥
कहा कर खत्री पंजाब के गर भाग जाओगे।
तो मर्दों में बताओ किस तरह तुम मुँह दिखाओगे॥
कजा गर आ ही जावेगी तो वह क्या घर न जावेगी।
यहाँ से भाग जाओ तो नहीं क्या मौत आवेगी॥
नहीं मरता है जो निज देश पर बलिदान होता है।
वह ज़िन्दा है सदाकत पे कि जो कुर्बान होता है॥
गिराए बम, नहीं डाका किसी के तुम ने डाला है।
न सरकारी खजाना से किसी ने ज़र निकाला है॥
न फैलाई बग़ावत है न साजिश कोई फैलाई।
भागते और डरते क्यों मेरे शेरों बब्बर भाई॥
रहो तुम सब निडर बैठे न कोई बात डरने की।
नहीं तुमको कोई मारे फ़िक्र कीजिए न मरने की॥

रंगा का

जान सका कोई नहीं हंसराज का हाल।
जो जाते थे वह गए बैठ वहीं तत्काल॥
बैठ वहीं तत्काल हंस लेक्चर फटकार रहा है।
भोले भाले पंजाबन पर फंदा डार रहा है॥
बहादुरी जुरअत ताक़त की शेखी मार रहा है।
डायर के आने की अब यह बाट निहार रहा है॥

डायर का

ऐ मेरे शेर बब्बर शूरवीर पहलवान।
हो जाओ तैयार अब ले फ़ौजी सामान॥

ले फ़ौजी सामान न देरी इसमें जरा लगाओ।
काम नहीं मरने का मत तुम दिल में दहशत लाओ॥

पड़े न करना जंग जरा भी मत मन में दहलाओ।
दुश्मन कोई नहीं कि तुम जिसके डर से घबराओ॥
मशीनगन गोलियाँ बन्दूक़ अपने साथ लाना है।
चलो तैयार होकर काम एक भारी बनाना है॥

सभा करते हैं बाकी कुछ बाग़े जलियाँवाले में।
बग़ावत का मजा सारा हमें उनको चखाना है॥
वह ख़ाली हाथ हैं कोई नहीं हथियार रखते हैं।
बनाना गोलियों का आज सबको ही निशाना है॥

न ऐसा वक्त हरगिज हाथ में है यार आने का।
गदर तक का हमें बस आज ही बदला चुकाना है॥
एक यूरोपियन की जान के बदले में अब हमको।
हज़ारों हिन्दियों का ख़ून अब हमको बहाना है॥

बहुत दिन हो गए हम को चलाए तोप बन्दूक़ें।
मशीनगन को चला कर अरमान ए दिल अपना मिटाना है॥
हमारे वास्ते मैदान है यह फ्रांस का भाई।
जर्मनी की तरह अब मार कर उनको गिराना है॥

चलाना गोलियाँ इतनी न बच जाए कोई हिन्दी।
आज इन बेवक़ूफ़ों ने हुक्म न मेरा माना है॥
दिखाए आपको कोई पुलिस का बैज गर साहब।
बचा देना उसे गोली नहीं उस पर चलाना है॥

रंगा का

डायर लेकर गोरखे गोरे सिक्ख जवान।
जलियाँवाले बाग़ को फौरन किया पयान॥
ले फ़ौज जंगी और बन्दूक़ें मशीनगन साथ में।
आहिस्ता आहिस्ता चला हथियार ख़ुद ले हाथ में॥

इस बाग़ के अन्दर मशीन जब नहीं है जा सकी।
तो नीच डायर के हृदय को न तसल्ली आ सकी॥
दी है चला ख़ुद गोलियाँ फौरन मची है खलबली।
बैठी हुई सारी प्रजा घबराए कर है भग चली॥
हाहाकार मची चारो दिशी डायर गोली रहा चलाए।
ख़ाली हाथ प्रजा के ऊपर कायर जोर रहा दिखलाए॥
जो उठ-उठ कर भाग रहे थे फ़ौज उन्हीं को गोली मार।
प्राण वहीं बना करके फौरन ही देती धरन पछार॥
जो द्वार चढ़ चढ़ कूदे थे उनकी दुर्गति भई अपार।
भला करच मार कर फौरेन फ़ौजी देत कलेजा फार॥
डायर जोरो से फ़ौजों को मारो मारो रहा पुकार।
बचकर कोई न जाने पावे सबके ही दो प्राण निकार॥
बचने की आशा करके है कोई लेट ज़मीन में जाए।
यही चाहते हैं कि मुर्दा बन कर लेवें अपने प्राण बचाए॥
कोई चढ़ता है वृक्षों पर कोई रहा चहु दिसि भाग।
डायर सबको रखे नजर में जैसे सड़े मांस को काग॥
जो धरती पर लेट रहे थे उन पर गोली दी बरसाए।
वृक्षों से मार मार कर सबको नीचे दिया गिराए॥
बदन सर मुखे बच्चे भी हैं गोली का बन गए शिकार।
लाशों पर हैं लाश हज़ारों पड़े लथ पे लथ अपार॥
ज़ख़्मी बने हज़ारों ही हैं हुए उम्र भर को बेकार।
सुर्ख हुई धरती सारी है बह कर चली रक्त की धार॥
तड़प तड़प कर मरें सैकड़ों पानी पानी की किलकार।
बिस्मिल कहते हैं डूब चुकी है न्यायशील ब्रिटिश सरकार।
हंसराज जैसों लेना सी आई डी बैज लगाए।
उन्हें बचा देना डायर ने फायर उन पर किता नाए॥
लगे सैकड़ों घर के ताले हुई हज़ारों विधवा नार।
रो-रो भारत की देवी दे दुष्टों की नैनु उखार॥
जो माताएँ हुई निपूति उनका क्या होवेगा हाल।
रो-रो कर के वह मर जावें गायब हुए अचानक लाल॥
डायर ने यह आज ढिढोरा अमृतसर में दिया पिटाए।
आठ बजे के बाद रात को कोई घर बाहर नहीं आए॥
गर कोई बाहर आएगा दूँगा गोली से उड़वाए।
इस मुनादी के कारण से कोई सके न लाश उठाए॥

भाग रहा है जालिम डायर जलसा को करके शमशान।
हाथ पकड़ कर उसी वक्त ऐसा कहता है एक गोरा जवान॥

गोरे का

ऐ हजूर कुछ मैं कहूँ खफा न हों गर आप।
इन्हें तड़पते छोड़ते करते हो यह पाप॥

करते हो यह पाप समझ कर काम बनाना चाहिए।
जो ज़ख़्मी हैं उन्हें तड़पता छोड़ न जाना चाहिए॥
लाशें जो हैं पड़ी उन्हें जल्दी उठाना चाहिए।
अस्पताल घायल लोगों को अब पहुँचाना चाहिए॥

डायर का

सिर्फ़ हमारा काम है दें गोली बरसाए।
दुश्मन को मारें या दें निज जान गँवाए॥

दें निज जन गवाएँ काम रण में लड़ना अपना है।
वक्त पड़े पर फर्ज हाथ बढ बढ करना अपना है॥
मार दुश्मनों को दें या रण में मरना अपना है।
सिर जाए लेकिन न क़दम पीछे धरना अपना है॥

गोरे का

मैं कहता कुछ और हूँ आप कहें कुछ और।
ऐ जनाब सुन लीजिए बात मेरी कर गौर॥

बात मेरी कर गौर बिला शक फर्ज मारना मरना।
लेकिन जो हथियारबन्द दुश्मन हो उससे लड़ना॥
बिन हथियार ग़रीब प्रजा पर जुल्म न चाहिए करना।
नहीं बड़ाई मिले सिर्फ़ यह पाप शीश है धरना॥

डायर का

नहीं बुराई से डरें शूरवीर बलवान।
डरते चर्चा से सदा कर्महीन इनसान॥

कर्महीन इनसान मगर मैं जंग जीत चुका हूँ।
चाहे हों दुश्मन हज़ार मैं करता न शंका हूँ॥
मैं मालिक हूँ बड़ी फ़ौज का कई मशीनगन का हूँ।
वक्त पड़े पर फौरन बजवा देता रण डंका हूँ॥

गोरे का

अगर बुराई से नहीं कुछ डरते हैं आप।
करना होगा आपको इसका पश्चाताप॥

इसका पश्चाताप काम यह खूता कर दीना है।
यह भी सोचा नहीं हमें कितने दिन तक जीना है॥
ईश्वर को क्या दो जवाब इसका न फिकर कीना है।
आज बाँध के महापाप तुमने सिर धर लीना है॥

डायर का

जो मर्जी सरकार की वही किया है काम।
सज़ा नहीं बल्कि मिले मुझे बड़ा इनाम॥

मिले मुझे इनाम आज सरकारी हुकुम बजाया।
ख़ुश हों हाकिम बड़े सभी मैं नमक हलाल बनाया॥
अंग्रेज़ों को गदर तलक का बदला आज चुकाया।
हो जाए इंग्लैंड मुल्क में मान सिवाया॥

गोरे का

साढ़े सोलह सौ किये फायर आप जनाब।
मासूमों को मारकर हुए ख़ुशी शिताब॥

हुए ख़ुशी शिताब आपने काम किया मर्दाना।
लेकिन है नावाजिब ज़ख़्मी लोगों को तड़पाना॥
लाशों के उठवाने का चाहिए था हुकुम दिलाना।
ज़ख़्मी लोगों को अब चाहिए अस्पताल पहुँचाना॥

डायर का

बेशक है यह जंग का कवाइद और रिवाज।
लेकिन भाई होवत है उसी का वहाँ इलाज॥

उसी का वहाँ इलाज कि जो लड़ने में होत बराबर।
हमें मारने में भी ख़ुद मरने में होत बराबर॥
पकड़े हम वह गिरफ़्तार करने में होत बराबर।
दोनों दर्द ज़ख़्मियों हरने में होत बराबर॥

गोरे का

पब्लिक की रक्षा करे पहुँचाए आराम।
कष्ट सभी देवे मिटा यह राजा का काम॥
काम राजा का नहीं उन्हें सताना होता।
बाड़ का काम नहीं खेत को खाना होता॥

डायर का

मैं न राजा हूँ मुझे राज न करना आता।
मैं तो फ़ौजी हूँ मुझे मारना मरना आता॥

गोरे का

आपको भार है शासन का उठाना होता।
इसलिए आपको राजा ही बताना होता॥

डायर का

ध्यान राजा की तरह मुझको न करना आता।
धर्म से पाप से मुझको नहीं डरना आता॥

गोरे का

आप माने या नहीं मुझको जताना होता।
धर्म इंसाँ का सदा मुझको निभाना होता॥

डायर का

मुझको बातों के समुंदर में न तैरना आता।
तेरी दरख्वास्त को मंजूर न करना आता॥

रंगा का

इतनी कह कर चल दिया डायर हाथ छुड़ाए।
रुख सिम्त डेरा किया रामबाग़ में जाए॥

रामबाग़ में जाए फ़ौज ने फौरन खाना खाया।
डायर ने फिर फ़ौजी पहरा शहर में लगवाया॥

आठ बजे से पहले ख़ूनी घंटी को बजवाया।
गर कोई घर से बाहर निकले तो जा मरवाया॥

एक गोरे का

आज खुदा ने गोया है दिया मौक़ा हमें अनूप।
मुर्दों का ज़र व माल ले अभी बनेंगे भूप॥

आज मौक़ा हमें है मिला जेब अपनी सभी माल व ज़र से भरें।
पूरे आज़ाद हैं और दिलशाद हैं हम न हरगिज कभी जुल्म करते डरें॥
बाग़े जलियाँ में हैं पढ़े जो बशर लेवें जेबें कतर काम अपने करें।
दौलत व माल व असबाब सब लें चुरा कोई बोले तो खंजर गले पे धरें॥

दूसरे गोरे का

आपने दोस्त मुझको सुनाई भली अब चलो जल्द ताखीर करना नहीं।
माल असबाब लेते बराबर रहे जेब अपने ही अपनी को भरना नहीं॥
धर्म से पाप से सरकार से ख़ौफ़ ए खालिक से भी आप डरना नहीं।
माल भेजेंगे इंग्लैंड अपने मकान बाल बच्चों को हो भूखे मरना नहीं॥

पहले गोरे का

जो लगे हाथ हिस्सा वही सिर्फ़ है बाँटने का तो करना जिक्र ही नहीं।
माल दोनों को तकदीर लिखा मिले कम ज़्यादा तो करना फिक्र ही नहीं॥

आज हैं हम बहादुर दिलावर हुए कोई हमसा तो सीना सिपर ही नहीं।
ख़ौफ़ रखते खुदा का न इनसान का कोई दुनिया में हमसा निडर ही नहीं॥

दूसरे गोरे का

मैं करूँ हूँ पसन्द आपकी बात को अब जरा आप देरी लगाओ नहीं।
काम करना है पूरा करो जल्द ही वक्त बातों में अब तो बिताओ नहीं॥
गर कोई और ही जेब तर कर गए डूब जाओ वहाँ माल पाओ नहीं।
इससे बेहतर यही है चलो बाग़ को वक्त है कीमती तुम गँवाओ नहीं॥

रंगा का

दोनों गोरे जा रहे जलियाँवाले बाग़।
बदकारों के दिल लगी लालच की आग॥
है लालच की आग चले रफ़्तार तेज़ जाते हैं।
और लुटेरों को भी लाशों में फिरते पाते हैं॥
पहले आए नहीं हाथ मल मल के पछताते हैं।
ख़ैर मिले सो सही सोच कर माल निकलवाते हैं॥

हज़ारों रोती देवी शहर में शोर छाया है।
कोई कहती मेरा बेटा नहीं मम कुंथ आया है॥
गए थे वह सभा में आज इस जलियाँ वाले में।
जहाँ पर नीच डायर ने बन्दूक़ों को चलाया है॥
न कोई की बुराई थी बग़ावत भी न कोई की।
निशाना गोलियों का बेगुनाहों को बनाया है॥
दिये रंगरूट ज़र से भी मदद की जंग में हमने।
मजा ही उस वफा का आज डायर ने चखाया है॥
मिटे दुनिया से ऐ डायर जल्द नाम व निशाँ तेरा।
मिटे सरकार वह जिसने जुल्म हम पर कराया है॥
तड़प करके मरेगा ज़ख़्मियों की भाँति ओ डायर।
निपूती और बेवा को हज़ारों को सताया है॥
मचा रोना है घर घर में हुए मज़लूम हैं सब ही।
बुरा डायर का होवे शोर यह सब ने मचाया है॥
बयान हालत नगर के रंज की होती नहीं मुझ से।
इसलिए सूर्य सती देवी रतन का जिक्र लाया है॥

रतन देवी का

आह नीच ने कर दिया जलियाँवाला खेत।
मम पति थे वहाँ पे गए सभा देखने हेत॥
थे बाग़ में मम पति गए हा अब तक आए नहीं।
अब आठ भी हैं बज चुके पर दर्शन दिखलाए नहीं॥
या तो मरे वह जलियाँ बाग़ में या हो चुके ज़ख़्मी वहाँ।
वरना नहीं इस वक्त तक आए बिना रहते यहाँ॥
अब चैन पड़ता है नहीं आती मेरे हल्की फरी।
बिन प्राण प्यारे के हुई सौ वर्ष एक-एक घड़ी॥
यदि मर गया होगा पति मैं भी वहीं मर जाऊँगी।
निज धर्म को पूरा करूँ दुख सिंधु से तर जाऊँगी॥

रंगा का

रोवन रतन का सुनत ही दो पड़ोसन आए।
देवी को समझाए कर धीरज रही बँधाए॥

पड़ोसन का

हे देवी मत रोवन कि धीरज दिल में धार।
तोए प्रीतम आ जाएगा भली करें कर्तार॥
बहना जरा धीरज धरो पति आपका आ जाएगा।
ज़ख़्मी हुआ होगा सुबह इस बाग़ में पा जाएगा॥

गर आ गया हो बाग़ से रस्ते में ठहरा हो कहीं।
कल आपको मिल जाएगा बहन फिक्र कीजिए नहीं॥
अब रात भर तो कीजिए देवी यहाँ विश्राम है।
हमको बता दो गर हमारे योग्य कोई काम है॥

रतन देवी का

बिना नीर मछली मरे तड़प तड़प कर बहन।
बिना मिट्टी के सर्प को पढ़े घड़ी ना चैन॥
पड़ता घड़ी न चैन अब वह ही मेरा भी हाल है।
क्षण क्षण बढे मेरे हृदय में दुख रंज मलाल है॥

वहाँ पड़े तड़पे पिया सुख से बिताऊ रैन मैं।
धिक्कार है जीना अगर उनको न ढूँढूं भैन मैं॥
मैं प्राण प्यारे बिन करूँ एक पल नहीं विश्राम है।
जलियाँवाले बाग़ तक चलो बस आपसे यह काम है॥

पड़ोसन का

क्या आपने डायर की सुनी मुनादी नाहीं।
गर हम बाहर जाएँगे फौरन मारे जाएँ॥

मर जाएँ गोली खाकर बने क्या प्यारी।
मत करो इरादा मानो सीख हमारी॥
मेरी बहन अगर बाहर जाएँगे आज।
जान अगर बच गई बचे ना हया शर्मा कल आज॥

जो फिरते पहरेदार गोलियाँ मारें।
दे मार जान से ज़ख़्मी बना पछारें॥
मेरी बहन सुबह यह प्रीतम आएँगे।
रखो भरोसा ईश्वर पर काज सिर जाएँगे॥

रतन देवी का

ईश भरोसा सब्र और धीरज इस्तिकलाल।
तब जाते हैं भाग सब जब हो रंज मलाल॥
जब सिर पर पड़ता टूट दुख पर्वत है।
तो नहीं साथ दे धीर यह बात तो सत्य है॥

मेरी बहन सुख में देते साथी साथ।
दुख पड़े गर आए दिखाकर पीठ अपनी भाग जात॥
मैं डायर की सब ही बातें जानूँ हूँ।
गोरे मारेंगे यह भी मानूँ हूँ॥

मेरी बहन मुझे मरना है दोनों भाँत॥
मर जाऊँ या पति पाऊँ तब होवे आत्मा शान्त॥

नहीं पति मिलेंगे तो मैं प्राण गँवाऊँ।
तुम घर जाओ मैं जलियाँवाले जाऊँ॥

मेरी बहन आप कीजिए घर पर आराम।
जान हथेली पर रखी है मदद करेंगे राम॥

पड़ोसन का

हमने तुमसे थी कही सिर्फ़ लाभ की बात।
खफा न होजिए बाग़ में चलें आपके साथ॥
गर जान जाए तो जाए ना घबराएँगी।
हम साथ तेरे जलियाँ वाले जाएँगी॥

मेरी बहन पड़ोसन का दीन धर्म निभाएँ।
तेरे हेत लगे गोली तो भी है परवाह नाए॥
गर फर्ज हमारा पूरा नहीं करें हम।
तो इससे यह बेहतर है डूब मरें हम॥

मेरी बहन अगर तोए प्राण पति मिल जाए।
तो मेहनत है सफल पुष्प मुख मुरझाया खिल जाए॥
गर वह पाएँगे तुमको स्वर्ग सिधारे।
तू तो मर जावे खाकर वहीं पछारे॥

मेरी बहन संग हम भी दें अश्क बहाए।
जोर करें क्या ईश्वर आगे नहीं पार अब सहाय॥

रंगा का

दो पड़ोसनें संग तो देवी क़दम उठाए।
आज भयानक वक्त में जलियाँवाले जाए॥
जाती हैं जलियाँवाले को तेज़ी से क़दम उठाए कर।
रो रो रही हैं आँख से आँसू रही बरसाए कर॥

जो थे वहाँ गोरे खड़े उनसे नजर बचवाय हैं।
वह बाग़े जलियाँवाले के आगे गई झट आए हैं॥

लख ख़ून की बहती नदी देवी वहाँ घबरा गई।
देखे पड़े हैं लथ लाशों के बड़ी व्याकुल भई॥

ऊपर की लाशें नीचे रखे उठाकर।
धरती पर सबको सीधा रही लिटा कर॥
महाराज फिरे करती निज पति तलाश।
लख कर लाशें घनी हुई वह मन में बड़ी निराश॥

पर रोती हैं बेजार ढूँढ़ती जाती।
आँखों से आँसू की है धार बहाती॥
महाराज फिरें कई वर्दी वाले जवान।
कतरे जेबें मुर्दों की ढूँढ़े दौलत शैतान॥

यह हाल देख है रतन बहुत दुख पाई।
यह डाकू है कि दुष्ट कसाई॥
महाराज नहीं पाया उसको भरतार।
पड़ोसिनों को कहती है देवी सुखन अचार॥

रतन देवी का

ए बहना निज धाम को जाओ करो न बार।
तुमने विपदा के समय कीनी कृपा अपार॥

कीनी है कृपा आपने जान डाल जोखिम में लेई।
इस बाग़ में मुझको बहन पहुँचाए तुमने ही देई॥

यदि मिल गए पतिदेव तो तुमसे सुबह मिल जाऊँगी।
वरना मैं प्यारे प्राण पति के संग प्राण गँवाऊँगी॥

पड़ोसन का

जब तक तेरा प्राण पति तुमको पावे नाए।
तब तक तुझ को छोड़कर नहीं मकान को जाएँ॥

रतन देवी का

बहना तुमने जो दया करी धर्म पहचान।
मैं भूलूँ नहीं आपका सात जन्म एहसान॥

एहसान मैं भूलूँ नहीं जो है दया तुमने करी।
पर अब नहीं तकलीफ़ दूँ चाहे दुखों से हूँ भरी॥
अब जाइए नीचे धाम को बस कीजिए आराम है।
कोई न मिले रस्ते में रक्षक तुम्हारा राम है॥

पड़ोसन का

हुक्म आपका सब तरह है मुझको मंजूर।
इसलिए निज धाम को जाती हैं मजबूर॥

जाती हैं हम मजबूर तुम इतनी तरस दिल लाइयो।
मरयो मती इस बाग़ में एक बार घर पर आइयो॥
गर हो कहीं तेरा पिया तो कल तुम्हें मिल जाएगा।
घबराइयो मत हे बहन वह आपके घर आएगा॥

रंगा का

वह पड़ोसिनें उठ गई अपने अपने धाम।
रतन कर रही है यहाँ तेज़ी से निज काम॥

तेज़ी से निज काम पति अपना तलाश करती है।
दो-दो मन की लाश उठाकर धरती पे धरती है॥
ख़ून के दरिया में फिरती है फिसल फिसल पड़ती है।
हाय हाय पानी पानी सुन मरी मरी डरती है॥

ज़ख़्मी का

आह जालिम रहम क्यों न आता तुम्हें आदमी की शक्ल में क्या न इनसान हो।
रंग कैसा तुम्हारा बिला शक हो दिल के हो सियाह पूरे ही शैतान हो॥
माल व दौलत को क्या साथ ले जाओगे कुछ विचारा नहीं आप हैवान हो।
गरचे पानी पिला दो हमें तुम मेहर हम न भूलें तुम्हारा जो एहसान हो॥

गोरे का

गरचे बक बक करो ठोकरें ददें जमा माल व दौलत जो है पास रख दो इधर।
हम गुलामों को पानी पिला दें भला बेवक़ूफ़ों यह देखी रसम है किधर॥
माल व दौलत को पा मौज लेवें उड़ा पी शराबें फिरें दिल चाहेगा जिधर।
ख़ूब दिलशाद हो ऐश व इशरत करें खाएँगे गोश्त अंडे पिएँगे सुगर॥

ज़ख़्मी का

सौर जगत में चमकता उज्जवल हिन्दुस्तान।
दुष्टों तुमने कर दिया हाय इसे शमशान॥

सोहनी

गर्दिश ए अय्याम में हमको सता लो आप भी।
खा रहे हैं ठोकरें ठोकर लगा लो आप भी॥
अरमान ए दिल सब ने निकाले सब तरह से हिन्द में।
बाकी रह न जाए दिली अरमाँ मिटा लो आप भी॥
कातिलों ने आजमाई हिन्द पर तलवार थी।
सर झुकाया आज तेगा आजमा लो आप भी॥
आ चुके बदकार लाखों ख़ून के प्यासे यहाँ।
हैं हड्डिया बाकी रही उनको चबालो आप भी॥
हो चुके इस हिन्द पर लाखों ही क़त्लेआम हैं।
बेगुनाहों के गले खंजर चला लो आप भी॥
जर माल लूटा गजनवी में हिन्द पर हमले किये।
जर लूट कर अपने खजाने को भरा लो आप भी॥
हक़ पांडवों का छीन लेना कौरवों ने था कभी।
हिन्दुस्तान के कुदरती हक़ को दबा लो आप भी॥
दुष्ट दुशासन ने द्रौपदी का उतारा चीर था।
कपड़े हमारी देवियों के फाड़ डालो आप भी॥
कंस ने मारा कभी था बालकों को हाथ से।
मासूम बच्चों पर फलक से बम गिरा लो आप भी॥
हिरण कश्यप ने करी सब की जबानें बन्द थी।
अब कोई क़ानून ऐसा ही बना लो आप भी॥
रावण फ़क़ीरों पर करे था सख़्तियाँ जुल्म व सितम।
जेल मे भर कर हमें भी अब सड़ा लो आप भी॥

जो नतीजा जुल्म का उन जालिमों को था मिला।
सूर्य कहता है वही जल्दी सँभालो आप भी॥

रंगा का

ज़ख़्मी यह कहता रहा डाकू माल निकार।
फौरन ही आगे बढ़े जेबें रहे संभार॥
जेबें रहे संभार चाहूँ दशी ज़ख़्म तड़पाते हैं।
पानी पानी मरे मरे जोरों से चिल्लाते हैं॥
फिरते गोरे जवान वह जरा नहीं काँपते हैं।
बिना मिले पानी बहुतों के प्राण निकल जाते हैं॥

रतन देवी का

आह दई कैसी भई लुटा मेरा घर बार।
आज अचानक हो गया गायब प्राण अधार॥
गायब हुआ प्यारा मेरा हाय अब तलक पाया नहीं।
मैं थक गई लाशें उठाकर पर वह नज़र आया नहीं॥
बिन पीयु के यह ज़िन्दगी है एक घड़ी भाती नहीं।
यह वज्र की है हो गई फटती मेरी छाती नहीं॥
भगवान अब कर के दया इस दुख से अब छुड़वाए दो।
तुम प्राण प्यारे पास अब पहुँचाए दो पहुँचाए दो॥
मैं पति विहीन हूँ बिना जल में पड़ी तड़पाऊँगी।
मर जाऊँगी अगर प्यारा पति यहाँ न पाऊँगी॥
ढूँढ़ रही हूँ बहुत देर से लाशें बहुत उठाती हूँ।
देख-देख मैं सबके मुख को आगे बढ़ती जाती हूँ॥
नहीं ताब तन –मन मेरे चश्मों से अश्क बहाती हूँ।
बिना प्राण प्यारे के दर्शन गम में गोते खाती हूँ॥
प्रीतम मिल जाएँगे दिल को कब तक सब्र बँधाऊँगी।
मर जाऊँगी गर प्यारा पति यहाँ नहीं पाऊँगी॥
अब हार गई मैं फिरती फिरती दिल मेरा घबराता है।
सब्र बदन हुआ बेकार और मम स्वास निकलता जाता है॥
टूटेगा अब रंज अलम से और दुनिया से नाता है।
पर दर्शन बिना यह मन पापी मेरे दम को अटकाता है॥
पिया विरह में सर पर जाऊँ धर्म संतों का निभाऊँगी।
मर जाऊँगी अगर प्यारा पति यहाँ न पाऊँगी॥

रंगा का

रतन देवी को पा गई अपने पति की लाश।
करती घोर विलाप है मृतक देह के पास॥

रतन देवी का

हाय हज़ारों ही दिये नि:अपराध हैं मार।
दुनिया से उठ जाइयो यह पापी सरकार॥
उठ जाए यह सरकार जिसने जुल्म हैं भारी किया।
हाय गोलियों से है हज़ारों को बना छलनी दिया॥
हाय डायर दुष्ट तैं यहाँ पर बिछाई लाश हैं।
अब जाइयो पापी तेरा सर्वस्व सत्यानाश है॥
प्राणों से प्यारा मम पति डाला यहाँ पर भून है।
सरकार जालिम ने किया इस जाँ पर जुर्म जुनून है॥
जाए डायर सर्वस्व ही नाश तुम्हारा।
तूने मारा है प्यारा पति हमारा॥
हाय दुष्ट यहाँ है नालायक सरकार।
वरना तुझको नीच चढ़ाया जावे सूलीदार॥
तू इसी सड़क पर निस्फ़ गड़ाया जाए।
आते-जाते नर ठोकर से ठुकराया जाए॥
हाय राम सब्र मुझको नहीं आएगा।
जब तक यह बदकार न डायर मारा जाएगा॥
जिस नीच हुकूमत ने यह जुल्म कराया।
मुझ अबला को भारी दुख दिखाया॥
हाय राम मिटा दे उसका जग से नाम।
इस बदकार हुकूमत ने मुझको लूटा है राम॥
है यहाँ हज़ारों लाड़ले गए मारे।
डायर पापी ने भारी जुल्म गुजारे॥
हाय राम तेरी दरगाह में आऊँगी।
डायर को उसके कुकर्म की सज़ा दिलवाऊँगी॥
इंसाफ अदालत तेरी में होवेगा।
डायर जालिम सर पीट-पीटकर रोवेगा॥
मेरे राम पड़ेगी नरक कुंड सरकार।
जिसने देकर हुक्म कराई विधवा कई हज़ार॥

ली छीन सर्प की मणि आज हत्यारे।
दी मीन बना विन जल के है बिजमारे॥
हाय राम छुटा है मम जीवन आधार।
मैं भी निज पति संग मरूँगी गले कटारी मार॥
रहकर जीवित मैं डायन नहीं कहाऊँ।
अपना कलंकिनी नाम नहीं धरवाऊँ॥
मेरे प्रभु पति व्रत धर्म निभाऊँगी।
पड़ूँ चिता में कूद संग पति के जल जाऊँगी॥

रंगा का

सुन देवी के रोवन को आसमान थर्रात।
इक लड़का ज़ख़्मी पड़ा बिन पानी तड़फात॥
तड़फात है पानी बिना कोई न पियावन हार है।
सर्दी सताती है इसे कपड़ा नहीं लाचार है॥
उसने रतन से यूँ कहा यहाँ से उठना न मात है।
देवी कहे उठूँ नहीं चिन्ता न कीजिए भरात है॥
सर्दी से वह लड़का वहाँ थर-थर रहा था काँप है।
इक वस्त्र से देवी रतन उसको दिया झट ढाँप है॥
कुछ देर बाद इक सिक्ख महाशय आए।
देख कर देवी को नैन नीर भर लाए॥
महाराज रतन के पति की लाश उठाए।
सूखी सी इक जगह देख के देनी है रखवाए॥
देवी पति शव के पास विलाप करे है।
बैठी रोती है धीरज नहीं धरे है॥
महाराज जरा सुनिएगा कान लगाए।
वह सरदार रहा देवी को है ऐसे समझाए॥

सरदार का

ऐ बहना रोवे मती धीरज दिल में धार।
है मेरा भी छूटता सुन सुन रोवन करार॥

तेरा सुन सुन रोवन मेरी छाती फटे धीर दिल में जरा आप लाओ बहन।
अब रो रो के चश्मों से आँसू बहा आत्मा मत पति की सताओ बहन॥

स्वर्ग जाते तुम्हारे पतिदेव हैं मत उन्हें रास्ते में रुकाओ बहन।
नाम उनका शहीदों में रखा गया स्वर्ग में तुम उन्हें मत रुलाओ बहन॥

रतन देवी का

हाय डायर ने मारा है मेरा बलम किस तरह धीर मैं बिन पिया के धरूँ।
जल बिन जैसे मछली तड़प कर मरे मैं बिना प्राण प्यारे तड़पकर मरूँ॥
जान उन्होंने वतन पे है कुर्बान की मैं निभाऊँ धर्म संग उनके जरूँ।
जाए मैं स्वर्ग सेवा करूँ पीयु की आत्मा को मैं सन्तुष्ट उनकी करूँ॥

सरदार का

हो गए हैं वतन पे यह कुर्बान अब काम उनके को तुम मत भुलाओ बहन।
जो मिला है उन्हें इस धर्म का समर आप रो रो उसे मत छिनाओ बहन॥
तुम हो साबित धर्म और ईमान पे बाद मरने के जन्नत में जाओ बहन।
पर मरो खुदकुशी कर यहाँ आप तो दुख भारी पति को दिखाओ बहन॥

रतन देवी का

मुल्क भारत में अरबों सती हैं हुई चाहे जितनी नजीरें करें पेश हम।
नाम रोशन उन्हीं का जहाँ में हुआ क्योंकि पूरा किया था उन्होंने धर्म॥
आप इस धर्म को कह रहे खुदकुशी यह मेहरबान सीखी कहाँ की रस्म।
झूठ बातों में मैं तो न आऊँ कभी कर दिखाऊँ कि जो है सती का कर्म॥

सरदार का

लाश पति संग जलना धर्म है मगर बात मेरी पर कुछ गौर लाओ बहन।
काम तुम्हारे जो कि पति थे करें वह अधूरा है पूरा कराओ बहन॥
जिस हुकूमत ने मारा तुम्हारा पिया नाम उसका जहाँ से मिटाओ बहन।
रूह उनकी मनावे ख़ुशी उस घड़ी आप उनकी तरह स्वर्ग जाओ बहन॥

रतन देवी का

बात मेरे समझ आ गई आपकी जान पति की तरह लड़ाऊँगी मैं।
खिदमत ए मुल्क से मैं न पीछे हटूँ क़दम अपने यूँ आगे बढ़ाऊँगी मैं॥
जिसने मारा हमारा है प्यारा यहाँ उसको मिट्टी मिलाऊँगी मैं।
काम मर्दों से जो अब तलक न हुआ काम पूरा वही कर दिखाऊँगी मैं॥

सरदार का

आज मुझको हुआ है यह पूरा यकीन अब बने मुल्क आज़ाद हिन्दुस्ताँ।
देवियों ने उठा है यह बीड़ा लिया जालिमों का मिटा देंगी नाम ओ निशाँ॥
खिदमत ए कौम में तुम बढ़ाओ क़दम यह ही ख़ुशकिस्मती मुल्क की है अयाँ।
आपके आह व नाला दूर दृष्टि से काँपता है यह सारे का सारा जहाँ॥

रतन देवी का

खिदमत ए कौम किसी को भला खिदमत ए कौम करके दिखाऊँगी मैं।
जुल्म डायर ने जो आज हम पे किया यह बता के ही नफरत फैलाऊँगी मैं॥
हाय बागी हैं समझे वफादार को कहते बागी किसे हैं बताऊँगी मैं।
आह मेरी में कितना असर है छिपा जालिम को यह जल्दी बताऊँगी मैं॥

रंगा का

देवों ने यह सुखन सुन दिये फूल बरसाए।
भारत की जय ध्वनि से आसमान थर्राए॥
थर्रा रहा है आसमान चहूँ ओर जय जय कार है।
ज़ख़्मी कहें देवी रतन को धन्य बारम्बार है॥
है हो गया सन्तुष्ट उसका स्वर्ग में भरतार है।
सुनकर मूर्छित हो गए सब देवी के सुविचार हैं॥
हे सज्जनों लीजिए मेरा अब आप वंदे मातरम।
जय बोल भारत की हिस्सा हुआ पहला ख़त्म॥

प्रभा —

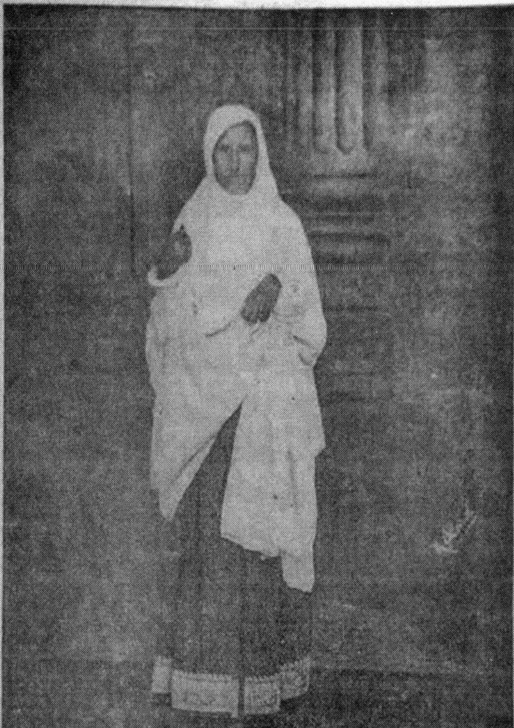

वीराङ्गना रतनदेवी

प्रेस, कानपुर

अंग्रेज़ी बर्बरता की गवाह : जलियाँवाला बाग़ स्मारक का प्रवेश द्वार

शेष विशेष

इस अन्तिम अध्याय में जलियाँवाला बाग़ हत्याकांड से सम्बन्धित कुछ ऐसी प्रतिबन्धित और ज़ब्त की गई रचनाएँ दी गई हैं जो विभिन्न जगहों पर प्रकाशित हुई थीं। इनमें से पहली रचना है श्रीयुत 'परन्तप' द्वारा रचित लम्बी कविता 'भारतीय बाला : श्रीमती रतन देवी' जो गणेश शंकर विद्यार्थी द्वारा सम्पादित मासिक पत्रिका 'प्रभा' (कानपुर) के दिसम्बर 1920 अंक में प्रकाशित हुई थी। दूसरी रचना पंडित हरप्रकाश भारद्वाज द्वारा रचित नज़्म 'इंक़लाब-ए-हिन्द' है जो पंडित धर्मवीर के शान्ति प्रेस, मेरठ से 1921 में प्रकाशित हुई थी। इसके बाद दो ग़ज़लें हैं जिनके शायरों के नाम का उल्लेख नहीं है।

वर्ष 1921 का एक पैम्फलेट यानी पर्चा भी यहाँ संकलित है जिसमें दो कविताएँ—1. 'भारतीयों की चेतावनी!' और 2. 'मुझको रुला के मारा' प्रकाशित हैं। भारत-प्रेस, चेतगंज, काशी से प्रकाशित इस पर्चे पर बतौर लेखक कन्हैयालाल नाम दर्ज है और उसको काशी का असहयोगी बालक बताया गया है। पर्चे के साथ इसका ज़ब्ती-आदेश भी दिया गया है। अन्तिम पर्चा यू.पी. प्रान्तीय कांग्रेस का है जो 1932 में जारी किया गया था। पुलिसकर्मियों को सम्बोधित इस पर्चे में उन्हें समझाया गया है कि वे भी भारत की सन्तान हैं इसलिए गोरों के हुक्म पर अपने ही भाइयों का उत्पीड़न न करें।

भारतीय बाला : रतन देवी

श्रीयुत 'परन्तप'

बसन्ती वैभव था सर्वत्र, धरित्री पर सुमनों का छत्र,
नवोदित या निसर्ग-नक्षत्र, पुलकते थे पल पल पर पत्र
प्रकृति का प्यारा पर पंजाब,
पिसा पाकर पशुता का दाब।
भीड़ से जालियाँवाला बाग़ भरा, सुन रहा राष्ट्र का राग,
अचानक उगली किसने आग, कहाँ से आया काला नाग?
अचेतों पर यों कायर वार
किया फायर डायर! धिक्कार!
वह्नि-वर्षण से नभ था लाल, बाग़ था बना रुधिर का ताल,
लक्ष्य थे निरपराध वे बाल, खड़ा था ब्रिटिश वीर विकराल!
इधर जरनल था राक्षस रूप,
उधर शरणास्थल था बस कूप।
चलाकर चलदल पुलकित पर्ण, हो रहा था मानो उत्कर्ण,
ताप से तृण तक हुए विवर्ण, करें कैसे वर्णन कवि वर्ण?
अंग प्रत्यंग पड़े प्रक्षिप्त,
घिरे घायल थे रक्त-विलिप्त।
मीन ज्यों व्याकुल वारि विहीन, तड़पते थे परवश वे दीन,
ध्यान भी न थी कि महा मलीन, शासकों में है एक सुधीन,
ब्रिटिश का न्याय विश्व विख्यात
यही है हुआ उन्हें अब ज्ञात।
जिधर था एक संकुचित द्वार, उधर ही उमड़ा ज्वालोद्गार,
विलक्षण थी वह विह्वल मार, किसी विध था न वहाँ निस्तार,
जहाँ जाते थे भून जाते
किसी की बात न सुन पाते!

पड़ी थी किस की देह कहाँ? किसे था किस का स्नेह कहाँ?
जलों को मिलता मेह कहाँ? नहीं था चेत कि गेह कहाँ?
चढ़े बलि-वेदी पर सप्रमोद
सो गए मातृभूमि की गोद!
जिन्होंने सुन गजराज पुकार, ग्राह से किया त्वरित उद्धार,
द्रौपदी का दुकूल विस्तार, दिया दुःशासन का मद मार
देख यहाँ नर-मृगया का खेल
पड़ा उन कानों में भी तेल।
उन्हें इस विध अनाथ अवलोक, छा गया संध्या के उर शोक,
सकी वह अधिक न रवि रथ रोक, हुआ सत्वर अदृश्य आलोक,
तिमिर का पट निज मुख पर डाल
छिपाया उसने लज्जित भाल।
बड़ी थी विह्वलाँग की आह, देख कर यों धिपक्ष दल-दाह,
पूर्ण करके निज मन की चाह, चल दिया नर-पिशाच सोत्साह,
सो गई सन्नाटे में सृष्टि,
वीर बाला भाई तब दृष्टि।
प्राणपति अभी न आए आज, चातुर्दिक चिन्ता का है राज
हुआ है व्यग्र समस्त समाज, न जाने क्या क्या हुआ अकाज।
सोंच यों वह अविलम्ब चली,
छ्ली दुर्विधि से वीर-लली।
आगई जब रुधिरांगरण में, पतित पुरुषों के प्रांगण में,
तभी अवलोका कण कण में, कोष करुणा का क्षण क्षण में,
धराशायी था शव समुदाय,
फटकता पास न कोई हाय!
मींचते दृग कोई कर से, खींचते केशों को सर से,
विकल कोई जलते ज्वर से, ठहरते थे सूखे स्वर से,
कर रहे थे पूरा नर-मेध
हुआ शिशुओं तक का बेध।
विलपती पागल सी फिरती, चौंकती कहीं कहीं गिरती,
कहीं भय-भावों से घिरती, कहीं चिर चिन्ता से चिरती,
'रत्न देवी' वर व्रता सती,
धैर्य धर बनी प्रयत्नवाती।
कहीं कुररी क्रन्दन करती, कहीं डर सुर-वंदन करती,
विपद्र का अभिनन्दन करती, आर्ति का स्वर मंदन करती,

भिगोती दृग-जल से धरती,
रही वह विपुल व्यथा भरती।
पड़ गया पति-शव दृष्ट अहा! किन्तु था उर से रक्त बहा,
न था दुखिया का दृव्य रहा, गिरा था उस पर वज्र महा,
अंक में ले पति–शीश सखेद,
लगी करने हृदयों का भेद—
"विधाता! मेरी मणि ली लूट, गई किस्मत कितनों की फूट
पड़ी हा! सहसा बिजली टूट, काल ने दिया कलेजा कूट,
अमृतसर मृतसर कर डाला!
डाल डायर-फ़ायर पाला।
रचा क्यों शोणित-सत्र कहो? करें क्या पुत्र कलत्र कहो?
कहाँ है ब्रिटिश छत्र कहो? हुआ ऐसा अन्यत्र कहो?
न नादिरशाही से तुलना?
पाप है मुख का भी खुलना!
मिलेगी मुझे सहाय कहाँ, बचावे जन जन जान जहाँ,
स्वावलम्बन सदुपाय यहाँ, कि माँगू आश्रय-दान वहाँ
विकल उठ गई घरों के पास,
जहाँ देखा था त्रास-निवास।
सुनी जब उसकी कष्ट कथा, अपूर्व श्रुत मानसी व्यथा
किसे सुन मार्मिक क्लेश न था, जाएँ बाहर आदेश न था,
बजे ज्योंही संध्या के आठ,
बन्द होते थे सभी कपाट।
मार्शल ला का शासन था, प्रीति का पहरा पास न था,
जमा ज़ुल्मों का आसन था, भीति में नीति निवास न था,
घोषणा घोर घमंड मयी
सुना, थी हर्षित जाति जयी।
न आशा ने आश्रय पाया, नैश-नैराश्य निकट आया,
नियति ने निज बल दिखलाया, फिरी अबला पति को पाया।
शीश जंघा पर रख वह आप,
लगी करने यों विविधालाप—
"न्याय का यह कैसा लक्षण? प्रजा का रक्षण वा भक्षण?
देश में है कोई दक्ष न? प्रभों! तुम भी लोगे पक्ष न?
नाथ! मैं भी पांचाली हूँ,
निपट निर्दोष निराली हूँ।

जनक! अब है कोई धन्वी न, सुरक्षित तब तन्या तन्वी न!
कहाँ है मानी महा कुलीन? हहा! 'वीरों से मही बिहीन'
नहीं है कोई लक्ष्मण लाल!
धसकती धरा न क्यों इस काल?
यहाँ जीवित-मृत तीस करोड़, कर रहे हैं भेड़ों की होड़,
चल बसी मनुष्यता मुख मोड़, पड़ा इन निधन जनों को छोड़,
रहेंगे घर में अमर न वे
मान—मधु-प्रेमी भ्रमर न वे।
क्रूर के कुत्सित कृत अवलोक, त्याग बैठे मृतकों को, शोक!
कहाँ सामर्थ्य करें कुछ रोक? शून्य है साहस से यह लोक,
नहीं है शेष आत्म-सम्मान,
गिर गया है गुरुता का ज्ञान।
जहाँ थे पूजा के उपचार, वहाँ नारी का हा हाकार,
न सुनता कोई शिष्टाचार! प्रभो! पकड़ो, पकड़ो पतवार!
नहीं तो नइया डूबेगी,
अधोमुख ताल को छूवेगी।
ह ह ह! हृदयेश, न है परिवार, सखा संगी भी नहीं उदार,
न लज्जा लोकाचार विचार, करूँ कानन में कहाँ पुकार?
हुआ भारत से नष्ट नरत्व,
दासता खींच ले गई सत्व।
कहाँ है ताना जी शिवराज? धनंजय कहाँ न पृथ्वीराज,
जरा जर्जरित जटायु आज, बचे क्यों आर्यभूमि की लाज?
नराधम से नाता है,
विनिष्ठुर बना विधाता है।
रात भर इस निर्जन वन में, उलूकों-काकों के घन में,
घृणा से घुटती मन-मन में, रखाऊँगी प्रीतम-तन में,
बनूगीं कुटिलों को काली,
आर्य अवनी में हूँ पाली।"
बितायी उसने किस विधि रात, ध्यान से होता कम्पित गात,
हूक उठ करती कुलिश निपट, वही थी सहती जो आघात,
नहीं थे हाथों में हथियार,
सहे हा! हा!! ये अत्याचार।

हुआ सीमांत निरादर है! न कुछ भी जनता की दर है!
हमारा घर कारा घर है! शेष अब क्या कोई डर है?
बने है हम अनुभव के शिष्य,
कहेगा जो कुछ करें भविष्य।

इंक़लाब-ए-हिन्द

पंडित हरप्रकाश भारद्वाज

सर ज़मीन ए हिन्द में क्यों मच रहा आह व फुगाँ।
किस लिए बेचैन है हिन्दी सभी खुर्द वह कलाँ॥
है वतन में किस लिए कायम नहीं अमन वह अमाँ।
हिन्दियों के चेहरे से जाहिर है क्यों गमों का निशाँ॥

हाकिम व महकूम में क्यों कशमकश जारी है अब।
अहले भारत पर फलक ने क्या सितम ढाया गजब॥
किसलिए ग़ुस्से के मारे हो गई आँखें हैं लाल।
पी रहे ख़ूने जिगर हैं किस लिए भारत के लाल॥

हर जगह क्यों मजलिसों में बेधड़क है कील व काल।
क्या हुआ कहर-ए-इलाही पहुँचा क्या सदमा कमाल॥
हो रहा नाराज़ है किस बात पर हिन्दुस्ताँ।
करते हैं इजहार ए नफरत किस लिए खुर्द वह कलाँ॥

हिन्द में जिस रोज़ से रौलेट का आया है क़दम।
मुल्क में रोला मचा सबको हुआ है रंज व अलम॥
सैंकड़ों ही बेगुनाहों का हुआ यहाँ सर कलम।
ना रहा ख़ौफ़-ए-इलाही वह किया जुल्मो सितम॥

औरतों की इज्जत व इस्मत पर भी हमला किया।
भाइयों! बच्चों तलक पर जुल्म का दरिया बहा॥
जलियाँवाला बाग़ जब भी याद आता है हमें।

जागना-सोना नहीं उस दिन से भाता है हमें॥

क्या कहें घंटों तक बेहद रुलाता है हमें।
बदला लेने का सबक हरदम सिखाता है हमें॥
पर नहीं मंजूर यह हाँ चाहते हम अदल हैं।
क्या हुआ इंसाफ उनका हो गए जो क़त्ल हैं॥

ना मिली डायर ओडायर को काफ़ी सज़ा।
गर नहीं मनसूख रौलेट एक्ट को फौरन किया॥
और नहीं इंसाफ कुछ पंजाब के हक़ में हुआ।
कौल-ए-गांधी पर चलेंगे कहते हैं यह बर मला॥

देश भारत के लिए हो जाएँगे 'कुर्बान' हम।
ख़ुद-ब-ख़ुद आज़ादी का कर देंगे बस ऐलान हम॥
जेल जाने का नहीं मुतलक रहा ख़ौफ़ व खतर।
तोप व बन्दूक़ का हमको नहीं अब बीम व डर॥

बा खुदा जाम-ए-शहादत को पिएँगे जल्द तर।
देश भारत के लिए कटवाएँगे अब अपना सिर॥
पीठ अपनी अब नहीं दिखलाएँगे मैदान में।
गोलियाँ सीने के ऊपर खाएँगे मैदान में॥

भड़का है अब तो शोला-ए-हुब्बे-वतन।
जाँ हथेली पर लिए बैठे हैं बाँधे सिर कफ़न॥
पहन जबकि नीला-पीला अब किया है पैरहन।
मरने का कुछ गम नहीं यह कहते हैं सच्चा सुखन॥

या तो होगा एक दिन हम ख़ाक में मिल जाएँगे।
या किसी दिन गौहर-ए-मकसूद अपना पाएँगे॥
कौंसिलों की मेम्बरी हमको नहीं दरकार है।
राय और खां साहिबी से अब नहीं सरोकार है॥

हाथ में जब रास्ती की थाम ली तलवार है।

कौन किसका है अब हामी कौन किसका यार है॥
कोई इंसा जुल्म को दाइम कभी सहता नहीं।
और वफादारी का कायम जज़्बा फिर रहता नहीं॥

हिन्दियों अब वक्त सोने का नहीं बेदार हो।
देश को अपने सँभालो हर तरह होशियार हो॥
मुल्क की चीजें हों प्यारी घास हो या खार हो।
एक दिन प्रकाश अपना देश फिर गुलजार हो॥

है यही वाजिब कि अपने मुल्क से उल्फत करो।
बेधड़क हो एकता से हिन्द की खिदमत करो॥

ग़ज़ल-1

अज्ञात

बहेंगी बेगुनाहों के लहू की नदियाँ कब तक।
चलेंगी या खुदा ओडायरानी आँधियाँ कब तक॥

चलाएँगे निहत्थों पर सितम की गोलियाँ कब तक।
मिटाएँगे वफादारों की देखें हस्तियाँ कब तक॥

मिसाल खार-ए-सहराई करेंगे सख़्तियाँ कब तक।
उड़ेंगी दामन-ए-वफ़ा की धज्जियाँ कब तक॥

वफादारों की खूँ हमसे न छूटी है न छूटेगी।
करेंगे आप हमसे देखें पेमा गुस्तियाँ कब तक॥

गए हैं दीन-ए-अहमद की हिमायत को सुए मगरिब।
फिरेंगे कामयाबी से यह फख्र-ए-हिन्दियाँ कब तक॥

ग़ज़ल-2
अज्ञात

जुल्म डायर ने किया था रंग जमाने के लिए।
हिन्द वालों को मुसीबत में फँसाने के लिए॥

ख़ून से पंजाब के डायर ने लिखी डायरी।
रूबरू रख दी मेरी तबीयत जलाने के लिए॥

बाग़-ए-जलियाँ में शहीदों की बने गर यादगार।
जाएँगे आशिक वतन आँसू बहाने के लिए॥

जिसने तन मन धन दिया था जंग-ए-यूरोप पर निसार।
आप हैं तैयार अब उसको मिटाने के लिए॥

जब कहा मैंने तो ओडायर ने मारा बे खतर।
हँस के बोले जुल्म था यह आजमाने के लिए॥

सिर हथेली पर अगर रक्खा तो डर किस बात का।
सिर कटाने के लिए है जान जाने के लिए॥

पैम्फलेट

1. भारतीयों को चेतावनी!

॥ वन्देमातरम॥
भारत निवासी अब तो कुछ कर्म कर दिखा दो।
निद्रा को त्याग फौरन निज योग्यता बढ़ा दो॥
निशि-काल ही में चोरों ने धूम घुस मचाया।
निज आत्म बल दिखाकर उनको तो अब भगा दो॥
यह पाक भूमि भारत नापाक हो गई है।
बन्धन में जा फँसी है इससे तो अब छोड़ा दो॥
हौ सिंध पुत्र तुम सब सन्देह को बिसारो।
भारत पै मर मिटूँ मैं दृढता यही जमा दो॥
है घोर जुल्म कारी जो शक्ति तेरे ऊपर।
उसको तो आत्म शान्ति बल से अभी मिटा दो॥
चरखा को भी चलाओ पंचायतें बनाओ।
होंगे स्वतंत्र तबही करके इसे दिखा दो॥

2. मुझको रुला के मारा

बेकश को तूने डायर गोली चला के मारा।
क्या था बिगाड़ा तुम्हारा जो उनको सता के मारा॥
किस वास्ते ऐ जालिम मैशीनगन मँगाया।
फायर को भी चलाया ये दिन दिखा के मारा॥
क्या हाल मैं सुनाऊँ ताक़त नहीं है तन में।
यह न्याय को समझ कर खूँ को बहा के मारा॥
विधवा हज़ारहों को पजाब में बनाया।
पहले तो बन चुकी थी (युद्ध के कारण) औरों बना के मारा॥

विधवा विलाप करती, पापी योरोप वासी।
किस वास्ते पति को बाग़ी बना के मारा॥
बालक की माता रोती ओ अत्याचारी डायर।
हा! लाल को भी तूने रेती लेटा के मारा॥
शोक! छह माश वाला बालक बाग़ी बनाया तूनें।
उस पर दया न आई जो भाला चला के मारा॥
बाग़ी रहा वो बालक तो गर्भ से हो बाग़ी।
ऐसा क्यों कन्हैया, मुझको रूला के मारा॥

[कन्हैयालाल, असहयोगी बालक, भारत-प्रेस, चेतगंज, काशी]

ज़ब्ती का आदेश

No. 1329/Viii-297.
Notification.

Police Department.
Naini Tal,
Dated 15th June, 1921
Miscellaneous.

In exercise of the powers conferred by sub-section (1) of section 12 of the Indian Press Act, 1910 (I of 1910), the Governor in Council hereby declares to be forfeited to His Majesty all copies, wherever found, of the leaflet in Hindi, or of its translation, entitled "Bhartion ko chitwani" (Warning to Indians), written by Kanhaiyalal, a student of Benares, and printed at the Bharat Press, Chaitganj, Benares, in as much as the said leaflet contains matter of the nature described in clause (c) of sub-section (1) of section 4 of the said Act.

By order of the Governor in Council,
G. B. Lambert,
Chief Secy. to Govt., United Provinces.

*

Translation of the leaflet in Hindi entitled "Bhartion ko chitwani" (Warning to Indians), written by KANHAIYALAL, student of Benares, and printed at the Bharat Press, Chaitganj, Benares.

(1)

"O Indians do now some work. Get rid of your lethargy and increase your ability.

Thieves entered in the night and created a great row.

Turn them out by your soul force.

This sacred land has become polluted. It is in bondage.

Set it free.

You are sons of lions. Do away with all doubts. I would die for Bharat, make this a firm determination (in your mind).

Destroy at once by your soul force the terrible repressive power above you.

Work at spinning wheel, establish panchayats and prove it that by doing this you will be independent.

(2)

(You) Caused me to die of weeping

Dyer! you killed the helpless by bullets. What wrong had they done to you that you worried the life out of them?

What for, O tyrant, did you send for these machine guns and why did you show us the days on which you opened fire on us!

I have no strength in my body to recount all the incidents. You thought it just to spill our blood.

You made thousands of widows in the Punjab. There were already so many (perhaps because of war) and you made many more.

Widows are weeping and crying. O sinful Europeans why have you killed our husbands like rebels.

O oppressive Dyer mothers are crying 'Oh you made my child to lie on sand and killed him.'

Shame you called a six months old child a rebel. You did not take pity and killed him by a lance.

If that child was a rebel O lord Krishna make all children rebels from the very moment of conception–caused me to die of weeping."

प्रतिबन्धित पर्चा

पुलिस के भाइयो,

इस सप्ताह में यानी 6 अप्रैल से 13 अप्रैल तक अपको विशेष काम करना पड़ा है। आप में से जो देहातों में थे, ख़ास तौर से इलाहाबाद बुला लिये गए थे। आप लोगों में से जो हथियारबन्द थे गोरों के हुक्म से स्वदेश के एक ही सभ्यता, धर्म और रंग के लोगों पर गोली चलाने पर मज़बूर हुए। जिसका नतीजा यह हुआ कि 11 आदमी मरे और बहुत से घायल हुए। चूँकि आप गोरों के हुक्म मानने के आदी हो गए हैं, इस वजह से उनके हुक्म की तामील की।

यह सप्ताह अब ख़तम हुआ। हम और आप एक ही देश के भाई-भाई हैं। आप नीचे लिबी हुई बातों को ध्यान से पढ़िये और उन पर विचार कीजिए—

हम आप से यह नहीं कहते हैं कि आप अपनी नौकरी छोड़ दें। हम यह भी नहीं कहते हैं आप उसे सत्य समझकर मान लें। हम तो आपसे केवल नीचे लिखी हुई चन्दवाते ध्यानपूर्वक पढ़कर उसका स्वयं जवाब सोचने की प्रार्थना करते हैं। हमको यकीन है कि आप जानते होंगे कि इस सप्ताह को राष्ट्रीय सप्ताह कहते हैं। 13 अप्रैल जो इस सप्ताह का आख़री दिन है, वह 13 वर्ष से इस देश में जलियाँवाला बाग़ के नाम से हर साल मनाया जाता है। बेकसूर और निहत्थे हिन्दू, मुसलमान और सिक्ख जो अमृतसर में अंग्रेज़ जनरल डायर द्वारा उस दिन क़त्ल किये गए गए थे उनके यादगार में मनाया जाता है। अंग्रेज़ हमेशा के लिये हिन्दुस्तान को अपने क़ब्ज़े में रखना चाहते हैं पंजाब में लोगों को दमन से दबाकर सारे देश पर अपना आतंक जमाना चाहते थे। मगर नतीजा यह हुआ कि हिन्दुस्तानियों के दिलों में इससे इंसाफ और आज़ादी की प्रेरणा मज़बूत हो गई। उस ऐतिहासिक दिन से निहत्थे और बेवश हिन्दुस्तानी लोगों ने कांग्रेस द्वारा शान्तिमय अन्दोलन से अपनी आवाज़ को दुनिया भर में फैलाया। महात्मा गांधी ने देश को इतनी जल्दी संगठित किया कि कांग्रेस, विदेशियों का जिन्होंने हमको गुलाम बना रक्खा है, उनका मुकबिता करने लगी। नतीजा यह हुआ कि अंग्रेज़ी सत्ता को मज़बूर होकर कांग्रेस के नेताओं से जो जेलों में थे, समझौता करना पड़ा। मगर फिरंगियों ने बारबार अपना वादा तोड़ा है और स्वराज्य को मृग-तृष्णा बना रक्खा है। हिन्दुस्तान के लोग इंगलैंड या और किसी मुल्क को नुकसान नहीं पहुँचाना चाहते हैं। हम अपने मुल्क में वैसे ही

आज़ाद रहना चाहते हैं, जैसे इंग्लैंड और अमरीका में वहाँ के लोग रहते हैं। पहले अंग्रेज़ यह कहते थे कि वे हिन्दुस्तान को तलवार के बल जीते हैं और तलवार के ही बल शासन करेंगे। कांग्रेस की लड़ाई के बाद अब इनका यह घमण्ड जाता रहा। अब कहते हैं कि राजसत्ता कुछ शर्तों पर हिन्दुस्तानियों के सुपुर्द करने को तैयार हैं। लेकिन इन शर्तों के माने हैं कि इंग्लैंड की गुलामी हमेशा के लिये उठानी होगी।

आप जानते हैं होंगे कि मिश्र के साथ एक सुलह नामा है, जिससे इंग्लैंड मिश्र की पूर्ण आज़ादी को मन्जूर करती है। मगर हक़ीकत में अंग्रेज़ फ़ौज मिश्र में काबिज है। और मिश्री पार्लियामेट में कोई क़ानून नहीं बन सकता जब तक अंग्रेज़ी हाई कमिश्नर की इजाजत न हो।

इसी तरह से अंग्रेज़ जो कि अब साफ़-साफ़ यह नहीं कहते कि हम तलवार के बल अब राज करेंगे। फ़रेब धोखेबाज़ी और झूठे सुलहनामे से हिन्दुस्तान में है। काबिज रहना चाहते हैं।

1. क्या हम और आप अंग्रेज़ों का एतबार कर सकते हैं? श्रीमती स्वरूपरानी नेहरू के जिस्म पर बेंत की पाँच चोटों के निशान हैं और एक सिर पर ज़ख़्म है, जिससे वह लहू-लुहान हो गई थीं उनका साफ़ बयान है कि उनको अंग्रेज़ों ने पीटा। डानल्सन कहता है कि उनकी चोटें लोगों के ढेलों से हुई।
2. क्या आप अंग्रेज़ी इंसाफ में एतबार कर सकते हैं? डिस्ट्रिक्ट मजिस्ट्रेट का हुक्म न मानने के लिये सौ रुपया जुर्माना अक्सर होता है, और क़ैद की सज़ा। अभी अभी शोलापुर में भी हीराचन्द बालचन्द नामक एक अमीर आदमी के भाई के ऊपर डेढ़ साल की सख़्त सज़ा और बीस हज़ार रुपये हुआ है। एक ही जुर्माना मजिस्ट्रेट का हुक्म न मानने के लिये हुआ है। एक ही जुर्म के लिये ग़रीबों पर और अमीरों पर अलग अलब सज़ाएँ और जुरमाने होते हैं। क्या यह इंसाफ और क़ानून है।
3. प्यारे भाइयो! माफ कीजिए...आप ऐसी हालत में दुश्मनों का आज साथ दे रहे हैं। आप का जवाब होगा कि अगर हम नौकरी छोड़ दें तो हमको और कोई काम नहीं मिलेगा यह बिलकुल सही है। हमको ख़ुशी है कि आप और आप के बाल बच्चे हमारे फाकेमस्त मुल्क में रोटी पाते हैं। और जाड़े और गर्मी के लिये आप के पास पोशाक भी हैं। और उसकी जिम्मेवारी किसके सर है कि अगर आप नौकरी छोड़ दें तो आप को भी फ़ाके करने पड़ें। इंग्लैंड ने हिन्दुस्तान का ख़ून चूस लिया है। हिन्द का धन-धान्य, सोना-चाँदी और कुल सम्पत्ति बिलायत चली जाती है।
4. कांग्रेस के पास वालंटियर है जो तनख्वाह नहीं पाते हैं। खाते-पीते ज़मीनदार से लेकर ग़रीब किसान, ताल्लुक दार ख़ान-दान की स्त्रियाँ और ग़रीबों की स्त्रियाँ भी सब लेल गए हैं। आप को तो यह बात मालूम होगी। कृपा करके

स्वयं विचार कीजिए कि विदेशी गोरों की नौकरी आप कब तक करते, अगर आप को तनख्वाह न मिलती। यह भी सोचिए कि विदेशी गोरों के झंडे की मुहब्बत के मारे बिना तनख्वाह के क्या आप मार-पीट, गिरफ़्तारी, जेलखाना और कुर्की बरदाश्त करने के लिये तैयार होते?

5. स्वराज्य भवन में जबरदस्ती राष्ट्रीय झंडा उतार कर विदेशियों का झंडा लगाया गया है। स्वराज्य भवन में सशस्त्र पुलिस का पहरा है, और वहाँ उनकी बारबार अफ़सरों द्वारा जांच होती है। कितने दिन तक यह विदेशी झंडा हमारे देश में रह सकता है। जिसकी रखवाली के लिये दिनरात हथियारबन्द पुलिस की ज़रूरत है?

6. जब से स्वदेशियों के मार-पीट का काम आप के सुपुर्द किया गया है, आप ने देखा होगा कि विदेशी गोरों की आप के ऊपर मेहरबानी बढ़ गई है। वह ख़ुद अपने हाथ से आप को मिठाई और सिगरेट देते है। अगर शान्ति मय और निहत्थे गर्द-औरतों पर लाडी चलाने से आप इनकार करें तो ज़रा सोचिए तो क्या नतीजा होगा?

7. आप ही के कुछ भाई, बन्धु फ़ौज में भी होंगे। बाग़ी पल्टन ने पेशावर में अपने नहत्थे भाइयों पर गोली चलाने से इनकार किया था। उन्होंने यह कहा था "हम क्षत्री हैं, यह यह हमारा फर्ज है कि मुल्क को बाहर के हमले से बचावें और लड़ाई में बहैसियत सिपाही के शरीक हों। मगर हम बेवश ओर निहत्थे लोगों पर गोली नहीं चलाएँगे।" क्या यह हमारे मुल्क की पुरानी सभ्यता नहीं है कि एक बलवान का फर्ज है कि एक अशक्तिमान की रक्षा करे। जिसके पास शस्त्र है वह बेबस और निहत्थे की रक्षा करें न कि उसको कतल करे।

8. पुलिस शब्द एक पुरानी यूनानी भाषा का है। जिसके मानी शहर हैं। शहरवासियों का, चोर-डाकुओं से रक्षण करने का काम पुलिस का है। इस राजनीतिक झगड़े में आप को क्यों फँसाया है? क्या आप अपने अफ़सरों से नहीं कह सकते हैं, "हम अपना मामूली काम करने को तैयार हैं इस उसी तनख्वाह पर असाधारण अमानुषिक काम नहीं करेंगे। जैसे कि निहत्थे मर्दों को पीटना और अबलाओं को भी मारना बेजुर्म की जान लेना और उनके खानदान को दुख में डालना।" आप को मालूम होगा कि दिल्ली में लेजिस्लेटिव असेम्बली के पुलिस के भाइयों ने अपनी साधारण दिन की ड्यूटी करने के बाद रात को वाइसराय के यहाँ अंग्रेज़ी मर्द औरतों के नाच में ड्यूटी देने से इनकार किया था। और वजह यह बतलाई थी उसी तनख्वाह पर दुगुना काम नहीं कर सकते।

9. अंग्रेज़ी कपड़े के बहिष्कार से लाखों तादाद में अंग्रेज़ बेकार हो गए हैं। बायकाट तोड़ने की अंग्रेज़ यहाँ कोशिश कर रहे हैं। स्वदेशी कपड़ा हमारे मुल्क में ग़रीब भाइयों की मदद के लिये हम बिकवाने की कोशिश कर रहे

हैं। आप जरा सोचिए कि आप जो लाठी चलाते हैं, वह बायकाट तोड़ने के लिये है। और अपने ही भाइयों के मुँह से रोटी छीन रहे हैं।

10. आप के गोरे अफ़सर जो तनख्वाह पाते हैं वह आप सब लोगों की तनख्वाह के बराबर होती है। आपने कभी यह सोचा है कि आप के अंग्रेज़ी अफ़सर उनके मुल्क में किस हैसियत के लोग हैं। हम आप को यकीन दिलाते हैं कि न उनकी वह हैसियत है, न लियाकत, जो आप में से बहुतों की है। अगर यहाँ उनकी नौकरी छुट जाए तो इंग्लैंड में उनके फाके हों। आप अपने गोरे अफ़सर और सार्जेन्ट से ज़रूर पूछिये कि जो तनख्वाह उनको यहाँ मिलती है, क्या उसका आठवाँ हिस्सा भी इंग्लैंड में मिलने की वह उम्मीद रख सकते हैं?

11. प्यारे पुलिस के भाइयों! आप ने सुना होगा कि बनारस में 12 कांग्रेस के वालंटियरों पर हाल में कुछ अविचारी पुलिस के भाइयों की तरफ़ से अत्याचार हुए। शहर में सनसनी फैल गई। आख़िर में अंग्रेज़ डिस्ट्रक्ट मजिस्ट्रेट ने उन पुलिसवालों पर मुक़दमा चलाया। कांग्रेस की उन पीड़ित औरतों ने डिस्ट्रिक्ट मजिस्ट्रिट से कहा कि वे पुलिस के भाइयों के ख़िलाफ शिकायत नहीं करना चाहतीं। वे सत्याग्रही थीं, और किसी को सज़ा दिलाना नहीं चाहती थीं। प्यारे भाइयों। सोचिए कि कांग्रेस की सत्याग्रही जो कि अच्छे अच्छे खानदान के लोग हैं, घर छोड़कर इस तरह से दुख उठाने के लिये क्यों बाहर आई हैं। आपका क्या जवाब है। अपनी बहिनों की बेइज्ज़ती और उनके ऊपर लाठी चलाने का काम आप अपनी ख़ुशी से करते हैं, यह हम मान नहीं सकते।

हमारी यह प्रार्थना है कि आप आपस में इन बातों को सोचो। आप अपने अंग्रेज़ी अफ़सरों से जवाब तलब करें। लन्दन की पुलिस को जैसा हक़ है, ऐसी एक अपनी सभा आप भी कायम करें। जिससे आप के हक़, फर्ज और ड्यूटी वगैरह के सवालात आप सोच सकें। साथ साथ आप की तनख्वाह, पेन्सन, भत्ता वगैरह की बातें भी सोच सकें। जिससे आप में यह ताक़त पैदा हो कि आप कोई अमानुषिक या नीच काम करने के हुक्म पर एतराज कर सकें। ऐसे संगठन से ज़ाहिर है, आप को बहुत कुछ फायदा होगा। प्यारे पुलिस भाइयों! यह भी सोचिए कि ऐसे जलील कामों का बोझा जैसा कि आप लोगों के ऊपर रखा गया है। कहीं और मुल्क में भी पुलिस पर रक्खा गया है?

मंत्री—यू.पी. प्रान्तीय कांग्रेस युद्ध समिति...

Taken from the file D.I.S. Allowed. No more copies can be obtained.
(Sd.) dated 26/07/32

सन्दर्भ सूची

1. प्रतिबन्धित एवं ज़ब्त (हिन्दी)

स्रोत : इंडिया ऑफ़िस लाइब्रेरी, लन्दन/राष्ट्रीय अभिलेखागार, नई दिल्ली

1. *ज़ख्मी पंजाब* (ड्रामा), लेखक : लाला किशनचंद जेबा, प्रकाशक : ओमप्रकाश साहनी एंड ब्रदर्स, लाहोरी दरवाज़ा (लाहौर), 1922
2. *जलियानवाला बाग़ का महात्म्य,* संग्रहकर्ता : जगन्नाथ प्रसाद गुप्त, प्रकाशक : गंगाप्रसाद गुप्त, नवयुग ग्रंथ मन्दिर, लहेरियासराय, मुद्रक : लक्ष्मीनारायण प्रेस, बनारस सिटी, 1921
3. *पंजाब का खून,* लेखक : दास, प्रकाशक : फूलचन्द जैन, छात्र-सहोदर कार्यालय सदर बाजार, जबलपुर, 1922
4. *गौरांग गुणानुवाद,* लेखक : श्री 'मुक्तजीव', 1931
5. *सांगीत : जलियानवाला-बाग़* (पहला हिस्सा), लेखक : बिहारीलाल अग्रवाल, (संवत् 1978), 1921
6. *सांगीत : बागे-जलियान,* लेखक : उस्ताद शिवशंकर, प्रकाशक : बा. रामस्वरूप गुप्त, लाला बैनीराम, हाथरस, मुद्रक : सुदर्शनलाल जैन के सुदर्शन प्रेस हाथरस में रामप्रसाद गुप्त के प्रबन्ध से मुद्रित, 1923
7. *पंजाब का हत्याकांड यानी बेकसों की आह,* लेखक और प्रकाशक : लाला रतनलाल 'ज़मर्रुद', सिकन्दराबाद, ज़िला बुलन्दशहर, 1921
8. *ओडायर शाही यानी मज़लूम-ए-पंजाब,* सूरजभान मटेर राजपूत, प्रकाशक : आर्य प्रेस, अमृतसर (राष्ट्रीय अभिलेखागार, नई दिल्ली, प्रतिबन्धित साहित्य, अवाप्ति संख्या 2398)
9. *प्रभा,* मासिक पत्रिका, दिसम्बर 1920
10. *इंक़लाब-ए-हिन्द,* पंडित हरप्रकाश भारद्वाज, मेरठ, 1921
11. *भारतीयों को चेतावनी* (पैम्फलेट), कन्हैयालाल, भारत प्रेस, चैतगंज, काशी, 1921
12. *पुलिस के भाइयों* (पैम्फलेट), यू.पी. प्रान्तीय कांग्रेस, 1932

2. अभिलेखीय

स्रोत : इंडिया ऑफ़िस रिकॉर्ड, लन्दन

1. IOR –File 884-Repetition of Jallianwala bagh episode; IOR/L/PJ/6/17 90, F. no. 884, Feb. 1922.
2. IOR- File 7722-Letter from Bishop Fergusan Davis regarding Jallianwala Bagh.IOR/L/PJ/7/10249, April 1946.
3. The Amritsar Massacre; General Dyer in the Punjab, Uncovered editon, 1919

3. माइक्रोफ़िल्म

स्रोत : न्यूज़ मीडिया प्रभाग, ब्रिटिश लाइब्रेरी, लन्दन

1. The Manchester Gardian, 1919
2. The Telegraph, 1919
3. The Times ,1919
4. Digital Records
5. The Tribune, Chandigarh

4. पुस्तकें

Collett, Nigel; *The Butcher of Amritsar, Brigadier General Reginald Dyer,* London, 2005

Datta, V.N (Vishaw Nath); *Jallianwala Bagh,* Ludhiana, 1969

Datta, V.N & S. Settar (edi.); *The Jallianwala Bagh Massacre,* Delhi, 2000

Dwyer, Michael O; *India as I knew it 1885-1925,* London, 1925

Nair, C. Shankaran; *Gandhi and Anarchy;* Delhi, 1992

Ram Raja; *The jallianwala Bagh Massacre : A Premeditated Plan,* Chandigarh, 1978

Ramchandran, Rajesh (edi.); *Martyrdom to Freedom: 100 Years of Jallianwala Bagh,* New Delhi, 2019

Walpert, Stanley A.; *Massacre At Jallianwala Bagh,* Penguine, 1988

Sidhu, Gurdev Singh; *Chingariyan, (Hindi-compilation),* Delhi, 2010

Swinson, Arther; *Six Minutes To Sun-set : The Story of General Dyer and the Amritsar Affair,* London, 1964